# 相続税 更正の請求

## Q&Aと事例解説

編著　渡邉 定義（税理士）
著　　平岡 良（税理士）
　　　山野 修敬（税理士）

新日本法規

# は　し　が　き

　更正の請求の問題は、「更正の請求手続」そのものは実務上よく行われますが、いざ相談を受けると、更正の請求が認められる事由やその期限の解釈について迷う場面が多々ある点にあります。特に、相続税については相続後に後発的に起きた事由による更正の請求について請求が可能か否か悩むことが多いところです。

　更正の請求制度は、税制調査会の答申等にあるように、そもそも更正の請求の期限を定めているのは、期限内申告の適正化、法律関係の早期安定、税務行政の能率的運用等の諸般の要請を満たすため、原則として更正を請求できる期限を定めているとして、これまでは租税法律関係の安定等を重視した取扱いや判決等が多かったように思われます。

　しかしながら、近年の裁決や判決においては、納税者の権利救済を重視する事例も散見されるようになってきています。

　そこで、これまでの裁決や判決を通して、国税通則法及び相続税法に規定する更正の請求に関する考え方やポイント等を整理し実務に資することとしました。

　Ｑ＆Ａ編において、更正の請求についての一般的取扱いや基本的考え方を整理するとともに、事例編において、判決等について当事者の主張など主要なポイントを解説することとしました。両方を参照しながら辞書代わりにお使いいただけるのではないかと考えています。

　なお、更正の請求制度については、申告納税制度と深い関係にあり、納税者からの是正手段として重要な手続ですが、理論が必ずしも成熟されていない点があるように思われます。今後の発展に期待するところです。

最後に、本書の発刊に当たりましては、終始お世話になりました新日本法規出版株式会社の林田邦隆氏をはじめとして、編集部の皆様に心から謝意を表します。

令和元年7月

編著者　税理士　渡邉　定義<br>
著　者　税理士　平　岡　　良<br>
同　　　税理士　山　野　修　敬

# 編　著　者　略　歴

＜編著者＞

## 渡　邉　定　義（わたなべ　さだよし）

〔主な経歴〕

東京国税局国税訟務官室、国税不服審判所（本部）、国税庁資産税課、国税庁資産評価企画官室、麻布税務署副署長、東京国税局査察部統括査察官、東京国税局調査部特別調査官、杉並税務署長、東京国税局資産課税課長、国税庁長官官房首席国税庁監察官、熊本国税局長を経て、現在、税理士。

〔編著書〕

「Ｑ＆Ａと事例でわかりやすく解説　名義財産をめぐる税務」（編著）（大蔵財務協会、2019年）

「相続税・贈与税のための土地評価の基礎実務」（編著）（税務研究会出版局、2018年）

「非上場株式の評価実務ハンドブック」（編著）（大蔵財務協会、2018年）

「図解　相続税・贈与税（平成25年版）」（編）（大蔵財務協会、2013年）

「公共用地取得の税務（平成25年版）」（編）（大蔵財務協会、2013年）

「図解　譲渡所得（平成25年版）」（編）（大蔵財務協会、2013年）

「相続税・贈与税　体系基礎から学ぶ「財産評価」―基礎から応用・実務まで（平成18年版）」（共著）（大蔵財務協会、2006年）

「問答式　税理士法の実務」（共著）（大蔵財務協会、2004年）

「相続税・贈与税　土地評価Ｑ＆Ａ（平成13年版）」（共編）（大蔵財務協会、2001年）

<著 者>

平 岡　　良（ひらおか　りょう）

〔主な経歴〕

東京国税不服審判所横浜支所審査官、武蔵野税務署特別国税調査官、東京国税局税務相談室相談官などで主に資産税に関する審理事務に従事。現在、税理士。

〔著 書〕

「税務相談事例集―各税目の視点から解説（平成29年版）」（共著）（大蔵財務協会、2017年）

山 野　修 敬（やまの　なおたか）

〔主な経歴〕

国税庁長官官房税理士監理室、税務大学校総合教育部、東京国税局総務部税務相談室、資産課税課審査指導係、審理課事前照会等担当などで主に資産税に関する審理事務に従事。現在、税理士。

〔著 書〕

「図解　相続税・贈与税（平成27年版）」（共著）（大蔵財務協会、2015年）

「図解　譲渡所得（平成27年版）」（共著）（大蔵財務協会、2015年）

「農地の納税猶予の特例のすべて（平成27年版）」（共著）（大蔵財務協会、2015年）

# 略　語　表

＜法令等の表記＞

根拠となる法令・通達の略記例及び略語は次のとおりです。

相続税法第32条第1項第1号＝（相法32①一）

相続税法基本通達32－2＝（相基通32－2）

| | | | |
|---|---|---|---|
| 通則法 | 国税通則法 | 措令 | 租税特別措置法施行令 |
| 通則令 | 国税通則法施行令 | 措規 | 租税特別措置法施行規則 |
| 相法 | 相続税法 | 民 | 民法 |
| 旧相法 | 平成31年法律第6号による改正前の相続税法 | 旧民 | 平成30年法律第72号による改正前の民法 |
| 相令 | 相続税法施行令 | 家事 | 家事事件手続法 |
| 措法 | 租税特別措置法 | 相基通 | 相続税法基本通達 |

＜判例・裁決例の表記＞

根拠となる判例・裁決例の略記例及び出典の略称は次のとおりです。

1　判　例

東京地方裁判所平成8年11月29日判決、税務訴訟資料221号641頁

＝東京地判平8・11・29税資221・641

2　裁決例

（1）　公開裁決

国税不服審判所平成20年1月31日裁決、裁決事例集№75　624頁

＝国税不服審判所裁決平20・1・31裁事№75・624

（2）　非公開裁決

国税不服審判所平成23年7月19日裁決、沖裁（諸）平23第1号

＝国税不服審判所裁決平23・7・19(非公開裁決)(沖裁(諸)平23-1)

| | | | |
|---|---|---|---|
| 税資 | 税務訴訟資料 | 民集 | 最高裁判所民事判例集 |
| 裁事 | 裁決事例集 | 裁判集民 | 最高裁判所裁判集民事 |
| 判時 | 判例時報 | | |

# 目 次

## Q&A編

## 第1章 総論

| | | ページ |
|---|---|---|
| 1 | 更正の請求が認められる事由 | 3 |
| 2 | 相続税法特有の更正の請求事由 | 11 |
| 3 | 国税通則法23条と相続税法32条の事由の優先順位 | 15 |
| 4 | 更正の請求の手続と更正の請求を行うことができる期間 | 19 |
| 5 | 錯誤無効を理由とする相続税申告書についての更正の請求の可否 | 25 |
| 6 | 「判決」及び「判決と同一の効力を有する和解その他の行為」（国税通則法23条2項1号）の範囲 | 30 |

## 第2章 各論

| | | |
|---|---|---|
| 7 | 「当該各号に規定する事由が生じたことを知った日」（相続税法32条1項）の意義 | 35 |
| 8 | 未分割財産の申告後に分割協議が成立した場合 | 39 |
| 9 | 第1次相続の分割確定に伴う第2次相続の変動に伴う更正の請求の可否 | 43 |
| 10 | 遺産が未分割であることについてやむを得ない事由がある旨の「承認申請書」提出を失念した場合の配偶者に対する相続税額の軽減特例の適用の可否 | 47 |
| 11 | 遺留分侵害額の請求があった場合の更正の請求 | 49 |
| 12 | 遺留分減殺の請求に基づく更正の請求における小規模宅地等の特例に係る対象地の選択替えの可否（旧民法における例） | 56 |

13 申告期限後の遺産分割に伴って行われた期限後申告における小規模宅地等の特例の適用の可否…………………63

## 事例編

# 第1章　更正の請求事由
## 第1　国税通則法23条1項に定める更正の請求（通常の場合の更正請求）
### 1　申告の計算誤り等

〔1〕　相続税法32条に規定する「事由が生じたことを知った日」は遺産分割調停を取り下げた日ではなく、調停外で行った遺産分割の日であり、また、相続税法55条の規定に基づき、課税価格を計算したものは、国税に関する法律の規定に従っていなかったこと又は計算に誤りがあったとは認められないから、国税通則法23条1項1号の要件を満たすものではないとした事例…………………69

〔2〕　相続税の課税財産として申告した退職手当金等の一部を受領しなかったのは、請求人らが退職金の支払義務の一部を免除したものであるから国税通則法23条1項に基づく更正の請求は認められないとした事例…………………75

〔3〕　贈与税の申告及び納税の事実は、贈与事実を認定する上での1つの証拠とは認められるものの、それをもって直ちに贈与事実を認定することはできないなどとして更正の請求が認められなかった事例…………………82

### 2　課税負担の錯誤

〔4〕　当初の遺産分割に課税上不利となる錯誤があったとして改めて遺産分割をした場合に、更正の請求をすることができるとした事例…………………88

〔5〕 申告行為の無効は国税通則法23条の更正の請求の事由とすることはできないとした事例……………………………………95

## 第2 国税通則法23条2項に規定する更正の請求（後発的事由に基づく更正の請求）

### 1 判決、和解（1号）

〔6〕 貸付金債権の額を0円と査定した債務者に係る再生手続の再生債権査定における裁判の決定は、その判断内容からして国税通則法23条2項1号に規定する「判決と同一の効力を有する和解その他の行為」に当たらないとされた事例……………………………………………………………101

〔7〕 固定資産税評価額が過大であったとする通知は、国税通則法23条2項1号に規定する「判決」及び同項3号に規定する「政令で定めるやむを得ない理由」に該当しないとされた事例……………………………………………………………107

〔8〕 死因贈与契約に基づく所有権移転登記請求の訴えを提起され、解決金を支払うことになった訴訟法上の和解が成立したことによる更正請求は、和解条項の内容からして国税通則法23条2項1号の要件を満たさないとした事例……116

〔9〕 連帯保証債務を債務控除しようとする更正の請求で、主債務者等に対する求償権請求訴訟の仮執行宣言付の認容判決に続く「執行不能手続調書」は、国税通則法23条2項1号にいう「判決」には該当しないとした事例……………124

〔10〕 和解条項にある「主たる債務者が事実上倒産していることを認める」との事実は、別件訴訟における訴訟物ではないこと、相続開始時点において、主たる債務者が弁済不能の状態にあったかどうかは、客観的に確定されるべき事実関係であって当事者の互譲によって確定し得る権利義務関係でないことから、国税通則法23条2項1号の「和解」には当たらないとした事例………………………………129

〔11〕 国税通則法23条2項1号に規定する「判決」には、国税不服審判所の「裁決」は該当しないとした事例……………136

〔12〕 贈与の無効を確認した裁判上の和解は、客観的、合理的根拠を欠くもの（馴れ合い）ではなく、国税通則法23条2項1号に規定する「判決と同一の効力を有する和解」に該当するとした事例……………………………………142

〔13〕 国税通則法23条2項1号の「判決」とは、その申告に係る課税標準等又は税額計算の基礎となった事実と異なる事実を前提とする法律関係が判決の主文で確定されたとき又はこれと同視できるような場合をいうとした事例………148

〔14〕 V社の被相続人に対する未払金勘定には、被相続人のV社に対する土地の売却代金が含まれていると認められ、相続人である請求人がした訴訟の判決で、当該売買契約の無効が確定したところ、請求人は、申告時に当該売買代金債権が存在しなかったことを知っていたとは認められないから、当該判決は国税通則法23条2項1号の判決に該当するとした事例…………………………………155

〔15〕 相続回復請求権は実質的にみて被相続人の遺産であるから、和解の成立時に現に取得した相続回復請求権の範囲内で課税すべきである旨の請求人の主張を排斥した事例……………………………………………………………163

　2　政令で定めるやむを得ない事情　解除権の行使（3号）

〔16〕 相続税の連帯納付義務を免れるためになされた遺産分割協議の合意解除は、後発的な更正の請求事由の1つである「やむを得ない事情によって解除」された場合には当たらないとした事例………………………………170

〔17〕 共同相続人の1人に対する相続税法35条3項に基づく更正処分が、別件判決により、不適法な更正の請求を適法として扱った違法な更正処分であるとして取り消されても、そのことは、原告の修正申告及び原告に対する更正

処分の効力に影響を及ぼすものではないとした事例…………177
〔18〕　相続開始後、土地区画整理事業施行地区内の土地について換地処分がなされ、清算金が徴収されることになったことは、仮換地の指定を取り消す処分に当たらず、国税通則法施行令6条1項1号に規定する「官公署の許可その他の処分が取り消されたこと」に該当しないとした事例……………………………………………………………………183

## 第3　相続税法32条に規定する更正の請求

### 1　未分割財産について相続税法55条の規定に従って計算されていた場合（1項1号）

〔19〕　相続税法35条3項の規定に基づいて行われた増額更正処分は、その処分の前提となる更正の請求が同法32条〔1項〕1号の要件を満たしていないから違法であるとした事例………………………………………………………………………190
〔20〕　更正の請求の直前における請求人の相続税の課税価格は相続税法55条の規定に従って計算されていないから、相続税法32条〔1項〕1号の要件を欠くとした事例……………199

### 2　財産の分割（1項1号）

〔21〕　請求人が相続放棄をしていたことを理由に、遺産分割審判の無効確認をするとともに、その審判を前提にされた各土地についての各所有権移転登記等の抹消登記手続を命じる判決は、相続税法32条〔1項〕1号に規定する「財産の分割」及び同施行令8条2項1号に規定する「判決」に該当しないとした事例……………………………………………204
〔22〕　株式の共同相続人の一部の者の当該株式に係る相続持分の放棄は、遺産分割又は遺産分割の協議に該当しないとした事例………………………………………………………210
〔23〕　「相続させる」旨の遺言は、死亡の時に直ちに遺産全部について分割の効果が生じ、再分割される余地はないから、相続税法32条〔1項〕1号の規定の適用の前提を欠

くとした事例……………………………………………………216

〔24〕　亡Aが第1次相続により取得した財産が遺留分に対する価額弁償をすることで減少したという理由に基づき、第2次相続に係る遺産の総額が減少したとする更正の請求は、相続税法32条〔1項〕1号に基づく事由に該当しないとした事例……………………………………………………224

〔25〕　1次相続に係る分割協議の結果をもって、2次相続に係る更正の請求が認められることはないとした事例……………230

## 3　相続人の異動（1項2号）

〔26〕　相続税法32条〔1項〕2号の「民法787条の規定による認知に関する裁判の確定」という事由の中に、被認知者による民法910条の価額支払請求権の行使、あるいは、被認知者以外の共同相続人による価額金の支払が含まれると解することはできないとした事例………………………235

## 4　遺留分減殺請求（1項3号）

〔27〕　遺留分権利者が遺留分減殺請求の目的物について、現物返還と価額弁償とを同時に求めていた場合において、遺留分義務者から現物返還が行われたことは、相続税法32条〔1項〕3号に該当するとした事例……………………243

## 5　権利の帰属に関する訴えの判決（1項6号）

〔28〕　相続税法施行令8条2項1号（相続税法32条1項6号委任規定）に規定する判決は、請求人が訴訟当事者である判決に限られるとした事例……………………………………249

〔29〕　相続税法施行令8条2項1号（相続税法32条1項6号委任規定）に規定する「権利の帰属に関する訴え」は、権利の存在を前提としたその帰属に関する訴えに限るとした事例………………………………………………………………257

## 6　申告に存在する過誤の是正

〔30〕　相続税法32条〔1項〕1号の規定に基づく更正の請求は、

申告等に存在する過誤の是正を求めることを目的とするものではなく、未分割財産を分割した場合の課税価格の算定の基礎となる財産の価額は、申告等により確定した価額であるとした事例……………………………………………261

### 7 特例の適用（当初申告要件）

〔31〕 請求人の当初申告書には、本件貸宅地について、租税特別措置法69条の4第1項に規定する特例（本件特例）を受けようとする旨の記載がないから、本件貸宅地について本件特例が適用される余地はないとした事例………………268

## 第2章　更正の請求の期限

### 1 調停による分割（相続税法32条1項1号）

〔32〕 調停により遺産分割が行われた場合における相続税法32条〔1項〕1号の更正の請求ができる「事由が生じたことを知った日」は、調停が成立した調停期日の日であるとした事例…………………………………………………276

### 2 審判による分割（相続税法32条1項1号）

〔33〕 遺産分割審判手続中に相続分放棄証明書及び当該審判事件から脱退する旨の届出書を家庭裁判所に提出した納税者は、他の共同相続人間において遺産分割が確定したことを知った日の翌日から4か月以内に相続税法32条1項1号の規定に基づき更正の請求をすることができるとした事例……………………………………………………………281

### 3 訴訟による分割（相続税法32条1項1号）

〔34〕 家庭裁判所による遺産分割の審判に対して、高等裁判所に即時抗告を提起し、同裁判所が原告の抗告を棄却する旨の決定をした場合の「遺産分割が行われたことを知った日」は、当該決定書の正本が原告に送付又は送達された日であるとした事例……………………………288

### 4 判決による財産の減少（国税通則法23条2項）

〔35〕 国税通則法23条2項1号に規定する更正の請求については、期間制限を経過した後になされたものについてこれを認める旨の宥恕規定はなく、いかなる理由があったとしても更正の請求が認められる余地はないとした事例.........294

## 第3章 更正の請求の立証責任

〔36〕 国税通則法23条の規定による更正の請求は、納税者側において、その申告内容が真実に反するものであることの主張立証をすべきと解されるところ、亡祖母が請求人名義で残したとされる預貯金等について、その存在の証拠となる資料の提出がないから、本件財産の原資は、明らかではなく、請求人固有の財産とは認められないとした事例...................................................................300

## 第4章 更正の特則

〔37〕 共同相続人である請求人の同意のないまま、他の相続人に対する相続税の還付手続が先行したとしても、請求人に対する相続税法35条3項1号の規定に基づく更正処分に違法はないとした事例.............................................306

〔38〕 共同相続人の1人の行った更正の請求は、相続税法32条柱書所定の期間が経過した後にされた不適法なものであるから、これを適法として取り扱った減額更正は違法であり、また、同減額更正を前提として行った原告に対する増額更正処分も違法であるとした事例.................312

## 索　引

○判例年次索引......................................................................323
○裁決例年次索引....................................................................326

# Q & A 編

2

# 第1章 総 論

## 1 更正の請求が認められる事由

**Q** 更正の請求はどのような場合に認められますか。認められる事由について教えてください。

また、国税通則法と相続税法において更正の請求はどのような体系になっているのでしょうか。

**A** 更正の請求事由は、基本原則が国税通則法23条等に定められており、相続税固有の事由が相続税法32条等に定められています。

相続税法に定められている事由は、相続税や贈与税の仕組み等から生じるいわゆる後発的事由を中心として特則が定められています。これについては、設問を改めて説明します（〔Q&A2〕を参照）。

国税通則法に定められている更正の請求ができる事由としては、大きく①一般的事由と、②後発的事由に分かれます。

それぞれの事由については、次の解説で詳しく説明します。

解 説

### 1 一般的事由

更正の請求が、一定の事由及び期間に限って認められるとしているのは、「申告納税制度の下において、課税関係の早期安定と税務行政の

効率的運用等の要請を満たす一方で、納税者の権利利益の救済を図るため」(国税不服審判所裁決平16・4・22裁事№67・696など)とされています。

したがって、個別事例において更正の請求が認められるかについて判断する場合には、上記のような規定の趣旨と納税者の権利救済の両方の観点から総合的に判断していく必要があると思われます。

ところで、国税通則法に定める、主な一般的事由としては、次の3つに分かれますが、これに該当するときには、法定申告期限から5年以内に限りできることになります。

(1) 1つ目は、「納税申告書に記載した課税標準等若しくは税額等の計算が国税に関する法律の規定に従っていなかったこと又は当該計算に誤りがあったことにより、当該申告書に係る納付すべき税額(更正があった場合には更正後の税額)が過大であるとき」(通則法23①一)です。

つまり、提出した申告書の課税標準等若しくは税額等が①国税に関する法律の規定に従っていなかったこと又は②計算誤りがあったことにより、③過大となったことが要件となります。

この趣旨は、法律の規定に従っていなかったことや計算が間違っていたことが要件ですから、例えば、特例等の適用に当たり、申告期限までに特例適用の選択が必要であるにもかかわらず選択していなかったことにより税額が過大となっているような、あくまで納税者の選択であり法律に従っていなかったり間違ったりしていない場合にまで更正の請求という形での是正は認められないことをいっています。

(2) 2つ目は、「前記(1)の理由により、当該申告書に記載した純損失等の金額(更正があった場合には、当該更正後の金額)が過少

であるとき、又は当該申告書(更正があった場合には、更正通知書)に純損失等の金額の記載がなかったとき」(通則法23①二)です。

つまり、例えば、所得税や法人税の申告書において純損失等の金額が過少であったり記載がなかったりした場合には、税額が過大となったり還付金額が過少となったりしますので、このような場合には更正の請求が認められることになります。

(3) 3つ目は、「前記(1)の理由により、当該申告書に記載した還付金の額に相当する税額(更正があった場合には、当該更正後の税額)が過少であるとき、又は当該申告書(更正があった場合には、更正通知書)に還付金の額に相当する税額の記載がなかったとき」(通則法23①三)です。

つまり、所得税や法人税、消費税等の申告書に、税金の還付請求をする場合の金額が、本来還付されるべき金額に比べ少ないとき、または、還付される金額の記載がないときには、本来還付される金額がない、ないしは少なくなっているわけですので、更正の請求が認められることとなります。

還付金の額に相当する税額が過少の場合に更正の請求ができることを指しており、例えば所得税の確定申告書や相続税の申告書において記載されている還付される税額が過少の場合です。法人税法80条の還付請求書は申告書ではないので注意が必要です。

## 2 後発的事由

後発的事由を規定している国税通則法23条2項は、昭和45年の国税

通則法の一部改正により新設されたもので、後発的事由によって税額等が過大となった場合に、納税者の側から減額更正を請求し得る道を開くことにより、納税者の権利の保護を更に厚くしたとされています。

後発的事由として、次の3つが挙げられていますが、それぞれの事由に該当するときには、それぞれの事由が生じた（確定した）日の翌日から起算して2か月以内に更正の請求を行うことができることになります。

(1) 1つ目は、「その申告、更正又は決定に係る課税標準等又は税額等の計算の基礎となった事実に関する訴えについての判決（判決と同一の効力を有する和解その他の行為を含む。）により、その事実が当該計算の基礎としたところと異なることが確定したとき」（通則法23②一）です。

つまり、判決や和解等により課税標準等や税額等の基礎となった事実が異なることが確定した場合に更正の請求ができることになります。

(2) 2つ目は、「その申告、更正又は決定に係る課税標準等又は税額等の計算に当たってその申告をし、又は決定を受けた者に帰属するものとされていた所得その他課税物件が他の者に帰属するものとする当該他の者に係る国税の更正又は決定があったとき」（通則法23②二）です。

つまり、その者に帰属するものとされていた所得その他課税物件が他の者に帰属するものとする更正等があった場合に更正の請求ができることになります。

(3) 3つ目は、「その他当該国税の法定申告期限後に生じた前記(1)(2)に類する政令で定めるやむを得ない理由があるとき」（通則法

23②三）です。

　「政令で定めるやむを得ない理由」としては、次のとおりです（通則令6）。

① 　申告等に係る課税標準等又は税額等の計算の基礎となった事実のうちに含まれていた行為の効力に係る官公署の許可その他の処分が取り消されたこと（通則令6①一）

② 　申告等に係る課税標準等又は税額等の計算の基礎となった事実に係る契約が、解除権の行使によって解除され、若しくは当該契約の成立後生じたやむを得ない事情によって解除され、又は取り消されたこと（通則令6①二）

③ 　帳簿書類の押収その他やむを得ない事情により、課税標準等又は税額等の計算の基礎となるべき帳簿書類その他の記録に基づいて国税の課税標準等又は税額等を計算することができなかった場合において、その後、当該事情が消滅したこと（通則令6①三）

④ 　我が国が締結した所得に対する租税に関する二重課税の回避又は脱税の防止のための条約に規定する権限のある当局間の協議により、その申告、更正又は決定に係る課税標準等又は税額等に関し、その内容と異なる内容の合意が行われたこと（通則令6①四）

⑤ 　申告等に係る課税標準等又は税額等の計算の基礎となった事実に係る国税庁長官が発した通達に示されている法令の解釈その他の国税庁長官の法令の解釈が、更正又は決定に係る審査請求若しくは訴えについての裁決若しくは判決に伴って変更され、変更後の解釈が国税庁長官により公表されたこと

により、当該課税標準等又は税額等が異なることとなる取扱いを受けることとなったことを知ったこと（通則令6①五）

## 3　更正の請求の体系

国税通則法と相続税法における更正の請求は、次のような体系となっています。

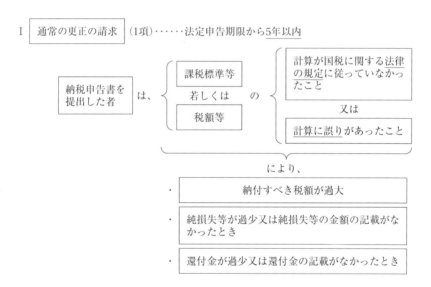

Ⅱ 後発的事由に基づく更正の請求 (2項)……事由が生じた（確定した）日の翌日から2か月以内

納税申告書を提出した者
決定を受けた者
は、

1 訴えについての「判決」や「和解」により申告等に係る税額等の計算の基礎となった事実と異なることが確定したとき

2 その者に帰属するものとされていた所得その他課税物件が他の者に帰属するものとする当該他の者に係る国税の更正又は決定があったとき

3 その他やむを得ない理由（通則令6①）
　① 申告等に係る税額等の計算の基礎となった事実のうちに含まれていた行為の効力に係る官公署の許可その他の処分が取り消されたこと（通則令6①一）
　② 申告等に係る税額等の計算の基礎となった事実に係る契約が、解除権の行使によって解除され、若しくは当該契約の成立後生じたやむを得ない事情によって解除され、又は取り消されたこと（同二）
　③ 帳簿書類の押収等により、国税の税額等を計算することができなかった場合、その後、当該事情が消滅したこと（同三）
　④ 租税条約に規定する権限ある当局間の相互協議により、その申告等に係る税額等に関し、その内容と異なる内容の合意が行われたこと（同四）
　⑤ 申告等に係る税額等の計算の基礎となった事実に係る国税庁長官の法令解釈が変更され、その解釈が公表されたことにより、その税額等が異なる取扱いを受けることとなったことを知ったこと（同五）

があったことにより、

・ 納付すべき税額が過大

・ 純損失等が過少又は純損失等の金額の記載がなかったとき

・ 還付金が過少又は還付金の記載がなかったとき

## ＜相続税法32条（更正の請求の要件）＞

Ⅲ 相続税法固有の更正の請求 ……事由が生じたことを知った日の翌日から4か月以内

納税申告書を提出した者
決定を受けた者 は、

① （未分割財産について）分割
② 相続人の認知・廃除・取消し
③ 遺留分による減殺の請求額（遺留分侵害額の請求に基づき支払うべき金額）の確定（注1）
④ 遺言書の発見・遺贈の放棄
⑤ 条件付き物納において、特定の事由が生じたこと
⑥ 上記①～⑤の事由に準ずる一定の事由が生じたこと
　　㋐ 財産の権利の帰属に関する訴えについての判決（相令8②一）
　　㋑ 死後認知による相続人への弁済額の確定（同二）
　　㋒ 条件付遺贈の条件成就（同三）
⑦ 遺贈により取得したとみなされたこと（注2）
⑧ 配偶者の税額軽減の適用ができることとなったこと
⑨ 国外転出納税猶予分・非居住者移転納税猶予金額を納付

があったことにより、納付すべき税額が過大

（注1） 令和元年7月1日以後に開始する相続税又は贈与税については、民法の改正に伴い、相続税法32条1項3号が括弧書のように改正されています。この改正により、従来の減殺請求から生ずる権利は、金銭債権化することとされています。

（注2） 民法改正に伴い、相続税法4条に特別寄与者が特別寄与料を受けた場合、被相続人から遺贈により取得したものとみなされる旨の規定が加えられています。

## 2 相続税法特有の更正の請求事由

**Q** 相続税法に認められている、相続税特有の更正の請求事由はどのような内容ですか。

**A** 納付すべき税額を過大に申告した場合の救済手段としての更正の請求は、一般的事由が国税通則法23条に規定されていますが、相続税法には、これとは別に相続税や贈与税の固有の事由によって納付すべき税額が過大となった場合について更正の請求の特則が設けられています。

解 説

### 1 特有の更正の請求事由

相続税は、被相続人単位の財産の総額等に基づき相続税の総額を求め、課税価格の合計額に占める各相続人等の課税価格の割合で税額を配分する仕組みであることから、後発的事由等により負担すべき各相続人等の相続税額が変動することや、遺産分割が要件となっている配偶者の税額軽減等により税額が減少することがあります。

このことを踏まえて、次のような特則が設けられています。

### 2 相続税法32条の請求事由

相続税法32条に規定されている各事由の概要を整理すると、次のようになります。

① 未分割財産について、民法（904条の2（寄与分）を除きます。）の規定による相続分又は包括遺贈の割合により申告していた場合にお

いて、その後、財産の分割が行われ、当初の相続分（法定相続分又は包括遺贈割合）による課税価格と異なることとなった場合（相法32①一）……参照条文：相続税法55条（未分割遺産に対する課税）
② 民法の規定による認知の訴え、相続人の廃除又はその取消しに関する裁判の確定、相続の回復、相続放棄の取消しその他の事由により相続人に異動が生じた場合（相法32①二）……参照条文：民法787条又は同法892条から894条まで
③ 遺留分の減殺請求に基づき返還すべき又は弁償すべき額が確定した場合（相法32①三）……令和元年7月1日以降、「遺留分侵害額の請求に基づき支払うべき金銭の額が確定したこと」に改正されています。
④ 遺贈に係る遺言書が発見され又は遺贈の放棄があった場合（相法32①四）
⑤ 条件を付して物納が許可されている場合、条件に係る物納に充てた財産の性質その他の事情に関し次の事由が生じた場合（相法32①五）……参照条文：相続税法42条30項（物納手続）
　㋐ 物納財産が土地である場合に、その土地が土壌汚染対策法2条1項に規定する特定有害物質その他これに類する有害物質により汚染されていることが判明した場合
　㋑ 物納財産が土地である場合に、その土地の地下に廃棄物の処理及び清掃に関する法律2条1項に規定する廃棄物その他の物で除去しなければその土地の通常の使用ができないものがあることが判明した場合
⑥ 前記①から⑤までに掲げる事由に準ずる事由（相法32①六）
　㋐ 相続若しくは遺贈又は贈与により取得した財産の権利の帰属に関する訴えについての判決があった場合
　㋑ 民法910条の規定（死後認知）により、分割後に被認知者からの請求があったことにより、弁済すべき額が確定した場合

㋒　条件付き又は期限付きの遺贈について、条件が成就し又は期限が到来した場合
⑦　民法958条の3第1項の規定に基づき、裁判により特別縁故者への相続財産の分与が確定した場合（相法32①七）……参照条文：相続税法4条（遺贈により取得したものとみなす場合）
⑧　未分割財産が、申告期限から3年以内に分割されたことにより配偶者の税額軽減の適用ができることとなった場合（相法32①八）……参照条文：相続税法19条の2第2項ただし書（配偶者に対する相続税額の軽減）
⑨　被相続人に係る納税猶予分の所得税額に係る納付の義務を承継した相続人が当該納税猶予分の所得税額に相当する所得税額を納付した場合（相法32①九）……参照条文：所得税法137条の2（国外転出をする場合の譲渡所得等の特例の適用がある場合の納税猶予）第13項の規定により納付の義務を承継した相続人が、納税猶予分の所得税額に相当する所得税を納付した場合（相法32①九イ）、所得税法137条の3（贈与等により非居住者に資産が移転した場合の譲渡所得等の特例の適用がある場合の納税猶予）第15項の規定により、納付の義務を承継した相続人が、納税猶予分の所得税額に相当する所得税を納付した場合（相法32①九ロ）、所得税法137条の3第2項の適用を受けていた相続人が納税猶予分の所得税額に相当する所得税を納付した場合（相法32①九ハ、相令8③）
⑩　相続開始の年において、被相続人から贈与を受けた財産を贈与税の課税価格計算の基礎に算入していたが、後に相続等により取得した財産があったことが判明した場合（相法32①十）……参照条文：相続税法21条の2第4項（贈与税の課税価格）

## ＜相続税法32条（更正の請求の要件）＞

相続税法固有の更正の請求 ‥‥‥事由が生じたことを知った日の翌日から4か月以内

納税申告書を提出した者
決定を受けた者
は、

① （未分割財産について）分割
② 相続人の認知・廃除・取消し
③ 遺留分による減殺の請求額（遺留分侵害額の請求に基づき支払うべき金額）の確定（注1）
④ 遺言書の発見・遺贈の放棄
⑤ 条件付き物納において、特定の事由が生じたこと
⑥ 上記①～⑤の事由に準ずる一定の事由が生じたこと
　　⑦ 財産の権利の帰属に関する訴えについての判決（相令8②一）
　　④ 死後認知による相続人への弁済額の確定（同二）
　　⑨ 条件付遺贈の条件成就（同三）
⑦ 遺贈により取得したとみなされたこと（注2）
⑧ 配偶者の税額軽減の適用ができることとなったこと
⑨ 国外転出納税猶予分・非居住者移転納税猶予金額を納付

があったことにより、納付すべき税額が過大

（注1） 令和元年7月1日以後に開始する相続税又は贈与税については、民法の改正に伴い、相続税法32条1項3号が括弧書のように改正されています。この改正により、従来の減殺請求から生ずる権利は、金銭債権化することとされています。

（注2） 民法改正に伴い、相続税法4条に特別寄与者が特別寄与料を受けた場合、被相続人から遺贈により取得したものとみなされる旨の規定が加えられています。

## 3 国税通則法23条と相続税法32条の事由の優先順位

**Q** 国税通則法23条と相続税法32条の事由には重複しているものがあるように思います。
その場合には、どちらが優先するのでしょうか。また、期限の問題はどのように考えたらよいのでしょうか。

**A** 国税通則法と相続税法とは、いわゆる一般法と特別法の関係にあります。
したがって、基本的には特別法である相続税法の規定による更正の請求が優先されることになります。
なお、期限については、それぞれの法律の趣旨等を総合勘案して考える必要があります。

### 解 説

#### 1 重複事由

例えば、国税通則法23条には、更正の請求事由として「課税標準等若しくは税額等の計算が国税に関する法律の規定に従っていなかったこと又は当該計算に誤りがあったこと」(通則法23①一)と規定されており、また一方で相続税法32条には、「民法の規定による相続分又は包括遺贈の割合に従って課税価格が計算されていた場合において、〔中略〕計算された課税価格と異なることとなったこと」(相法32①一)、「相続人に異動を生じたこと」(相法32①二)、「遺贈に係る遺言書が発見されたこと」(相法32①四)、「権利の帰属に関する訴えについての判決があ

ったこと」（相法32①六、相令8②一）とあり、更正の請求事由としては、重複している部分があると思われます。

　このような場合、どちらの規定に基づく更正の請求と考えたらよいかという問題が生じることになります。

　納付すべき税額を過大に申告した場合の救済手段としての更正の請求は、国税通則法23条に記載されていますが、相続税法には、相続税や贈与税の固有の事由によって納付すべき税額が過大となった場合について更正の請求の特則が設けられています。

　すなわち、国税通則法では、一般的な場合の更正又は決定について規定し、相続税法では相続税や贈与税の特有の事情に基づく更正や決定の特則を規定しています。

　いわば、国税通則法に対し相続税法は、いわゆる一般法と特別法の関係にあるといえます。

## 2　特別法の優先

　先に述べたように、国税通則法と相続税法とは、いわゆる一般法と特別法の関係にあると考えられます。したがって、国税通則法23条1項及び2項の規定に基づく更正の請求に対し、相続税法32条に基づく更正の請求が優先されることになります。

　したがって、仮に両方の法律に該当する事例についてそれぞれの規定に基づき更正の請求がなされた場合には、相続税法32条の規定による請求とみなされることになります。

## 3　重複の場合の請求の期限

　相続税法と国税通則法の請求が競合する場合、その請求期限については、単に一般法と特別法という形式的に考えられない場合もあります。

例えば、次に掲げる事例が参考になります。

事例①

「当初申告において未分割であったため、配偶者に対する相続税額の軽減の規定の適用をせずに申告書を提出していた事例について、その後申告書の提出期限から3年以内に分割が確定した場合の更正の請求如何」

国税通則法23条1項1号の「……国税に関する法律の規定に従っていなかったこと……」により、法定申告期限から5年以内なら更正の請求ができます。

また、この分割が相続税法19条の2第2項ただし書に規定する遺産分割に該当する場合、相続税法32条1項1号又は8号の規定により、分割前と分割後の課税価格又は相続税額が異なることとなったときには、事由が生じたことを知った日の翌日から4か月以内に更正の請求ができることになります。

それでは、いずれの期限が優先されると考えるべきでしょうか。

〔回 答〕

このような事例において、仮に、相続税法32条に基づく期限の方が国税通則法の期限である5年以内より早く到来するような場合、特別法である相続税法32条の方の期限に縛られるか否かという疑問が生じることになります。

これについては、「配偶者の税額軽減の制度は、言わば配偶者が必ず受けられる制度であること（平成23年度税制改正で当初申告要件が廃止され、国税通則法23条の更正の請求が可能となった（相法19の2③））」から更正の請求の期限は、納税者利益に解すべきと考えます。

したがって、分割が行われた日の翌日から4か月を経過する日と相続税の申告書の提出期限から5年を経過する日とのいずれか遅い日とするのが相当です（相基通32-2）。

事例②

「小規模宅地等についての相続税の課税価格の計算の特例（租税特別措置法69条の4）についての遺産分割後の更正の請求の期限はどのように考えるべきでしょうか。」

〔回　答〕

　小規模宅地の更正の請求の根拠規定は、次のようになります。

① 　まず、租税特別措置法69条の4第5項に、相続税法32条1項の規定を準用する旨規定されています。

② 　次に、租税特別措置法施行令40条の2第26項に読替規定があります。

　　相続税法32条1項8号（配偶者税額軽減規定）を、次のように読み替えることとされています。

　　「租税特別措置法第69条の4第4項ただし書（小規模宅地等についての相続税の課税価格の計算の特例）又は租税特別措置法施行令第40条の2第24項の規定（小規模宅地等についての相続税の課税価格の計算の特例）に該当したことにより、これらの規定に規定する分割が行われた時以後において同法第69条の4第1項の規定を適用して計算した相続税額がその時前において同項の規定を適用して計算した相続税額と異なることとなったこと（第1号に該当する場合を除く。）」とあり、この場合に、更正の請求ができることになります。

③ 　ただし、租税特別措置法69条の4（小規模宅地の特例）は、相続税法19条の2（配偶者に対する相続税額の軽減）と同様、分割要件や申告手続要件が規定されていますが、相続税法19条の2第3項（申告書と更正請求書）に該当する規定はなく、国税通則法23条の更正の請求は認められていないと考えられますので、相続税法32条の期限後に、国税通則法23条1項1号の期限が来るとしても、その日まで伸びることはないと考えます。

# 4 更正の請求の手続と更正の請求を行うことができる期間

**Q** 更正の請求を行う場合どのような手続が必要ですか。また、更正の請求ができる期間や立証責任はどのようになっていますか。

**A** 更正の請求を行う場合は次の手続が必要です。
① 更正の請求を行う場合、更正前後の課税標準等又は税額等、更正の請求をする理由、請求をするに至った事情の詳細等を記載した更正の請求書を提出する必要があります。
② また、取引の記録等に基づいてその理由の基礎となる事実を証明する書類を添付しなければなりません（通則法23③、通則令6②）。

また、更正の請求ができる期間は、国税の法定申告期限から5年以内が基本です。

ただし、後発的事由に基づく更正の請求については、それぞれ、事実が確定した日、更正等があった日、理由が生じた日の翌日から起算して2か月以内に行う必要があります。

なお、相続税法における後発的事由に基づく更正の請求については、各事由が生じたことを知った日の翌日から4か月以内に限り行う必要があります（相法32①）。

そして、立証責任は、基本的に更正を請求する納税者側にあります。

## 解説

### 1 手続

　更正の請求に当たっては、「更正の請求書」という様式が準備されていますので、これを使用して行うのが便利です。

　特に、請求書に添付する「事実を証明する書類」は、添付義務とされていることに留意してください（通則令6②）。

　国税通則法施行令6条2項には「更正の請求をしようとする者は、その更正の請求をする理由が課税標準たる所得が過大であることその他その理由の基礎となる事実が一定期間の取引に関するものである〔中略〕ときは、その取引の記録等に基づいてその理由の基礎となる事実を証明する書類を法第23条第3項の更正請求書に添付しなければならない。その更正の請求をする理由の基礎となる事実が一定期間の取引に関するもの以外のものである場合において、その事実を証明する書類があるときも、また同様とする。」とあります。

　なお、更正の請求書に偽りの記載をして提出した場合、1年以下の懲役又は50万円以下の罰金という処罰規定（通則法128一）がありますので、注意が必要です。

### 2 期間

　更正の請求ができる期間は、上記 A のとおりですが、例えば、更正の請求事由が国税通則法23条と相続税法32条の両方の事由に該当する場合が考えられます。この場合には、国税通則法に基づく相続税の申告書提出期限から5年以内か相続税法に基づくその事由が生じたことを知った日の翌日から4か月以内のいずれか遅い日までにすればよいと考えられます（参考：相基通32－2）。

　ちなみに、相続税法19条の2の配偶者に対する相続税額の軽減の規

定の適用に関して、分割されていない財産が申告期限から3年以内に分割されたことにより当初申告の課税価格又は税額と異なることとなったときは、国税通則法と相続税法の両方に基づいて更正の請求ができることとなりますので、この場合の更正の請求の期間は、分割が行われた日から4か月を経過する日と申告書の提出期限から5年を経過する日とのいずれか遅い日となります（相基通32－2）。

## 3　立証責任

　更正の請求の可否について訴訟等で課税庁と争いとなった場合に、どちらに主張立証責任があるか問題となることがあります。国税不服審判所平成23年11月22日裁決〔事例36〕では、国税通則法23条の規定による更正の請求は、申告内容の過誤から生じる納税者の不利益を救済するため、税務行政の法的安定の要請を一定の要件のもとに制限する趣旨のものと考えられ、この趣旨及び同規定の文言等に照らすと、自ら計上した申告内容の是正を請求する納税者側において、その申告内容が真実に反するものであることの主張立証をすべきであると解されるとしています。

　また、裁判例では、相続税の相続財産の時価が争われたもので「相続税に係る更正の請求に対する更正をすべき理由がない旨の通知処分の取消訴訟においては、原告納税者において、真実の課税価額又は納付すべき税額を下回ることについて主張・立証責任を負うものと解するのが相当である。」と判示されたものがあります（横浜地判平16・10・13税資254・順号9776、その控訴審である東京高判平17・2・23税資255・順号9941）。

## 参 考

## ○更正の請求書

```
                    税の更正の請求書

_____税務署長          （前納税地_____）
                              〒
                              住所又は
                              所在地_____
平成___年___月___日提出         納税地_____
                              フリガナ
                              氏名又は
                              名  称_____  印
                              個人番号又は法人番号
                              （個人番号の記載に当たっては、左端を空欄とし、ここから記入してください。）
                              □□□□□□□□□□□□□
                              （法人等の場合）
                              代表者等氏名_____ 印
                              職  業_____電話番号_____

1．更正の請求の対象となった申告又は通知の区分及び申告書提出年月日又は更正の請求のできる事由
  の生じたことを知った日
  ___年分_____    平成___年___月___日

2．申告又は通知に係る課税標準、税額及び更正後の課税標準、税額等
  次葉のとおり

3．添付した書類
  _____
  _____
  _____

4．更正の請求をする理由
  _____
  _____
  _____

5．更正の請求をするに至った事情の詳細、その他参考となるべき事項
  _____
  _____
  _____

6．還付を    1 銀行等の預金口座に振込みを希望する場合    2 ゆうちょ銀行の貯金口座に振込みを希望する場合
  受けよ         銀 行   本店・支店         貯金口座の記号番号  _____－_____
  うとす         金庫・組合 出張所
  る銀行        _____農協・漁協  本所・支所     3 郵便局等の窓口で受取りを希望する場合
  等           預金 口座番号_____

関与税理士_____        印  電話番号_____
```

（資15-1-1-A4統一）

書 き か た

1 ※印欄には、記入しないでください。
2 見出しの「　　税」の空白部分には、相続税又は贈与税の税目区分に応じ、例えば「 相続 _税」又は「 贈与 税」と記入してください。
3 「住所又は所在地（納税地）」欄には、提出者が個人の場合は住所を、法人等の場合は所在地を記入しますが、住所等以外の場所を納税地としているときは、住所等を上欄に、納税地を下欄にそれぞれ記入してください。
　　なお、現在の納税地がこの請求の対象となった申告を行ったときの納税地と異なるときは、前の納税地を現在の住所の上欄にかっこ書きしてください。
4 「氏名又は名称」欄には、提出者が個人の場合はその氏名を、法人等の場合はその名称を記入してください。
　　なお、法人等の場合は、「代表者等氏名」欄に法人等の代表者等の氏名も併せて記入してください。
5 「個人番号又は法人番号」欄には、提出者が個人の場合は個人番号（12桁）を、法人等の場合は法人番号（13桁）を記入してください。
　　なお、この請求書の控えを保管する場合においては、その控えには個人番号を記載しない（複写により控えを作成し保管する場合は、個人番号部分が複写されない措置を講ずる）など、個人番号の取扱いには十分ご注意ください。
6 「1．更正の請求の対象となった申告又は通知の区分及び申告書提出年月日又は更正の請求のできる事由の生じたことを知った日」欄は、例えば、次のように記入してください。
　（例）平成○○年分相続税申告書　　　　平成○○年○月○日提出
　　　　平成○○年分相続税決定通知書　　平成○○年○月○日遺産分割
7 「4．更正の請求をする理由」の欄には、請求理由を、例えば、次のように記入してください。
　（例）　相続税の課税価格のうち、○○市○○町○番地所在の家屋について○○，○○○円の評価誤りがあった。
8 「5．更正の請求をするに至った事情の詳細、その他参考となるべき事項」欄には、請求をするに至った事情を詳細に記入するほか、参考となるべき事項についても記入してください。
9 「6．還付を受けようとする銀行等」欄には、振込みを希望する預貯金口座等を次により記入してください。
　　預貯金口座への振込みを利用されますと、指定された金融機関の預貯金口座（ご本人名義の口座に限ります。）に還付金が直接振り込まれ、大変便利ですので、是非ご利用ください。
　(1)　銀行等の預金口座に振込みを希望する場合
　　　　「6．還付を受けようとする銀行等」欄の1に銀行等の名称、預金種類及び口座番号を記入してください。
　(2)　ゆうちょ銀行の貯金口座に振込みを希望する場合
　　　　「6．還付を受けようとする銀行等」欄の2に貯金総合通帳の記号番号を記入してください。
　(3)　郵便局等の窓口で受取を希望する場合
　　　　「6．還付を受けようとする銀行等」欄の3に、ご自身が受取に行かれる郵便局名を記入してください。
（注）　この請求書には、取引の記録等に基づいて請求の理由の基礎となる事実を証明する書類を添付する必要があります。

# Q&A 第1章 総論

次葉　申告に係る課税価格、税額等及び更正の請求による課税価格、税額等
（相続税）

|  | 被相続人 | 住所 | 〒　－ |  | 相続の年月日 | □年　月　日 | （平成30年分以降用） |
|---|---|---|---|---|---|---|---|
|  |  | フリガナ 氏名 |  |  | 職業 |  |  |

(1) 税額等の計算明細

| 区　　　　分 | 申告（更正・決定）額 | 請　求　額 |
|---|---|---|
| ① 取　得　財　産　の　価　額 | 円 | 円 |
| ② 相続時精算課税適用財産の価額 |  |  |
| ③ 債務及び葬式費用の金額 |  |  |
| ④ 純資産価額（①＋②－③） |  |  |
| ⑤ 純資産価額に加算される暦年課税分の贈与財産価額 |  |  |
| ⑥ 課　税　価　格（④＋⑤） |  |  |
| ⑦ 相続税の総額（(2)の⑨の金額） |  |  |
| 一般の場合　⑧ 同上のあん分割合 | ％ | ％ |
| ⑨ 算出税額（⑦×⑧） | 円 | 円 |
| 相続税特別措置法第70条の6第2項の規定の適用を受ける場合　⑩ 算出税額（付表1(1)の⑬） |  |  |
| ⑪ 相続税法第18条の規定による加算額 |  |  |
| 税額控除額　⑫ 暦年課税分の贈与税額控除額 |  |  |
| ⑬ 配偶者の税額軽減額 |  |  |
| ⑭ 未　成　年　者　控　除　額 |  |  |
| ⑮ 障　害　者　控　除　額 |  |  |
| ⑯ 相　次　相　続　控　除　額 |  |  |
| ⑰ 外　国　税　額　控　除　額 |  |  |
| ⑱　　　　　計 |  |  |
| ⑲ 差　引　税　額 (⑨＋⑪－⑱) 又は (⑩＋⑪－⑱) |  |  |
| ⑳ 相続時精算課税分の贈与税額控除額 |  |  |
| ㉑ 医療法人持分税額控除額 |  |  |
| ㉒ 小　　計（⑲－⑳－㉑） |  |  |
| ㉓ 農地等納税猶予税額 |  |  |
| ㉔ 株　式　等　納　税　猶　予　税　額 |  |  |
| ㉕ 特例株式等納税猶予税額 |  |  |
| ㉖ 山　林　納　税　猶　予　税　額 |  |  |
| ㉗ 医療法人持分納税猶予税額 |  |  |
| (㉒－㉓－㉔－㉕－㉖－㉗)　㉘ 申告期限までに納付すべき税額 |  |  |
| ㉙ 還付される税額 |  |  |

(2) 相続税の総額の計算明細

| 区　　　　分 | 申告（更正・決定）額 | 請　求　額 |
|---|---|---|
| ① 取得財産価額の合計額 | 円 | 円 |
| ② 相続時精算課税適用財産価額の合計額 |  |  |
| ③ 債務及び葬式費用の金額の合計額 |  |  |
| ④ 純資産価額に加算される暦年課税分の贈与財産価額の合計額 |  |  |
| ⑤ 課税価格の合計額 |  |  |
| ⑥ 法定相続人の数 | 人 | 人 |
| ⑦ 遺産に係る基礎控除額 | 円 | 円 |
| ⑧ 計算の基礎となる金額（⑤－⑦） |  |  |
| ⑨ 相　続　税　の　総　額 |  |  |

（資15-1-2-A4統一）

## 5 錯誤無効を理由とする相続税申告書についての更正の請求の可否

**Q** 当初提出した相続税の申告書について、一般的に錯誤があったとして、錯誤無効とする更正の請求は認められるのでしょうか。

また、例えば、非上場株式の評価に当たり、当初「配当還元方式」が適用できると担当税理士の助言により申告していたところ、申告期限後に更に専門家にみてもらったところ、当初の分割（配分）では、配当還元方式は適用できず、それより高い評価である「類似業種比準方式」になることが判明したため、配当還元方式が適用できるよう分割（配分）をやり直しました。これによる更正の請求なり修正申告を行うことは可能でしょうか。

このような課税負担の錯誤は一般的に更正の請求の理由となるでしょうか。

**A** 一般的な相続税の申告書の無効を理由とする更正の請求は認められません。

次に、ご質問のような錯誤により分割をやり直した場合における更正の請求や修正申告の提出については、一般的に「再分割」と認められるような場合にはいずれも認められません。しかしながら、更正の請求等を認めても弊害がないような特段の事情が認められるような場合には許されると解される場合がありますので、個別に検討・判断する必要があります。

なお、上記 Q の類似事件において、東京地裁判決で更正の請求を認めた事例（東京地判平21・2・27〔事例4〕参照）があります。この判

決では「更正の請求期間内にされた更正の請求においてその遺産分割の無効の主張を認めても弊害を生ずるおそれがなく、申告納税制度の趣旨・構造及び租税法上の信義則に反するとはいえないと認められるべき特段の事情がある場合に限って認められる」としています。

## 解　説

### 1　原　則

　相続税や贈与税について更正の請求が認められるのは、基本的には国税通則法23条1項及び2項と相続税法32条に該当する場合のみです。申告書や申告行為の無効については、上記法律には規定されておらず一次的には更正の請求事由とはなりません。また「申告行為の無効は通則法23条の更正の請求の事由とすることはできない」とした裁決（国税不服審判所裁決平22・4・1〔事例5〕参照）があります。

　ただし、一般的な申告書の無効による更正の請求は認められませんが、事例によっては、事実関係として財産の把握漏れや分割協議時の協議における無効事由が具体的にある場合には、国税通則法23条に規定する個別事由に該当する場合があると思われるので検討してみる必要があります。

### 2　課税負担の錯誤等

　次に、ご質問のような評価方式の理解の違いにより課税負担について錯誤が生じているような事例について更正の請求ができるか否かについては意見が分かれています。従来から、課税実務では「当初の分割により共同相続人又は包括受遺者に分属した財産を分割のやり直しとして再分割した場合には、その再分配により取得した財産は、他の

贈与等の法律行為により取得したことになる」としています。また、裁判でも否定する判決が少なくありません。

しかしながら、東京地裁平成21年2月27日判決〔事例4〕は、錯誤無効による遺産分割のやり直しが認められ、「当初の遺産分割による申告に錯誤があったとして改めて遺産分割をした場合には、そのことを理由に更正の請求ができる」としています。

## 3　まとめ

錯誤無効に関する国税通則法や更正の請求の考え方について、東京地裁の判決が参考になりますので、これに基づき整理すると次のようになります。

(1)　遺産分割による財産の移転を課税の根拠とする場合において、国税通則法23条1項1号にいう「当該計算に誤りがあったこと」とは、当該遺産分割の効果を前提とした数額の計算に誤りがあることをいうものであるので、遺産分割の錯誤無効の場合はこれに当たらないものと解され、

(2)　また、国税通則法23条2項3号及び同施行令6条1項2号の規定による更正の請求は、当該法律行為が有効に成立した後に後発的事由によってその効力の喪失その他の法律関係の変動が生じた場合に、課税の内容をその変動後の法律関係に適合させるための更正の手続であるところ、遺産分割の錯誤無効は、後発的事由ではなく、原始的事由であるから、国税通則法23条2項3号及び同施行令6条1項2号に掲げる事由には当たらないものと解される。

(3)　これに対し、分割内容自体の錯誤と異なり、課税負担の錯誤に関しては、それが要素の錯誤に該当する場合であっても、我が国の租税法制が、相続税に関し、申告納税制度を採用し、申告義務の懈怠等に対し加算税等の制裁を課していること、相続税の法

定申告期限は相続の開始を知った日から原則として10か月以内とされており、申告書はその間に取得財産の価値の軽重と課税負担の軽重等を相応に検討し忖度した上で相続税の申告を行い得ること等にかんがみると、<u>法定申告期限を経過した後も、更なる課税負担の軽減のみを目的とする課税負担の錯誤の主張を無制限に認め、当該遺産分割が無効であるとして納税義務を免れさせたのでは、租税法律関係が不安定となり、納税者間の公平を害し、申告納税制度の趣旨・構造に背馳することとなり</u>、このことは、①申告者が、法定申告期限後の課税庁による申告内容の調査時の指摘、修正申告の勧奨、更正処分等を受けた後に自らの申告内容を翻し、更正請求期間内に更正の請求の手続を執ることなく、更正処分等の取消訴訟において錯誤無効を主張する場合、②新たな遺産分割の合意による分割内容の変更をしていないため、当初の遺産分割の経済的成果が実質的に残存し得る場合、③法定申告期限後に更なる課税負担の軽減のみを目的とする錯誤無効の主張を安易に繰り返す場合等には、税法上の信義則の観点からも看過し難い。したがって、<u>上記の申告納税制度の趣旨・構造及び税法上の信義則に照らすと申告者は、法定申告期限後は、課税庁に対し、原則として、課税負担又はその前提事項の錯誤を理由として当該遺産分割が無効であることを主張すること</u>はできず、

(4) 例外的に、その主張が許されるのは、分割内容自体の錯誤との権衡等にも照らし、<u>①申告者が、更正の請求期間内に、かつ課税庁の調査時の指摘、修正申告の勧奨、更正処分等を受ける前に、自ら誤信に気づいて、更正の請求をし、②更正の請求期間内に、新たな遺産分割の合意による分割内容の変更をして、当初の遺産分割の経済的効果を完全に消失させており、かつ、③その分割</u>

内容の変更がやむを得ない事情により誤信の内容を是正する一回的なものであると認められる場合のように、更正の請求期間内にされた更正の請求においてその主張を認めても上記の弊害が生ずるおそれがなく、申告納税制度の趣旨・構造及び租税法上の信義則に反するとはいえないと認めるべき特段の事情がある場合に限られるものと解するのが相当である。

したがって、事例によっては、上記のような条件に合致する場合には更正の請求を認めても許される場合があるのでよく吟味する必要があります。

＜参考文献等＞

岸田貞夫「税負担の錯誤無効を理由にした更正の請求とその許容の範囲」（税理62巻1号4頁〜12頁）

品川芳宣「当初の遺産分割による申告に錯誤があったとする再遺産分割による更正の請求等の可否」（T&Amaster315号22頁〜37頁）

池本征男「当初の遺産分割による申告に錯誤があったとして改めて遺産分割をした場合には、そのことを理由に更正の請求をすることができるかどうかが争われた事例」（国税速報6110号33頁）

## 6 「判決」及び「判決と同一の効力を有する和解その他の行為」(国税通則法23条2項1号) の範囲

**Q** 国税通則法23条2項1号には、更正の請求が認められる後発的事由の1つとして「その申告、更正又は決定に係る課税標準等又は税額等の計算の基礎となった事実に関する訴えについての判決(判決と同一の効力を有する和解その他の行為を含む。)により、その事実が当該計算の基礎としたところと異なることが確定したとき」とありますが、この場合の「判決」の意味するところと、「判決と同一の効力を有する和解その他の行為」にはどのようなものが含まれますか。

また、相続税法32条には、後発的事由が規定されていますが、1項において1号から5号まで個別事由が規定され、それらに準ずるものとして、同法1項6号において「政令」で定める事由として、「相続若しくは遺贈又は贈与により取得した財産についての権利の帰属に関する訴えについての判決があったこと」(相令8②一)とあります。この「判決」も国税通則法における規定と同様に考えていいのでしょうか。

**A** 後発的事由として、国税通則法23条2項1号に定められている事由が生じた場合には、その確定した日の翌日から起算して2か月以内に更正の請求ができることになっていますが、この場合の「判決」の意義や「判決と同一の効力を有する和解その他の行為」の範囲については、必ずしも明確な定義があるわけではなく、解釈に委ねられています。これについては、これ

までの判決や裁決が参考になりますので、解説で詳しくみていきます。

## 解　説

### 1　規　定

　国税通則法には、後発的事由の1つとして、「その申告、更正又は決定に係る課税標準等又は税額等の計算の基礎となった事実に関する訴えについての判決（判決と同一の効力を有する和解その他の行為を含む。）により、その事実が当該計算の基礎としたところと異なることが確定したとき」（通則法23②一）と規定されています。

　つまり、判決や和解等により課税標準等や税額等の基礎となった事実が異なることが確定した場合に更正の請求ができることになります。そこで、まず、この「判決」や「和解等」の意味する範囲つまり、どのような行為が含まれるかが問題となります。

### 2　「判決」の範囲・基本的考え方

　この「判決」の意味するところは、一般的には「その申告に係る課税標準等又は税額の計算の基礎となった事実と異なる事実を前提とする法律関係が判決の主文で確定されたとき又はこれと同視できるような場合をいう」（東京高判平26・10・30〔事例13〕）とされており、また、同様の趣旨で「申告等に係る課税標準等又は税額等の計算の基礎となった事実の存否、効力等を直接審判の対象とするものをいう」（国税不服審判所裁決平19・1・23〔事例14〕）と解されています。また、「判決とは、申告の時点で有効に存在していた事実関係が、後日、判決によって覆された場合のその判決を指すものと解される」（大阪高判平14・7・25税資252・順号9167）との判決があります。

したがって、例えば、「相続開始後にされた株式譲渡契約に関する虚偽の説明を理由とする不法行為による損害賠償請求等の請求を棄却するという別訴判決の主文はこれに該当しない」ことになります（東京高判平26・10・30〔事例13〕）。さらに、その範囲に関する事例として以下のようなものがあります。

① 「請求人が訴訟当事者である判決に限られる」とする裁決（国税不服審判所裁決平25・8・22〔事例28〕）。

② ここにいう「判決」とは、「犯罪事実の存否範囲を確定するにすぎない刑事事件はこれに含まれない」とする判決（最判昭60・5・17税資145・463）。

また、「申告に係る課税標準又は税額等の計算の基礎となった事実を訴えの対象とする民事事件の判決を意味し刑事事件の判決はこれに当たらない」とする判決（大阪地判平6・10・26税資206・66）。

③ 国税不服審判所の「裁決」はこれに含まれないとする裁決（国税不服審判所裁決平26・4・25〔事例11〕）。

④ 「判決が当事者が専ら相続税の軽減を図る目的で、馴れ合いによって得たものであるなど、客観的、合理的根拠を欠くものであるときは、その確定判決としての効力の如何にかかわらず、国税通則法23条2項1号にいう「判決」には該当しない」とする判決（東京高判平10・7・15税資237・142）。

⑤ 固定資産税評価額が過大であったとする「通知」は、この「判決」や国税通則法23条2項3号に規定する「政令で定めるやむを得ない理由」に該当しないとする裁決（国税不服審判所裁決平28・1・12〔事例7〕）。

## 3 相続税法施行令8条2項1号の「判決」

相続税法施行令8条2項には、後発的事由として更正の請求ができる事由が規定されており、「相続若しくは遺贈又は贈与により取得した

財産についての権利の帰属に関する訴えについての判決があったこと」とあります（相令8②一）。この場合の「判決」も国税通則法と同様に考えるのが相当であり、更正の請求をする者が訴訟当事者となる判決である必要があり（国税不服審判所裁決平25・8・22〔事例28〕）、例えば、共同相続人の1人が提起した個別の判決で他の相続人に効力を及ぼさないような判決はこれに該当しないことになります。

　ちなみに、この場合の「権利の帰属に関する訴え」は、権利の存在を前提としたその帰属に関する訴えに限られるとされています（東京地判平27・5・13〔事例29〕）。

## 4　「判決と同一の効力を有する和解」とは

(1)　「和解」とは、一般的に従前からの事実の確認としてされるもので、権利関係が明確にされるものと解されています。したがって、将来に向かって新たな権利関係を創設するものなどはこの「和解」には含まれないことになります。

　この「判決と同一の効力を有する和解」には、裁判上の和解や起訴前の和解があります。また、民事調停や家事事件手続法268条の調停もこれに含まれ、いずれも調書に記載することが必要といわれています。したがって、「判決と同一の効力を有する」旨が明確化されていない公正証書などはこれに含まれませんし、裁判所が関与しない当事者間の合意などはこれに含まれないことになります（国税不服審判所裁決平3・8・1裁事№42・1）。

　なお、「通則法23条2項1号の和解には、起訴前の和解も原則として含まれるが、専ら当事者間で税金を免れる目的で馴れ合いでされた和解など客観的合理的根拠を欠くものは含まれない」とする判決（仙台地判昭51・10・18税資90・200）や1次相続に係る分割協議について「判決と同一の効力を有する和解その他の行為」に含まれないとした裁決（国税不服審判所裁決平24・1・26〔事例25〕）

があります。

　したがって、裁判上の和解についても、真実の権利変動がないのにもかかわらず、もっぱら租税負担回避の目的でされたものであるときは、これに該当しないことになります。

(2)　相続税に関する更正の請求事案で、「和解」について一般的な判示をしている判決があり参考になるので要旨を引用します（神戸地判平19・11・20税資257・順号10828）。

「通則法23条2項1号にいう「和解」の意義

　　更正の請求が申告の過誤を事後的に修正する制度であること及び通則法23条1項1号、2項1号の文言に照らすと、相続税に関して言えば、同条1項1号の「課税標準等若しくは税額等の計算が国税に関する法律の規定に従っていなかったこと又は当該計算に誤りがあったことにより、当該申告書の提出により納付すべき税額（かっこ内略）が過大であるとき」に当たる同条2項1号の「和解」とは、遺産の範囲又は価額等の申告に係る税額の計算の基礎となった事実を争点とする訴訟等において、当該事実につき申告における税額計算の基礎とは、異なる事実を確認し又は異なる事実を前提とした裁判上の和解をいうものと解すべきである。そして、前記の事実の異同は、遺産の範囲及びその価額について言えば、相続人の相続税納税義務が成立する遺産取得時期であり、前記税額計算においても取得する遺産の範囲を決定する基準時となり、かつ、その財産の価額評価の基準時でもある相続開始時における遺産の範囲及び価額と、申告書に記載されたそれとが異なることが確認等されたか否かによって判断することになる。したがって、例えば、相続開始後に遺産が滅失し又はその価額が減少したことを確認し又はこれを前提とする裁判上の和解がなされても、この和解は同号の「和解」に当たらない。」

# 第2章 各　論

## 7 「当該各号に規定する事由が生じたことを知った日」（相続税法32条1項）の意義

**Q** 相続税法32条1項に規定する「当該各号に規定する事由が生じたことを知った日」をどのように解するかにより更正の請求ができる期限（知った日の翌日から4か月以内）が異なることとなりますが、この「当該各号に規定する事由が生じたことを知った日」の意義や取扱いについて説明してください。

**A** 相続税法32条1項に規定する「当該各号に規定する事由が生じたことを知った日」の解釈や意義などは、法令や通達で具体的に明らかにされておらず、個々の事実関係を踏まえて、相続税の申告書を提出した者などが「当該各号に規定する事由が生じたことを知った日」を個別に判断することとなります。

### 解　説

#### 1　相続税法32条1項

相続税法32条1項は、相続税の申告書を提出した者などは、次に掲げる事由のいずれかに該当することによりその申告に係る課税価格及び相続税額等が過大となった場合は、その事由が生じたことを知った日の翌日から4か月以内に限り、更正の請求をすることができる旨規定しています。

①　未分割の財産について民法（904条の2（寄与分）を除きます。）の

規定による相続分又は包括遺贈の割合に従って課税価格が計算され課税された後に、遺産分割が行われた結果、当初計算されていた課税価格が共同相続人又は包括受遺者の課税価格と異なることとなったこと（相法32①一）
② 強制認知等による相続人に異動が生じたこと（相法32①二）
③ 遺留分侵害額の請求に基づき支払うべき金銭の額が確定したこと（相法32①三）
④ 遺贈に係る遺言書が発見され、又は遺贈の放棄があったこと（相法32①四）
⑤ 物納の条件付許可が取り消される事情が生じたこと（相法32①五）
⑥ 上記①から⑤までに準ずる事由が生じたこと（相法32①六）
　なお、上記①から⑤までに準ずる事由として、相続税法施行令8条2項により、以下の3つの事由が規定されています。
　㋐ 権利の帰属に関する訴えについての判決があったこと（相令8②一）
　㋑ 分割後の被認知者の請求により弁済すべき額が確定したこと（相令8②二）
　㋒ 条件付の遺贈について、条件が成就したこと（相令8②三）
⑦ 相続財産法人からの財産分与などがあったこと（相法32①七）
⑧ 未分割財産が分割されたことにより配偶者の税額軽減額が増加すること（相法32①八）
⑨ 被相続人に係る納税猶予分の所得税額に係る納付義務を承継した相続人がその納税猶予分の所得税額に相当する所得税を納付したことなど（相法32①九）
⑩ 贈与税の課税価格に算入した財産について相続税法21条の2《贈与税の課税価格》第4項の規定に該当するものがあったこと（相法32①十）

## 2 「当該各号に規定する事由が生じたことを知った日」の意義

　相続税法32条1項に規定する「当該各号に規定する事由が生じたことを知った日」をどのように解するかにより更正の請求ができる期限（知った日の翌日から4か月以内）が異なってくることとなりますが、この「当該各号に規定する事由が生じたことを知った日」の解釈や意義などは、法令や通達で明らかにされておらず、個々の事実関係を踏まえて、相続税の申告書を提出した者などが「当該各号に規定する事由が生じたことを知った日」を個別に判断することとなります。

　なお、相続税法32条1項1号に規定する更正の請求をできる事由（上記1①）が生じたことを知った日が争点となった裁判例などでは、同号に規定する「事由が生じたことを知った日」について、次に掲げる場合の区分に応じて、それぞれ次に掲げる日と判断しているものがあります。

① 遺産分割の原因が遺産の分割の審判である場合
　当該審判の確定を知った日（大阪地判平19・11・14税資257・順号10822）

② 遺産分割に係る訴訟上の和解が成立した場合
　各当事者に対する和解調書の送達日ではなく、当事者が合意して和解が成立した日（国税不服審判所裁決平10・8・6裁事No.56・389）

③ 家事調停手続によって遺産分割がなされた場合
　遺産分割の合意が成立した調停期日の日（国税不服審判所裁決平17・6・24〔事例32〕）

④ 調停外の遺産分割をした場合
　遺産分割調停を取り下げた日ではなく、調停外で行った遺産分割の日（国税不服審判所裁決平29・1・6〔事例1〕）

⑤ 遺産分割事件から脱退した場合
　他の共同相続人から遺産分割事件が終わったことを聞いた日（国税不服審判所裁決平20・1・31〔事例33〕）

⑥　共同相続人の1人が遺産分割の調停において、相続財産を取得しないことが確定した場合

　その相続財産を取得しないことが確定した<u>調停期日の日</u>（〔Q＆A 8〕の 参　考 参照）

⑦　高等裁判所の遺産分割審判に係る即時抗告を棄却する決定を不服として抗告が行われている場合

　即時抗告を棄却する<u>高裁決定に係る文書が送達された日</u>（東京高判平24・9・12税資262・順号12033（その後、最高裁判所にて上告不受理の決定がされている（最決平25・3・21税資263・順号12171）。〔事例34〕参照）、国税不服審判所裁決平29・6・22裁事№107、国税不服審判所裁決平16・11・8裁事№68・203）

## 8 未分割財産の申告後に分割協議が成立した場合

**Q** 相続財産が当初未分割であったため、各相続人は相続税法55条の規定に従い、法定相続分で申告を行っていました。その後、遺産分割協議が成立し、相続人であるAさんは法定相続分より少ない財産を取得することになり当初申告より納付税額も減少したため、更正の請求を行いたいと考えています。

一方、Bさんは、法定相続分より多くの財産を取得することとなり当初より税額が増えることになりますが、この場合修正申告を行う必要があるのでしょうか。

**A** 分割協議が成立したことにより納付税額が減少することとなったAさんは、相続税法32条1項1号の規定により、分割協議成立の日の翌日から4か月以内に更正の請求を行うことができます。

また、分割協議が成立したことにより納付税額が増加することになったBさんは、相続税法31条1項により修正申告書を提出することができることになっています。なお、これも必ずしも強制ではなく任意と読むこともでき、仮に提出がない場合には、通常課税庁(税務署長)により更正がなされることになりますので留意が必要です。

更正の請求の手続につきましては、国税通則法施行令6条2項に「取引の記録等に基づいてその理由の基礎となる事実を証明する書類」を添付する必要があることなどが規定されていますので参照してください。

## 解説

### 1 更正の請求の可否

　相続税法32条には、いわゆる相続税法固有の更正の請求事由が約10項目定められており、これに該当する場合には更正の請求ができることになります。

　相続税法32条1項1号には「第55条の規定により分割されていない財産について民法〔中略〕の規定による相続分又は包括遺贈の割合に従って課税価格が計算されていた場合において、その後当該財産の分割が行われ〔中略〕課税価格と異なることとなったこと」と規定されており、通常その後の分割協議はこれに該当することになります。

　したがって、申告書を提出した者又は決定を受けた者の当初の課税価格及び税額が過大となったときは、事由が生じたことを知った日の翌日から4か月以内に限り更正の請求を行うことができることになります。

### 2 修正申告の可否

　次に、相続税又は贈与税の申告書を提出している場合又は決定若しくは更正を受けている場合において、その税額が過少であるときは、国税通則法19条の規定により、修正申告書を提出することができるとされています。ところで、不足となる事由が後発的に生じた事実によって生じた場合又は後発的な事由により相続又は遺贈による財産の取得をしないこととなったため相続税又は贈与税が不足となる場合にも修正申告を提出することができるとしているのが、相続税法31条です。

　つまり、相続税法31条1項には同法32条1項の1号から6号までに規定する事由が生じたため既に納付の確定した相続税額に不足が生じた場

合には、修正申告書を提出することができる旨規定されています。

したがって、本設問においてBさんは、上記のように相続税法32条1項1号に該当することになりますので、修正申告書を提出することができることになります。ただし、修正申告書を提出しない場合に、先に相続税法32条1項1号から6号までの事由による更正の請求が行われて、例えばAさんに減額更正が行われているときには、相続税法35条3項により税務署長はBさんに更正することになります。逆に、仮にAさんが更正の請求を行っていないような場合には、Bさんは、相続税法55条の規定に従った正しい申告を行っているため、税務署長から更正されることはありません。

参 考

○質疑応答事例

共同相続人の1人が遺産分割の調停において相続財産を取得しないことが確定した場合の相続税法第32条第1項の規定に基づく更正の請求
【照会要旨】
平成○年に相続開始しましたが、相続税の申告期限までに遺産分割協議が整わなかったことから、相続税法第55条の規定に基づき、法定相続分の割合で相続財産を取得したものとして相続税を計算し申告しました。
その後、家庭裁判所の遺産分割の調停において、共同相続人（4人）のうちの1人である甲が相続を事実上放棄し、同年12月、その旨が調停調書に記載されました。
甲は、この調停から4月以内に相続税法第32条第1項の規定に基づく更正の請求をすることができますか。なお、遺産分割の調停は継続しています。
【回答要旨】
遺産分割は、全ての相続人等の協議又は家庭裁判所の審判（調停）に

よって行われ、この場合、遺産の一部について行うこともでき、また遺産分割の結果、相続人等のうちの一部の者が相続財産を取得しないこととなっても差し支えないものとされています。
　したがって、照会のケースは典型的な「分割」ではありませんが、甲は調停により相続財産を取得しないことが確定していることから、相続税法第32条第1項第1号の規定に該当しますので、更正の請求が認められます。
　なお、この場合、他の3人の相続人は修正申告をする必要があります。
【関係法令通達】
　相続税法第32条第1項第1号、第35条第3項

(国税庁ホームページ)

## 9 第1次相続の分割確定に伴う第2次相続の変動に伴う更正の請求の可否

**Q** 被相続人Ｂの第2次相続の申告書提出後に、第1次相続（被相続人Ａ）についての分割協議が確定しました。その結果、被相続人Ｂが取得することとなった被相続人Ａの相続財産が当初申告の法定相続分より少なくなりました。

この場合、被相続人Ｂの相続人は、第2次相続について相続税法32条1項1号の規定による更正の請求をすることができるのでしょうか。

**A** 被相続人Ｂの相続人は、第2次相続について相続税法32条1項1号に基づく更正の請求はできません。

つまり、相続税法32条1項1号が適用されるのは、分割されていない財産について民法の規定による相続分の割合に従って課税価格が計算されていた相続税の申告です。本設問の場合、一見、可能のように思えますが、民法の規定による相続分の割合によって課税価格が計算されていたのは、第1次相続に係る申告であり、第2次相続に係る相続税の申告ではありません。したがって、第2次相続に相続税法32条1項1号が適用されることはありません。

ただし、これについては結果の妥当性から疑問視する意見もあります。

### 解　説

1　第2次相続の変動に伴う更正の請求

相続税法32条には、いわゆる相続税法固有の更正の請求事由が定め

られており、これに該当する場合には更正の請求ができることになります。

その中で、相続税法32条1項1号には「第55条の規定により分割されていない財産について民法〔中略〕の規定による相続分又は包括遺贈の割合に従って課税価格が計算されていた場合において、その後当該財産の分割が行われ〔中略〕課税価格と異なることとなったこと」と規定されており、通常その後の分割協議はこれに該当することになります。

したがって、<u>申告書を提出した者又は決定を受けた者</u>の当初の課税価格及び税額が過大となったときは、事由が生じたことを知った日の翌日から4か月以内に限り更正の請求を行うことができることになります。

ところで、本設問の場合については、上記 A のように解されており、これを支持する裁決も見られるところです（国税不服審判所裁決平24・3・13〔事例19〕）。

しかしながら、第1次相続に係る遺産分割が成立したことにより、<u>反射的に第2次相続に係る相続財産が少なくなった場合</u>に、納税者から第2次相続に係る更正の請求を求めることはできないとするのは結果的に納税者に酷であり、妥当性を欠くものと考えます。

相続財産が増加した側の修正申告についての対応を含め今後の立法的手当等の検討が望まれるところです。

そこで、当面の間、本設問のような<u>反射的な事象</u>については、結果の妥当性をクリアするためには、解釈論的には第1次相続に係る適用について、<u>第2次相続についても準用解釈する</u>のが相当と考えます。

特に、本設問だけでなく更正の請求や修正申告の可否の考え方において、これまでの課税庁の解釈は少し硬直すぎるところがあり、学説などについてももう少し柔軟に対応し、結果の妥当性に配慮してもいいケースがあるように思われます。

## 2 実務的対応

課税実務においては、第1次相続(被相続人A)の遺産分割が確定したことにより、被相続人Bの相続財産が当初申告より少なくなったにもかかわらず、これを納税者側から是正する手続がない場合において、例えば、第1次相続の他の相続人が修正申告書を提出しているなど、これを放置することが課税上著しい不公平となると税務署長が認めるときは減額更正を行う場合もあるようです。

つまり、所轄税務署長はこの事実を把握した場合には職権による減額更正を行う場合がありますので、所轄税務署によく相談されることが重要です。

参 考

○質疑応答事例

---

第1次相続の分割確定に伴い第2次相続に係る相続税額に変動が生じた場合の更正の請求の可否

【照会要旨】

第2次相続(被相続人乙)に係る相続税の申告書の提出後に、第1次相続(被相続人甲)についての分割協議が平成18年4月に確定した結果、被相続人乙が取得することとなった被相続人甲の相続財産が法定相続分よりも少なくなった。

この場合、被相続人乙の相続人であるB及びCは、第2次相続について相続税法32条1号の規定に基づく更正の請求をすることができるか。

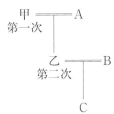

【回答要旨】

　B及びCは、第2次相続について相続税法第32条第1項第1号の規定に基づく更正の請求をすることはできない。

　ただし、被相続人甲の相続財産に係る遺産分割が確定したことにより被相続人乙の相続財産が当初申告額より少なくなったにもかかわらず、これを納税者側から是正する手続きがない場合において、例えば、第1次相続の相続人Aが修正申告書を提出しているなど、これを放置することが課税上著しい不公平となると税務署長が認めるときには、調査結果に基づき通則法第71条第1項第2号に規定する「……無効な行為により生じた経済的効果がその行為の無効であることに基因して失われたこと……又は取り消すべき行為が取り消されたこと……」に該当するものとして更正（減額）を行っても差し支えない。

【関係法令通達】

　国税通則法第24条、第71条第1項第2号

（平成14年9月3日国税庁ホームページ掲載）

## 10 遺産が未分割であることについてやむを得ない事由がある旨の「承認申請書」提出を失念した場合の配偶者に対する相続税額の軽減特例の適用の可否

**Q** 当初提出した相続税の申告書では、遺産が未分割でしたので、配偶者に対する相続税の軽減の適用ができずに申告していました。

また、その際「申告期限後3年以内の分割見込書」は提出していました。ところが、3年以内に分割協議が整わずその際、やむを得ない事情を記載した「承認申請書」を提出するのを忘れてしまっていました。3年半経って気づき、協議が整ったので、特例の適用を受け、更正の請求を提出しようと思っていますが、今からでも可能でしょうか。

**A** 基本的には、更正の請求は認められません。

配偶者に対する相続税額の軽減の特例は、仮に、当初申告において分割されていない場合でも、①申告期限から3年以内に分割された場合や②3年以内に分割されない場合に訴えの提起がされているような場合など、やむを得ない事情があったとして税務署長に「承認申請書」を提出し、承認を受けた場合に限り特例の適用を受けることができることとなっています(相法19の2②)。

したがって、この「承認申請書」は提出することを前提として、承認した場合に限り適用できる本制度においては、宥恕規定もないことから失念による不提出であった場合でも特例の適用は認められないことになります。

> 解　説

### 1　相続分割の不成立の場合の更正手続

　配偶者に対する相続税額の軽減の特例については、分割されていることが前提ですので、仮に未分割の場合、まず申告書提出時に「申告期限後3年以内の分割見込書」を提出しておく必要があります。さらに、申告期限後3年以内に分割協議が成立しない場合には、「遺産が未分割であることについてやむを得ない事由がある旨の承認申請書」を提出し、税務署長の承認を受ける必要があります。仮に承認されれば、申告期限から3年経過した後でも、分割協議が成立した日の翌日から4か月以内に配偶者の相続税額の軽減の特例を適用した更正の請求を提出することができることになります（相法32①柱書）。なお、この承認申請書は、申告期限後3年経過する日の翌日から2か月以内に提出する必要があります（相令4の2②）。

　この承認申請書は、税務署長の承認の前提となるものであり、課税実務においては、不提出につき厳格に解されているところです。

### 2　未分割につきやむを得ない事由がある旨の承認請求書

　上記のように、不提出については厳格に解されていますので、失念や誤解のないようにしておく必要があります。

　ちなみに、税理士が「申告期限後3年以内の分割見込書」を提出していれば、遺産分割協議成立後4か月以内に更正の請求を提出することによって、相続税が還付されるものと誤って認識していた結果、「遺産が未分割であることについてやむを得ない事由がある旨の承認申請書」の提出を失念したため税賠訴訟になった事例（東京地判平13・1・16（平12(ワ)5376））があります。

## 11 遺留分侵害額の請求があった場合の更正の請求

**Q** 甲の全財産は甲の遺言によって、乙に遺贈され、乙は相続税の申告を行いました。その後、甲の相続に係る他の共同相続人丙から遺留分侵害額の請求があり、その請求に基づき支払うべき金銭の額が確定しました。この場合の更正の請求の手続等について説明してください。

**A** 遺留分侵害額の請求によって相続税が減少する乙は、支払うべき金銭の額が確定した日から4か月以内に相続税についての更正の請求を行うことができます。

また、更正の請求が認められた場合、遺留分侵害額の請求によって金銭債権を取得した丙は相続税の期限後申告を行うことができます。

解 説

1 民法等の改正について

平成30年7月6日に成立した「民法及び家事事件手続法の一部を改正する法律」(平成30年法律第72号)において、遺留分に関する権利行使により生ずる権利を金銭債権化することや改正前の民法(以下「旧民法」といいます。)の「減殺請求」という用語を「遺留分侵害額の請求」という用語に改めることなどの遺留分制度の見直しが行われました(令和元年7月1日以降に開始した相続については、改正後の民法が適用されます。)。

旧民法において遺留分減殺請求権が行使されると、当然に物権的効果が生じ、遺贈又は贈与の一部が無効となるものとされていたため、遺贈等の目的財産は遺留分権利者と遺贈等を受けた者との間で共有となり紛争等が生じる一因といわれていました。

改正後の民法においては、代わって規定された「遺留分侵害額の請求」により、従来の遺贈又は贈与の一部が無効となり、共有状態になることが見直され、その権利の行使により遺留分侵害額に相当する金銭債権が発生することになります（民1046）。

したがって、遺留分権利者と受遺者等との法律関係は、金銭債権者と金銭債務者との関係になり、具体的な遺留分侵害額の請求に関する手続はその他改正後の民法の規定によることとなります。

そして、この改正に伴い、平成31年度税制改正（平成31年法律第6号）において、相続税法32条1項3号について、「遺留分侵害額の請求に基づき支払うべき金銭の額が確定したこと」と改める改正が行われ、この改正は令和元年7月1日以後に開始する相続に係る相続税又は贈与税について適用されることとなっています（平31法6改正附則23④）。

## 2　更正の請求に係る手続の流れなどについて

遺言は、遺言者の死亡の時から効力を生じるため（民985①）遺言によって遺贈が行われると、その対象となった財産は、遺言者の死亡とともに、受遺者に移転することになります。

しかしながら、遺留分権利者が遺留分侵害額の請求権を行使すると、遺留分権利者と受遺者との間に、遺留分侵害額に相当する金銭債権が発生することとなります（民1046①）。

そして、相続税の申告期限後に遺留分侵害額の請求に基づき、支払うべき金銭の額が確定した場合は、遺留分侵害額の請求によって相続

税が減少すべき者はその確定を知った日の翌日から4か月以内に、相続税の更正の請求を行うことができます（相法32①三）。

また、遺留分侵害額の請求に基づき、遺留分侵害額に相当する金銭債権を取得した遺留分権利者は、相続税の期限後申告書又は修正申告書を提出することができますが（相法30①・31①）、この場合、過少申告加算税又は無申告加算税及び延滞税は基本的に賦課されません（通則法65④一・66①ただし書、相法51②）。

なお、この更正の請求書に基づき更正がなされた場合において、修正申告書又は期限後申告書が提出されないときは、税務署長が相続税の更正又は決定をすることとなります（相法35③）。

(注)　令和元年6月30日以前に開始する相続に係る相続税については、次のとおり取り扱われます。

　　遺言は、遺言者の死亡の時から効力を生じるため（民985①）遺言によって遺贈が行われると、その対象となった財産は、遺言者の死亡とともに、受遺者に移転することになります。

　　しかしながら、遺留分権利者が遺留分減殺請求権を行使すると（旧民1031）、遺留分を侵害する遺贈の効力は遺留分を侵害している限度において失われることとなり（旧民964）、受遺者は遺留分権利者に対して、返還すべき財産を引き渡すか、これに代わり価額弁償金を支払うこととなります。

　　民法では、この遺留分減殺請求権は形成権であると解されており（最判昭41・7・14判時458・33）、遺留分減殺請求の時から受遺者が取得した財産は遺留分を侵害する限度で遺留分権利者と共有となりますが、相続税の計算は、遺留分減殺請求に基づき具体的に返還する財産又は弁償する金額が確定するまでは、遺留分減殺請求がないものとして行うこととなります（相基通11の2－4）。

　　そして、相続税の申告期限後に遺留分減殺請求に基づき、返還すべき財産又は弁償すべき金額が確定した場合は、遺留分減殺請求によって相続税が減少すべき者はその確定を知った日の翌日から4か月以内に、相続税の更正の請求を行うことができます（旧相法32①三）。

また、遺留分減殺請求に基づき、財産の返還又は価額弁償金を受けることが確定した遺留分権利者は、相続税の期限後申告書又は修正申告書を提出することができますが（相法30①・31①）、この場合、過少申告加算税又は無申告加算税及び延滞税は基本的に賦課されません（通則法65④一・66①ただし書、相法51②）。
　なお、この更正の請求書に基づき更正がなされた場合において、修正申告書又は期限後申告書が提出されないときは、税務署長が相続税の更正又は決定をすることとなります（相法35③）。

## 3　ご質問の場合

　乙は、相続税の申告書提出後に、丙から遺留分侵害額の請求がなされ、丙に支払うべき金銭の額が確定した場合は、その確定を知った日の翌日から4か月以内に相続税の更正の請求を行うことができます。
　なお、丙は相続税の期限後申告書を提出することができますが、この更正の請求に基づいて乙に更正がされた場合において、期限後申告書が提出されないときは、税務署長が丙に相続税の決定をすることとなります。

## 4　留意点

　従来、遺留分減殺請求によって相続税額が減少する者が更正の請求をする際などには、実務上、次のような場合に留意する必要がありました。改正後も実務上参考になりますので簡記します。

### (1)　価額弁償が行われた場合

　遺留分減殺請求については、受遺者は現物の返還に代えて、金銭で弁償することも認められています（旧民1041）。
　この価額弁償金の価額の算定基準時は現実に弁償がなされる時であり（最判昭51・8・30判時826・37）、相続税の課税価格の算定時期である相続開始の時と一致しないこととなります。

このような場合は、価額弁償時における価額弁償金の金額と相続開始時における価額弁償金の金額が異なる可能性があることから、相続税の申告上、価額弁償金の価額を相続開始時の時価に修正する必要があります。

具体的には、①価額弁償の対象となった財産が特定されて決定されており、かつ、②価額弁償の対象となった財産の価額弁償の時における通常の取引価額を基として決定されている場合は、価額弁償金について相続税の課税価格に算入すべき金額は、代償分割の方法により相続財産の全部又は一部の分割が行われた場合における代償財産の価額について定めた相続税法基本通達11の2－10ただし書の(2)の定めを準用して計算することとなり、価額弁償金の額に価額弁償の対象となった相続財産の相続税評価額がその相続財産の価額弁償金の額の決定の基となった価額に占める割合を乗じて計算することとなります（東京地判平27・2・9税資265・順号12602、国税不服審判所裁決平25・8・29裁事№92）。

○相続税法基本通達
（代償分割が行われた場合の課税価格の計算）
11の2－9　代償分割の方法により相続財産の全部又は一部の分割が行われた場合における法第11条の2第1項又は第2項の規定による相続税の課税価格の計算は、次に掲げる者の区分に応じ、それぞれ次に掲げるところによるものとする。（平4課資2－231追加）
　(1)　代償財産の交付を受けた者　相続又は遺贈により取得した現物の財産の価額と交付を受けた代償財産の価額との合計額
　(2)　代償財産の交付をした者　相続又は遺贈により取得した現物の財産の価額から交付をした代償財産の価額を控除した金額
　(注)　「代償分割」とは、共同相続人又は包括受遺者のうち1人又は数人が相続又は包括遺贈により取得した財産の現物を取得し、その現物を取得した者が他の共同相続人又は包括受遺者に対して債務

を負担する分割の方法をいうのであるから留意する。
（代償財産の価額）
11の2-10　11の2-9の(1)及び(2)の代償財産の価額は、代償分割の対象となった財産を現物で取得した者が他の共同相続人又は包括受遺者に対して負担した債務（以下「代償債務」という。）の額の相続開始の時における金額によるものとする。

　ただし、次に掲げる場合に該当するときは、当該代償財産の価額はそれぞれ次に掲げるところによるものとする。（平4課資2-231追加、平8課資2-116、平19課資2-5・課審6-3改正）
(1)　共同相続人及び包括受遺者の全員の協議に基づいて代償財産の額を次の(2)に掲げる算式に準じて又は合理的と認められる方法によって計算して申告があった場合　当該申告があった金額
(2)　(1)以外の場合で、代償債務の額が、代償分割の対象となった財産が特定され、かつ、当該財産の代償分割の時における通常の取引価額を基として決定されているとき　次の算式により計算した金額

$$A \times \frac{C}{B}$$

(注)　算式中の符号は、次のとおりである。
　　　Aは、代償債務の額
　　　Bは、代償債務の額の決定の基となった代償分割の対象となった財産の代償分割の時における価額
　　　Cは、代償分割の対象となった財産の相続開始の時における価額（評価基本通達の定めにより評価した価額をいう。）

(2)　遺留分減殺請求に基づく判決と異なる内容の相続財産の再配分を行った場合

　遺言者の財産全部についての包括遺贈に対する遺留分減殺請求の提訴に基づく判決とは異なる内容の相続財産を再配分する旨の書類を作成して再配分を行った場合、その再配分は、遺産分割の対象となる相

続財産としての性質を有しない共有持分権を有する共有物の再配分であると考えられるため、相続人間で贈与又は交換等その態様に応じて贈与税又は所得税の課税関係が生ずることとなります（平22・3・2名古屋国税局文書回答事例「相続財産の全部についての包括遺贈に対して遺留分減殺請求に基づく判決と異なる内容の相続財産の再配分を行った場合の課税関係について」）。

(3) 遺留分減殺請求の対象となった財産の返還等を求める訴訟の確定後に、その訴訟の確定により共有となった財産の分割を求める訴えが提起されている場合

共有となった財産の分割に係る訴訟が係属中であっても、遺留分減殺請求に係る判決の確定により、遺留分減殺請求により取得した財産の額は確定し得るものであるため、相続税法32条1項2号に規定する遺留分減殺請求に基づき返還すべき又は弁償すべき額が確定したものと認められることとなります（国税不服審判所裁決平28・6・1（非公開裁決）（東裁（諸）平27－137）、国税不服審判所裁決平28・6・1（非公開裁決）（東裁（諸）平27－138））。

## 12 遺留分減殺の請求に基づく更正の請求における小規模宅地等の特例に係る対象地の選択替えの可否（旧民法における例）

**Q** 被相続人甲の相続人である乙は、甲の遺産のうちA宅地（特定居住用宅地等）及びB宅地（特定事業用宅地等）を遺贈により取得し、B宅地について小規模宅地等の特例を適用して期限内に相続税の申告をしました（この特例の適用に係る法令に定める要件は全て満たしています。）。

その後、甲の相続に係る他の共同相続人である丙から遺留分減殺の請求がなされ、B宅地は丙が取得することになりました。

そこで、小規模宅地等の特例の対象地を、乙は更正の請求においてA宅地と、丙は修正申告においてB宅地とすることができますか。

なお、甲の遺産のうち小規模宅地等の特例の対象となる宅地等は、A宅地及びB宅地のみです。

**A** 乙の小規模宅地等の特例の対象地をA宅地とする変更は、<u>遺留分減殺の請求という相続固有の後発的事由に基づくもの</u>であるため、更正の請求において添付書類等の要件を満たす限り認められます。

また、当初申告において小規模宅地等の特例の対象地を選択しなかった丙についても同様に<u>修正申告において</u>添付書類等の要件を満たす限り、B宅地を小規模宅地等の特例の対象地とすることが認められることとなります。

## 解　説

1　小規模宅地等の特例の対象地の選択替えの可否（原則的な取扱い）

　小規模宅地等の特例の適用を受けようとする宅地等の選択は、この特例を受けるものとして選択をしようとする宅地等について小規模宅地等の区分（①特定事業用宅地等、②特定居住用宅地等、③特定同族会社事業用宅地等、④貸付事業用宅地等）などを記載した書類を相続又は遺贈に係る相続税の申告書に添付して行うこととされています（措法69の4①⑦、措令40の2⑤、措規23の2⑧）。

　そして、ご質問の場合、期限内申告においてB宅地を事業用宅地等である小規模宅地等として選択したことについて、法令に定める要件を満たしており、小規模宅地等の特例の適用は適法なものです。

　したがって、例えば、①当初申告後にA宅地が特定居住用宅地等に該当することが判明した場合や②B宅地の評価額が減額されることになった場合において、A宅地を選択した方が課税価格又は税額が少なくなるようなときであっても、国税通則法23条1項1号の規定に該当せず、小規模宅地等の特例の対象地をB宅地からA宅地に選択替えする更正の請求はできないのが原則的な考え方です。

（注）　ただし、当初申告において、例えば、小規模宅地等の特例の対象とならない宅地を選択した場合や宅地の選択について宅地を取得した全ての者の同意がない場合など特例の要件を満たさないにもかかわらず誤って、この特例の適用を受けている場合などにあっては、国税通則法23条1項1号の規定に該当し、更正の請求（選択替え）を認めるとする実務家の意見があり実務上もこのように動いている事例が多いように思われます。もっとも、この取扱いには理論的には異論がないわけではありません（後掲 参　考 ○質疑応答事例(1)(注)吉本覚論文参照）。

## 2　小規模宅地等の特例の対象地の選択替えの可否（遺留分減殺の請求による更正の請求等の場合）

　しかしながら、ご質問の場合は遺留分減殺の請求という相続固有の後発的事由に基づいて、当初申告において遺贈により取得したとされたＡ宅地を取得できなくなったものであり、上記１の原則的な考え方に従って、更正の請求においてＡ宅地について小規模宅地等の特例を適用することができないと取り扱うというのは相当ではありません。つまり、よくいわれる「選択替え」とは異なると考えるべきです。

　したがって、乙の小規模宅地等の特例の対象地をＢ宅地からＡ宅地とする変更は、更正の請求において添付書類等の要件を満たす限り認められることとなります。

　また、当初申告において小規模宅地等の特例の対象地を選択しなかった丙についても修正申告において添付書類等の要件を満たす限り、Ａ宅地を小規模宅地等の特例の対象地とすることが認められます。

　平成30年7月6日に成立した「民法及び家事事件手続法の一部を改正する法律」において、遺留分に関する権利行使により生ずる権利を金銭債権化することや旧民法の「減殺請求」という用語を「遺留分侵害額の請求」という用語に改めることなどの遺留分制度の見直しが行われました（令和元年7月1日以後に開始した相続については、新民法が適用されます。）。

　この改正に伴い、平成31年度税制改正において、相続税法32条1項3号について、「遺留分侵害額の請求に基づき支払うべき金銭の額が確定したこと」と改める改正が行われ、この改正は令和元年7月1日以後に開始する相続に係る相続税又は贈与税について適用されることとなっています（平31法6改正附則23④）。

　そして、本設問は、新民法による遺留分制度の見直し前の旧民法の適用を前提とした令和元年6月30日以前に開始する相続に係る相続税についての取扱いについて記載していますのでご留意ください。

参　考

○質疑応答事例(1)

小規模宅地等の特例の適用を受けるものとして選択した宅地等の選択替え（平成14年7月4日国税庁資産課税課　国税庁資産評価企画官室「資産税関係質疑応答事例について（情報）」（資産課税課情報第10号・資産評価企画官情報第3号））

【照会要旨】

被相続人Xに係る相続税において小規模宅地等の特例の対象となる宅地等は、A宅地（50％の評価減の対象となる事業用宅地等）とB宅地（80％の評価減の対象となる特定事業用宅地等）であるが、次に掲げる場合、いわゆる小規模宅地等の選択替えが認められるか。

1　共同相続人間の遺産分割協議により甲がA宅地を、乙がB宅地を取得し、甲と乙はA宅地を特定事業用宅地等である小規模宅地等として、この特例の適用を受ける旨を選択し相続税の期限内申告をしたが、その後、A宅地が特定事業用宅地等である小規模宅地等に該当しないことが判明した。

この場合において、甲と乙はA宅地について特例の適用を撤回し、B宅地について特例の適用を受けることができるか。

2　共同相続人間の遺産分割協議により甲がA宅地とB宅地の両方を取得し、甲はA宅地について事業用宅地等である小規模宅地等として、この特例の適用を受ける旨を選択し相続税の期限内申告をしたが、その後（申告期限後1年以内）、B宅地が特定事業用宅地等である小規模宅地等に該当することが判明した。

この場合において、甲はA宅地について特例の適用を撤回し、B宅地について国税通則法第23条第1項に規定する更正の請求により特例の適用を受けることができるか。

なお、期限内申告においてA宅地を選択特例対象宅地等としたことについては、法令に定める要件を満たしている。

【回答要旨】

1の場合

（1）　小規模宅地等の特例の適用を受けようとする宅地等の選択の手

続きは、一定の書類を相続又は遺贈に係る相続税の申告書に添付して行うこととされており、その一つとして、この特例の適用を受けるものとして選択をしようとする特例対象宅地等の全部又は一部について小規模宅地等の区分（①特定事業用宅地等である小規模宅地等、②特定居住用宅地等である小規模宅地等、③国営事業用宅地等である小規模宅地等、④特定同族会社事業用宅地等である小規模宅地等及び⑤①から④以外の小規模宅地等の別。）その他の明細を記載した書類の提出が課せられている。

(2) 照会の場合には、特定事業用宅地等に該当しないA宅地を特定事業用宅地等である小規模宅地等として選択をしているが、「選択」とは小規模宅地等の区分を明らかにして行うものとされていることから、その区分を誤った選択は法令に定める要件を欠き、A宅地について小規模宅地等の特例の適用がないこととなる。したがって、改めて選択した選択特例対象宅地等であるB宅地について限度面積要件を満たしている場合には、措置法第69条の4第6項又は第7項の規定により特例の適用を認めて差し支えない。

2の場合

(1) 納税義務者は、課税標準等又は税額等の計算が法律の規定にしたがっていなかったこと、又は計算に誤りがあったことにより、税額を過大に申告をした場合には、法定申告期限から1年以内に限り、税務署長に対し課税標準等又は税額等について更正をすべき旨を請求することができることとされている。

(2) 照会の場合には、期限内申告においてA宅地を事業用宅地等である小規模宅地等として選択したことについては法令に定める要件を満たしていることから、適法に小規模宅地等の特例の適用を受けている。したがって、後日、B宅地が特定事業用宅地等である小規模宅地等に該当することが判明し、B宅地を選択した方が課税価格又は税額が少なくなるとして、そのことを理由に更正の請求（選択替え）をすることはできない。

【関係法令通達】
租税特別措置法第69条の4第1項、第6項、第7項

|Q&A| 第2章 各 論

> 租税特別措置法施行令第40条の2第3項
> 国税通則法第23条第1項
> 最高裁昭和62年11月10日判決
> 平成5年12月13日裁決

(平成14年9月3日国税庁ホームページ掲載)

(注) この質疑応答に関する意見に吉本覚「更正の請求により小規模宅地等の特例を適用することの可否～申告期限内に分割済み宅地の選択替え～」(税理士桜友会編著『国税OBによる税務の主要テーマの重点解説Ⅱ』102頁 (大蔵財務協会、2019年) 参照)

## ○質疑応答事例(2)

遺留分減殺に伴う修正申告及び更正の請求における小規模宅地等の選択替えの可否

【照会要旨】

被相続人甲 (平成○年3月10日相続開始) の相続人は、長男乙と長女丙の2名です。乙は甲の遺産のうちA宅地 (特定居住用宅地等) 及びB宅地 (特定事業用宅地等) を遺贈により取得し、相続税の申告に当ってB宅地について小規模宅地等の特例を適用して期限内に申告しました。

その後、丙から遺留分減殺請求がなされ、家庭裁判所の調停の結果B宅地は丙が取得することになりました。

そこで、小規模宅地等の対象地を、乙は更正の請求においてA宅地と、丙は修正申告においてB宅地とすることができますか (限度面積要件は満たしています。)。なお、甲の遺産の内小規模宅地等の特例の対象となる宅地等は、A宅地及びB宅地のみです。

【回答要旨】

当初申告におけるその宅地に係る小規模宅地等の特例の適用について何らかの瑕疵がない場合には、その後、その適用対象宅地の選択換えをすることは許されないこととされていますが、照会の場合は遺留分減殺請求という相続固有の後発的事由に基づいて、当初申告に係る土地を遺贈により取得できなかったものですから、更正の請求においてA宅地に

ついて同条を適用することを、いわゆる選択換えというのは相当ではありません。
　したがって、乙の小規模宅地等の対象地をＡ宅地とする変更は、更正の請求において添付書類等の要件を満たす限り認められると考えられます。また、当初申告において小規模宅地等の対象地を選択しなかった丙についても同様に取り扱って差し支えないと考えられます。
【関係法令通達】
　租税特別措置法第69条の4

(国税庁ホームページ)

## 13 申告期限後の遺産分割に伴って行われた期限後申告における小規模宅地等の特例の適用の可否

**Q** 甲は相続税の申告書の提出を要する者に該当しますが、遺産が未分割であることを理由に、その提出を相続税の申告期限内に行いませんでした。

その後、この相続税に係る申告期限から1年後に遺産分割が行われ、甲は小規模宅地等の特例の対象となる宅地を取得し、相続税の期限後申告を行いましたが、この期限後申告において小規模宅地等の特例を適用することはできるでしょうか。

**A** 法令上の明確な根拠は不明ですが、期限後申告において、小規模宅地等の特例の適用は認められると考えられます。

### 解 説

#### 1 問題の所在

相続税の申告期限内に遺産分割が行われている場合、その申告期限後に小規模宅地等の特例を適用する<u>期限後申告</u>や<u>修正申告</u>を行うことは法令で定める書類の添付があれば可能であることに疑義はないところ（措法69の4⑦）、一方で、相続税の申告期限後から3年以内に遺産分割が行われた場合において、「申告期限後3年以内の分割見込書」（措規23の2⑧六）の提出がされ<u>ていないときに</u>、小規模宅地等の特例を適用する期限後申告が可能か否かについては、次の2つの考えが成り立つと

考えられます。

(1) A説（小規模宅地等の特例は受けることができる。）

租税特別措置法69条の4第4項ただし書により、相続税の申告期限から3年以内に遺産分割がされれば小規模宅地等の特例は適用可能であり、また、同条7項の規定は期限後申告及び修正申告でも小規模宅地等の特例の適用が可能であると規定している。

(2) B説（小規模宅地等の特例は受けることが<u>できない</u>。）

確かに、租税特別措置法69条の4第4項ただし書は、相続税の申告期限から3年以内に遺産分割がされれば小規模宅地等の特例は適用可能である旨規定しているが、同条7項の適用における修正申告及び期限後申告において小規模宅地等の特例が使える場合は、「申告期限後3年以内の分割見込書」の提出が前提となっていると考えるのが妥当である。

そのように考えないと、期限内申告書を「申告期限後3年以内の分割見込書」を添付して申告し、その後、遺産分割が行われ、更正の請求を行う場合との関係で整合性が取れないこととなる（すなわち、更正の請求を行う場合は、当初申告において「申告期限後3年以内の分割見込書」を添付しなければ、原則として、小規模宅地等の特例を適用できないことは法令上明らかであるところ（措法69の4④、措規23の2⑧六）、A説のように考えた場合、期限後申告の場合は「申告期限後3年以内の分割見込書」の添付を要さず小規模宅地等の特例の適用を認めることとなり、<u>更正の請求</u>との取扱いに差異があることとなり不合理である。）。

## 2 ご質問の場合

A説によるかB説によるかは明らかではありませんが、実務上は<u>期限後申告</u>において小規模宅地等の特例の適用が認められています。

なお、上記1では、小規模宅地等の特例が適用できないとしたB説によった場合であっても、期限後申告する者が、相続税の申告期限から3年以内に遺産を分割したのであれば、租税特別措置法69条の4第8項（いわゆる宥恕規定）に該当し、小規模宅地等の特例が認められることとなると整理することも可能と考えられます。

　なお、相続税の申告期限から3年経過後も遺産が未分割である場合において、「遺産が未分割であることについてやむを得ない事由がある旨の承認申請書」の提出が行われなかったときは、この申請書の提出については宥恕規定がないので、その後に行われる期限後申告や修正申告にて小規模宅地等の特例を適用することはできません（措令40の2㉓）。

# 事 例 編

# 第1章　更正の請求事由

## 第1　国税通則法23条1項に定める更正の請求（通常の場合の更正請求）

### 1　申告の計算誤り等

〔1〕　相続税法32条に規定する「事由が生じたことを知った日」は遺産分割調停を取り下げた日ではなく、調停外で行った遺産分割の日であり、また、相続税法55条の規定に基づき、課税価格を計算したものは、国税に関する法律の規定に従っていなかったこと又は計算に誤りがあったとは認められないから、国税通則法23条1項1号の要件を満たすものではないとした事例

（国税不服審判所裁決平29・1・6（非公開裁決）（大裁（諸）平28-33）（棄却））

#### 争　点

1　相続税法32条に規定する「事由が生じたことを知った日」は、遺産分割調停を取り下げた日か、あるいは、調停外で行った遺産分割の日か。

2　相続税法55条の規定に基づき課税価格の計算をした場合、その後分割が確定したときに、相続税法32条1号〔現行32条1項1号〕の要件に該当し、さらに、国税通則法23条1項1号の要件にも該当するか否か。

## 事案の概要

【事案の概要】

　本件は、審査請求人3名（請求人ら）が、父（本件被相続人）から相続（本件相続）により取得した財産の一部が法定申告期限までに分割されていなかったため、相続税法（平成23年12月法律第114号による改正前のもの。以下同じ。）55条《未分割遺産に対する課税》の規定に基づき相続税の申告をした後、遺産分割が行われたことから、更正の請求をしたところ、原処分庁が当該更正の請求は期限を徒過したものであるとして、更正すべき理由がない旨の通知処分をしたのに対し、請求人らが原処分の全部の取消しを求めた事案である。

【認定事実】

① 請求人らは、本件相続に係る相続税について、相続税法55条の規定に基づき、法定申告期限内に申告した。
　　請求人らは、本件未分割財産の中に含まれている宅地について租税特別措置法69条の4第1項に規定する特例（本件特例）を受けるため、「申告期限後3年以内の分割見込書」を原処分庁に提出した。
② 請求人らは平成25年2月18日、本件相続に係る相続税の修正申告をした（本件修正申告の時点においても分割されていなかったため、請求人らは、前記①と同様、相続税法55条の規定に基づきその課税価格を計算した。）。
③ Aが平成27年2月23日付けで他の相続人2人を相手方として本件相続に係る遺産分割調停（本件調停）を申し立てた。
④ 請求人らは平成27年7月30日付けで、租税特別措置法69条の4の規定に基づき、本件法定申告期限から3年を経過する日において、本件調停の申立てがされていることを理由に「遺産が未分割であること

|事例| 第1章　更正の請求事由

についてやむを得ない事由がある旨の承認申請書」を原処分庁に提出し、原処分庁は同年9月25日付けで当該申請書に係る申請を承認した。
⑤　請求人らは、平成27年10月29日付けの遺産分割協議書を作成し、本件調停外で遺産分割（本件遺産分割）をした。
⑥　Aが平成27年11月4日付けで本件調停の申立てを取り下げた。
⑦　請求人らは平成28年3月4日、本件遺産分割に基づき、かつ、対象宅地に本件特例を適用して、各更正の請求（本件各更正の請求）をした。

## 当事者の主張

◆納税者の主張
1　争点1について
　相続税法32条の規定に基づく更正の請求は、同条各号に規定する「事由が生じたことを知った日」の翌日から4か月以内に行う必要があるところ、租税特別措置法施行令40条の2第13項〔現行25項〕が準用する相続税法施行令4条の2第1項2号は、当該「事由が生じたことを知った日」について、相続税の法定申告期限の翌日から3年を経過する日において、遺産分割に関する調停の申立てがされているときは、当該調停が成立した日又は当該調停の申立てが取り下げられた日とする旨規定している。
　本件において遺産分割に関する調停を取り下げた日は、平成27年11月4日であるから、同日の翌日から4か月以内である平成28年3月4日にされた本件各更正の請求は、相続税法32条所定の期限内にされたものである。

## 2 争点2について

本件各更正請求は、本件法定申告期限から5年を経過していないことから、国税通則法23条1項所定の要件に該当する。

◆課税庁の主張

## 1 争点1について

平成27年10月29日に遺産分割協議が成立していることから、請求人らが当該分割協議により取得した財産に係る課税価格が、民法の規定による相続分の割合に従って計算された課税価格と異なることとなった日は、当該遺産分割の日であるところ、同日の翌日から4か月を超えた平成28年3月4日にされた本件各更正請求は、相続税法32条所定の期限を徒過してされた不適法なものである。

## 2 争点2について

平成25年2月18日付けの修正申告は未分割財産について相続税法55条の規定に従って課税価格を計算しており、その内容に法令違反や計算誤りは認められないから、国税通則法23条1項の所定の要件に該当しない。

### 審判所の判断

## 1 争点1

(1) 相続税法32条は、相続税の申告書を提出した者は、同条各号のいずれかに該当する事由により当該申告に係る課税価格及び相続税額が過大となったときは、当該事由が生じたことを知った日の翌日から4か月以内に限り、更正の請求をすることができる旨規定し、当該事由について、同条1号は、同法55条の規定によ

り分割されていない財産について民法の規定による相続分の割合に従って課税価格が計算されていた場合において、その後当該財産の分割が行われ、共同相続人が当該分割により取得した財産に係る課税価格が当該相続分の割合に従って計算された課税価格と異なることとなったことと規定している。本件各更正の請求についてみると、請求人らは、平成27年10月29日付けで遺産分割協議書を作成して本件遺産分割をしており、同日に本件遺産分割をしたと認められるから、同日に相続税法32条1号所定の事由が生じ、請求人らは「当該事由が生じたことを知った」ものと認められる。そうすると、同条に基づく更正の請求の期限は、その翌日から4か月以内の平成28年2月29日までとなるところ、本件各更正の請求は、同年3月4日にされているから、同条所定の期間にされたものとはいえない。

(2) これに対し、請求人らは、相続税法施行令4条の2第1項2号が「分割できることとなった日」について、調停の取下げの日と規定していることに鑑みると、本件において相続税法32条に規定する「当該事由が生じたことを知った日」は、本件調停を取り下げた日である平成27年11月4日である旨主張する。

しかし、相続税法施行令4条の2第1項の規定は、相続税法19条の2第2項に規定する「分割できることとなった日」について定めたものであり、本件特例に係る租税特別措置法69条の4第4項に規定する「分割できることとなった日」について規定する政令である租税特別措置法施行令40条の2第13項〔現行25項〕の規定により準用されるものでもあるが、相続税法32条に規定する「当該事由が生じたことを知った日」について定めるものではないから、請求人らの主張は論拠を欠いており、請求人らの主張は採用することができない。

## 2 争点2

　国税通則法23条1項1号は、納税申告書を提出した者は、当該申告書に係る国税の法定申告期限から5年以内に限り、当該申告書に記載した課税標準等若しくは税額等の計算が国税に関する法律の規定に従っていなかったこと又は当該計算に誤りがあったことにより、当該申告書の提出により納付すべき税額が過大であるときには、税務署長に対し、更正の請求をすることができる旨規定している。

　これを本件についてみると、請求人らは、各申告時において、本件未分割財産が分割されていなかったため、相続税法55条の規定に基づき、これを法定相続分の割合に従って取得したものとしてその課税価格を計算したものであり、この点について国税に関する法律の規定に従っていなかったこと又は計算誤りがあったことは認められない。

　したがって、本件各更正の請求は、国税通則法23条1項所定の要件に該当しない。

### 解　　説

1　本事例は、遺産分割調停の途中でありながら、調停外でも遺産分割協議を試み、それが調った場合ですが、この場合、相続税法32条に規定する「当該事由が生じたことを知った日」は、遺産分割が成立した日であって、調停取下げの日ではないと判断されました。

2　相続税法55条《未分割遺産に対する課税》に基づいた申告は、「仮の申告であり、遺産分割確定後に正しい申告に是正することになる。」と考える向きがありますが、相続税法55条に基づく申告は、未分割の場合の国税に関する法律の規定に従った誤りのない申告であり、国税通則法23条1項の要件には該当しないと判断されました。

〔2〕 相続税の課税財産として申告した退職手当金等の一部を受領しなかったのは、請求人らが退職金の支払義務の一部を免除したものであるから国税通則法23条1項に基づく更正の請求は認められないとした事例

(国税不服審判所裁決平20・8・6裁事No.76・1（棄却）)

## 争点

被相続人に係る役員退職金が、その算定根拠に誤りがあり適正でなかったとの理由により減額されたとする更正の請求が認められるか否か。

## 事案の概要

【事案の概要】
　本件は、審査請求人A及びB（請求人ら）が、相続税の課税財産として申告した退職手当金等について、その算定根拠に誤りがあり、適正でなかったとの理由により、相続税の法定申告期限後に減額されたとして、国税通則法23条1項に基づき更正の請求をしたところ、原処分庁が更正をすべき理由がない旨の通知処分を行ったことから、請求人らがその取消しを求めた事案である。

【認定事実】
① 平成16年12月○日に死亡したC（本件被相続人）は、D社の代表取締役であった。請求人らは本件被相続人の相続人である。
② D社は平成17年5月30日に臨時株主総会（本件株主総会）を開催し

③ 相続開始後、D社の発行済株式の全てを請求人らが所有している。
④ 本件株主総会の議事録には、議長代表取締役としてA、出席取締役としてJ及びBのそれぞれの記名押印があり、要旨次のとおり記載されている。

（退職金支給の件）

議長は、代表取締役であった本件被相続人が死亡により取締役を辞任されたので、本件被相続人の在職中の功労に報いるため、次のとおり退職金及び弔慰金を支給したい旨を述べ、議場に諮ったところ、満場一致で承認した。

⑦ 退職金の額　255,000,000円
④ 弔慰金の額　 15,000,000円

⑤ D社は、本件退職金の一部として、平成17年5月31日に仮払金8,427,969円と相殺した後、平成17年10月24日に42,137,700円、平成18年4月20日に86,759,331円を、また、弔慰金として平成17年8月31日に14,999,475円をA名義の普通預金口座に振り込んでいる。
⑥ 請求人らが原処分庁に提出した本件被相続人に係る相続税の申告書には、相続税法3条1項2号の規定によりAが本件被相続人から相続により取得したとみなされる退職手当金、功労金その他これらに準ずる給与（本件退職手当金等）の額は、255,000,000円である旨記載されている。
⑦ D社の平成18年5月15日付け取締役会議事録には、議長代表取締役としてA、出席取締役としてJ及びB、出席監査役としてKのそれぞれの記名、押印があり、要旨次のとおり記載されている。

（平成17年5月期決算訂正の件）

議長は、平成17年5月期の決算において計上された本件退職金の計算根拠及び保険金収入の収益計上時期に誤りがあり、適正性を欠

> 事例　第1章　更正の請求事由

くことから、平成18年5月期の決算において、これを訂正することについて問うたところ全員異議なくこれを了承した。
⑧　D社は、前期損益修正益102,675,000円を反映した第52期決算書類に基づき作成された平成18年5月期の法人税申告書を平成18年7月31日にH税務署に提出している。

## 当事者の主張

◆納税者の主張

　本件退職手当金等の額は、次のとおり152,325,000円であり、国税通則法23条1項の規定による更正の請求が認められる。
①　請求人らは、本件株主総会における本件退職金を支給する旨の決議（本件支給決議）を承認していない。
②　相続税法3条1項2号に規定する退職手当金、功労金その他これらに準ずる給与の額は、被相続人に支給されるべきであった退職手当金等で被相続人の死亡後3年以内に支給が確定したものを実際に受領した額であるから、AがD社から受領した152,325,000円が本件退職手当金等の額である。
③　D社は、本件退職金の全額を支給する意思はなく、D社は、H税務署に提出した平成18年5月期の法人税の確定申告書において、本件退職金とAに支払った額との差額102,675,000円を前期損益修正益として益金の額に算入している。

◆課税庁の主張

　本件退職手当金等の額は、次のとおり、255,000,000円であり、国税通則法23条1項の規定による更正の請求は認められない。
・本件退職金の支給は、本件支給決議を明確にするために作成し、請

求人らが議長及び出席取締役として記名、押印した本件株主総会の議事録があることから、平成17年5月30日に確定していると認められる。

また、D社は、本件退職金として、A名義の普通預金口座に平成17年10月24日、平成18年4月20日にそれぞれ一部を振り込み、また、平成17年5月31日に一部を仮払金と相殺している。

このことから、確定した本件退職金については、支給の実態がある。

## 審判所の判断

1 法令解釈等
(1) 相続税法基本通達3－30《「被相続人の死亡後3年以内に支給が確定したもの」の意義》は、相続税法3条1項2号に規定する被相続人の死亡後3年以内に支給が確定したものとは、被相続人に支給されるべきであった退職手当金等の額が被相続人の死亡後3年以内に確定したものをいい、実際に支給される時期が被相続人の死亡後3年以内であるかどうかを問わないものとする旨定めているところ、この取扱いは、被相続人の死亡により、相続又は遺贈により取得したものとみなされる退職手当金等の額は、被相続人の死亡後3年以内に支給が確定したものに限られていることから、その確定の意義を明らかにしたものであり、当審判所においても相当と認められる。
(2) 国税通則法23条1項1号は、期限内申告書に反映されなかった瑕疵、すなわち、法定申告期限において存在しながら表面化しなかった瑕疵（いわゆる原始的瑕疵）がある場合を対象としていると解される。

| 事　例 | 第1章　更正の請求事由 | 79 |

2　判　断
(1)　本件株主総会は、株主である請求人らのほか取締役であるJが出席して有効に成立している。

　また、本件株主総会の議事録には、本件退職金の算定根拠についての記載がなく、D社には本件株主総会の時点において、役員退職慰労金規定がなかったこと、平成18年5月15日付け取締役会議事録には、本件被相続人に対する退職金の算定根拠に誤りがあったと記載されているもののその誤りについて具体的な記載がないこと及び請求人らから本件支給決議の際の意思表示に要素の錯誤があった等の主張はされておらず、当審判所の調査によっても、本件支給決議を無効ならしめるような事由は認められない。

　そうすると、D社が本件被相続人に係る退職金及び弔慰金を支給すること並びにその額は、平成17年5月30日の本件支給決議によって確定したとするのが相当である。

　したがって、本件退職手当金等の額は255,000,000円であり、本件申告書には、前記1の(2)の原始的瑕疵はないことから、請求人らの国税通則法23条1項に基づく更正の請求は認められない。

(2)　請求人らは、本件支給決議を承認しておらず、適正な支給額は152,325,000円である旨主張する。

　しかしながら、前記の認定事実から、本件退職金の決定について積極的に関与して本件支給決議を承認していたことが認められる。そうすると、請求人らの主張は、後から顧みると、退職金は過大であったというものであって採用することはできない。

(3)　請求人らは、本件退職手当金等の額は、本件被相続人の死亡後3年以内に実際に受領した152,325,000円である旨主張する。

しかしながら、前記1の(1)のとおり、相続税法3条1項2号の規定により相続により取得したとみなされる本件退職手当金等の額は、本件被相続人の死亡後3年以内に確定したものであるから、本件支給決議により確定した255,000,000円となり、請求人らの主張には理由がない。

(4)　請求人らは、平成18年5月期の法人税申告書において、前期損益修正益として、102,675,000円を益金の額に算入しており、Aも152,325,000円しか受領していないから、本件退職手当金等の額は、同金額である旨主張する。

　しかしながら、本件退職金は、本件支給決議によって確定していることから、D社と、本件被相続人の遺族である請求人らとの間には、本件退職金についての債権債務関係が成立したことが認められる。そして、このD社の債務は、D社側の一方的な事情により債務の額を減額することはできず、請求人らの債務免除の意思表示があって初めて減額が可能となるものであるが、請求人らによる債務免除の意思表示があったとすれば、新たな法律行為により、請求人らがD社の本件退職金の支払義務の一部を免除したものであると解するのが相当である。そうすると、平成18年5月期の法人税申告書において、102,675,000円を前期損益修正益として益金の額に算入したとしても、本件退職手当金等の額が255,000,000円であることに影響を及ぼすものではないことから、請求人らの主張には理由がない。

### 解　説

　相続税法3条1項2号が規定する「被相続人の死亡により相続人その他の者が当該被相続人に支給されるべきであった退職手当金、〔中略〕

これらに準ずる給与（政令で定める給付を含む。）で、被相続人の死亡後3年以内に支給が確定したものの支給を受けた場合においては」の意義は、「死亡後3年以内に支給が確定し、かつ、支給を受けた場合」と解すとも考えられます。しかしながら、そのように解釈するのではなく、相続税法基本通達3－30で定めるとおり、死亡後3年以内に支給が確定した場合をいうのであって、実際に支給される時期が被相続人の死亡後3年以内であるかどうかを問わないという点に留意が必要と思われます。

〔3〕 贈与税の申告及び納税の事実は、贈与事実を認定する上での1つの証拠とは認められるものの、それをもって直ちに贈与事実を認定することはできないなどとして更正の請求が認められなかった事例

（国税不服審判所裁決平19・6・26（非公開裁決）（名裁（諸）平18-74）（棄却））

## 争点

株式を過去に贈与した事実が、贈与税の申告及び納税の事実によって認められるか否か。

## 事案の概要

【事案の概要】

Xが、被相続人Y（以下「本件被相続人」という。）が死亡したことによって開始した相続（以下「本件相続」という。）に係る相続税の申告において相続財産としていた株式（以下「本件株式」といい、本件株式の発行会社を「本件会社」という。）は、本件被相続人から贈与により取得し、平成6年分の贈与税の申告を行っていたものであったとして、同申告の控えの写しを提出の上で、国税通則法23条1項に規定する更正の請求をしたのに対し、課税庁が、本件株式の贈与の事実は認められず、本件株式は相続財産であるとして、更正をすべき理由がない旨の通知処分（以下「本件通知処分」という。）をしたことから、Xが本件通知処分の全部の取消しを求めた事案である。

## 【認定事実】

① 本件被相続人の法定相続人は、本件被相続人の子であるX及び妻（以下、Xと併せて「本件相続人ら」という。）の合計2名であり、本件会社の代表取締役には、本件被相続人及びXが就任していた期間がある。

② 本件会社の株式に係る株券（以下「本件株券」という。）は、平成11年5月28日に発行（その日前は不発行）され、本件株券には代表取締役であるXの氏名の記載及び社印が押印されて、「本株券は記名者が表記株式数の株主であることを証するものである」と記載されている。

　なお、本件株券の発行時における記名者（株主名）及びその株式数は、本件被相続人が○株、Xが×株となっている。

③ 平成11年6月、本件株券の担保提供に関する本件会社における取締役会議事録が作成され、本件被相続人及びX所有の本件株券を担保として供したい旨を議案とする旨記載され、本件相続人らなどの押印がある。

④ 本件相続に係る遺産分割協議書には、Xが本件株式を取得する旨が記載され、本件相続人らの署名押印がされており、この遺産分割協議書を基に本件相続に係る相続税の申告（以下「本件申告」という。）を行っている。

## 当事者の主張

◆納税者の主張

1　親権者の父から未成年の子に対する贈与はその子が利益を受ける行為であるから、特別代理人の選任は必要ないと解され、Xに贈与に関して細かい知識がないとしても、親権者である本件被相続人とその未成年者であるXとの間で贈与契約が成立する。

2 平成6年分の贈与税の申告及び納付の事実は、本件株式の贈与が実行されたことを証するに十分である。
3 本件被相続人は、Xが本件株式の贈与に係る申告をして納税をすることで、その贈与事実を証明することが十分であると考えて、あえて、贈与契約書を作成しなかったものと思われるが、かかる贈与の実態は、親子の関係では、社会通念上、むしろ一般的ではないかとも考えられる。
4 本件株式を相続財産であるとして申告したことは、関与税理士などの関係者の間での伝達の失念などを理由とするものであり、本件株式は、本件相続に係る相続財産ではない。

◆課税庁の主張
1 贈与契約は、諾成契約であるところ、X自身が「本件株式の贈与当時、高校生であったXは贈与に関する知識もない」と認めていることからすると、贈与契約が成立したとは認め難く、私人の公法上の行為である申告と納税の事実をもって実体法上の法律行為である本件被相続人とXの贈与契約の成立が客観的事実として証明されたとはいえない。
2 本件株式の贈与に係る契約の存在はなく、本件株式の贈与が行われていたとする証拠はなく、Xは本件相続において、本件株式を相続したとする遺産分割協議書を作成し、署名押印していることなどからすると、本件株式の贈与が行われていたと判断することはできない。

> 審判所の判断

1 法令解釈
 (1) 贈与契約は諾成契約であるため、贈与者と受贈者において贈

与する意思と受贈する意思の合致が必要となる（民549）が、親権者から未成年の子に対して贈与する場合には、利益相反行為に該当しないことから親権者が受諾すれば契約は成立し、未成年の子が贈与の事実を知っていたかどうかにかかわらず、贈与契約は成立すると解される。
(2) 納税義務は各税法で定める課税要件を充足したときに、抽象的にかつ客観的に成立するとされ、贈与税の場合は、贈与による財産の取得の時に納税義務が成立する（通則法15②五）とされるが、この抽象的に成立した贈与税の納税義務は、納税者のする申告により納付すべき税額が確定（申告納税方式）し、具体的な債務となる。

　このような申告事実と課税要件事実との関係については、「納税義務を負担するとして納税申告をしたならば、実体上の課税要件の充足を必要的前提要件とすることなく、その申告行為に租税債権関係に関する形成的効力が与えられ、税額の確定された具体的納税義務が成立するものと解せられる」（高松高判昭58・3・9税資129・467）と示されていることからすると、贈与税の申告は、贈与税額を具体的に確定させる効力は有するものの、それをもって必ずしも申告の前提となる課税要件の充足（贈与事実の存否）までも明らかにするものではないと解するのが相当である。

2　判　断
(1) 贈与事実の存否の判断に当たって、贈与税の申告及び納税の事実は、贈与事実を認定する上での1つの証拠とは認められるものの、それをもって直ちに贈与事実を認定することはできない。
(2) 贈与事実についての直接証拠はXの答述のみであることから、本件株式に係る贈与事実の存否については、具体的な事実関係

を総合勘案して判断する必要があるところ、本件被相続人及びXの以下のような行動を考えると、本件株式の贈与があったと認めることはできず、本件株式は本件相続に係る相続財産となり、課税庁がした本件通知処分は適法である。
① 本件被相続人は、本件株式に係る贈与者である一方、Xの親権者としての受贈者の立場でもあったことから、Xのために株主として権利行使できるよう取締役会の承認を得るべく働きかけることが通常であるところ、そのような行動をとった事実は認められないこと
② 本件被相続人及びXは、本件会社の代表取締役として、どのような形で本件株券が発行されるか知り得る立場にあったにもかかわらず、本件株券の記名者及びその株式数について、本件株式の贈与の事実を欠落させた誤ったままの状態とされる本件被相続人を○株、Xを×株としたことに、異議を申し立てたような事実は認められないこと
③ 本件被相続人は、平成11年分及び平成12年分の「財産及び債務の明細書」には本件株式の贈与がなかったとした場合の本件会社の株式数を記載していること
④ 本件被相続人及びX所有の本件株券の担保提供に関する取締役会の承認に関する取締役会議事録には、Xの押印があること
⑤ 平成12年1月31日の贈与に関する「取引相場のない株式（出資）の評価明細書」には本件株式の贈与がなかったとした場合の本件会社の株式数を記載していること
⑥ 本件株式を含む本件会社の株式を自己の取得財産として記載した遺産分割協議書に押印していること
(3) 本件は、親権者と未成年の子との間の契約で、親権者自身が贈

与者と受贈者の立場を兼ねていることから、対外的には贈与契約の成立が非常に分かりづらいものとなることは容易に認識できることであり、かえって、このような場合には、将来、贈与契約の成立について疑義が生じないよう契約書を作成するのがむしろ自然ではないかと考えられる。
(4) Xは、本件株式を相続財産であると申告した経緯について、書類上の記載不備等にすぎない旨主張するが、Xの主張するように本件株式が誤って遺産分割協議書に記載され、そして、この遺産分割協議書を基に本件申告に係る申告書が作成され、これらを本件相続人らなどが見過ごしたまま誰も気付かなかったということは、到底考えられない。

## 解　説

1　本事例の判断にあるように、贈与の事実は、贈与税の申告の有無だけでは認定できるものではないことから、贈与税の申告とは別に贈与の事実を立証する事情や事実を検討する必要があることに留意する必要があります。

2　本事例と同様に贈与税の申告の有無と贈与事実の認定が争点となったものとして、贈与税の申告あるいはその準備行為をした形跡がない事実を過度に重視するのは相当でないと判断した裁判例があります（下記＜参考判例等＞参照）。

＜参考判例等＞
○贈与税の申告の有無と贈与の有無とは直ちに結びつくものではないから、贈与税の申告あるいはその準備行為をした形跡がないからといって、この事実を過度に重視するのは相当でない（静岡地判平17・3・30税資255・順号9983）。

## 2 課税負担の錯誤

### 〔4〕 当初の遺産分割に課税上不利となる錯誤があったとして改めて遺産分割をした場合に、更正の請求をすることができるとした事例

（東京地判平21・2・27税資259・順号11151（一部認容））

### 争点

当初遺産分割の錯誤による無効を理由として、新たな遺産分割がなされた場合に、それが国税通則法23条1項に規定する更正請求期間内であれば、更正の請求をすることができるか否か。

### 事案の概要

【事案の概要】

本件は、被相続人Ｉの妻（原告乙）が取得する同族会社の株式の価額につき、配当還元方式による評価を前提として第1次遺産分割をして相続税を申告した後に、配当還元方式の適用を受けられず、類似業種比準方式による高額の租税負担となることが確認されたため、配当還元方式の適用を受けられるように、各相続人が取得する株式数を調整した上で新たな遺産分割の合意（第2次遺産分割）に基づき、更正の請求期間内に原告らが更正の請求又は修正申告をした事案である。

【認定事実】

① Ｉは平成14年8月26日に死亡し、相続が開始した。Ｉの妻である

事例 第1章 更正の請求事由

原告乙並びに両名の子である原告甲、原告丙及び原告丁の4名が共同相続人となった。
② 被相続人の相続財産には、J株式会社の株式（J社株式）が含まれており、相続人らは、平成15年5月、遺産分割協議を行い、J社株式評価方式については、配当還元方式が適用される配分方法であるとの認識で遺産分割（第1次遺産分割）の合意をした。
③ 相続人らは相続税の申告をした後、J社株式の評価は、関連2社の保有に係る株式数を相互保有株式として発行済株式数から控除して計算すべきであり、これによると、原告乙の持株割合は5％以上となり、類似業種比準方式の適用によるべきことを認識するに至った。
④ 相続人らは、同年10月改めて遺産分割の再協議を行い、原告乙の持株割合が5％未満となるよう本件J社株式の配分を変更し合意した。
⑤ 原告乙は、第2次遺産分割の内容を前提とし、J社株式を配当還元方式で評価し、同年11月6日付けで更正の請求をした。
⑥ 処分行政庁は前記⑤の更正の請求に対して、更正すべき理由がない旨の通知処分をした。

## 当事者の主張

◆納税者の主張
1 本件のように、錯誤による無効の場合はもちろん、仮に法定申告期限後の全員の合意による解除であるとしても、更正の請求が更正の請求期間内に行われており、国税通則法23条1項1号所定の更正の事由に該当する以上、処分行政庁は減額更正を認める義務がある。
2 更正の請求においては、通常の錯誤と課税負担の錯誤を区別することなく、その無効を主張することができ、更正請求期間内である

にもかかわらず錯誤を主張できないとは到底考えられない。特に、本件は、法定申告期限の5か月後、更正請求期間内に自発的に誤りに気付いて更正の請求をしている事例であり、原告らは、課税当局から調査を受け、誤りの指摘を受けてから更正の請求をしたものではないのであって、当然に更正が認められるべき事案である。

◆課税庁の主張
1　通常の錯誤と課税負担の錯誤は同列には論じられない。納税義務者は、納税義務の発生の原因となる私法上の法律行為を行った場合、当該法律行為の際に予定していなかった納税義務が生じたり、当該法律行為の際に予定していたものよりも重い納税義務が生じることが判明した結果、この課税負担の錯誤が、当該法律行為の要素の錯誤に当たるとして、当該法律行為が無効であることを、法定申告期限を経過した時点で主張することは許されない。

　申告納税方式を採用し、申告義務違反及び脱税に対しては加算税を課している結果、安易に納税義務の発生の原因となる法律行為の錯誤無効を認めて納税義務を免れさせたのでは、納税者間の公平を害し、租税法律関係を不安定なものとし、ひいては申告納税制度の破壊につながるからである。

2　遺産分割が一般の要素の錯誤により無効であり、納税者がこれを主張し得る場合でも、その場合には、そもそも、遺産分割が行われていない状態にあるものと解されるので、更正の請求をするには、まず、相続税法55条の規定による法定相続分等に従った計算に基づき、修正申告、更正又は決定を経ることが必要であり、その上で、新たな遺産分割が行われた場合には、相続税法32条1号による更正の請求又は同法31条1項による修正申告をすることになる。しかしながら、これらを経ていないときは、相続税法32条1号所定の同法「第

55条の規定により民法〔中略〕の規定による相続分〔中略〕に従って課税価格が計算されていた場合において、その後当該財産の分割が行われ」た場合には該当しないため、相続税法32条1号に基づく更正の請求をすることはできない。

## 裁判所の判断

1　課税負担の錯誤に関しては、それが要素の錯誤に該当する場合であっても、我が国の租税法制が、相続税に関し、申告納税制度を採用し、申告義務の懈怠等に対し、加算税等の制裁を課していること、相続税の法定申告期限は、相続の開始を知った日から原則として10か月以内とされており、申告者は、その間に取得財産の価値の軽重と課税負担の軽重等を相応に検討し忖度した上で、相続税の申告を行い得ること等に鑑みると、法定申告期限を経過した後も、更なる課税負担の軽減のみを目的とする課税負担の錯誤の主張を無制限に認め、当該遺産分割が無効であるとして納税義務を免れさせたのでは、租税法律関係が不安定となり、納税者間の公平を害し、申告納税制度の趣旨・構造に背馳することとなり、このことは、税法上の信義則の観点からも看過し難い。

　したがって、申告者は、法定申告期限後は、課税庁に対し、原則として、課税負担又はその前提事項の錯誤を理由として、当該遺産分割が無効であることを主張することはできず、例外的にその主張が許されるのは、①申告者が、更正請求期間内に、かつ、課税庁の調査時の指摘、修正申告の勧奨、更正処分等を受ける前に、自ら誤信に気付いて、更正の請求をし、②更正請求期間内に、新たな遺産分割の合意による分割内容の変更をして、当初の遺産分割の経済的成果を完全に消失させており、かつ、③その分割内容の変更がやむ

を得ない事情により誤信の内容を是正する一回的なものであると認められる場合のように、更正請求期間内にされた更正の請求においてその主張を認めても、申告納税制度の趣旨・構造及び租税法上の信義則に反するとはいえないと認めるべき特段の事情がある場合に限られるものと解するのが相当である。

2　本件では、前記認定の事実関係の下では、上記1①ないし③のいずれにも該当し、更正の請求において、課税負担の前提事項の錯誤を認めても、申告納税制度の趣旨・構造及び租税法上の信義則に反するといえないと認めるべき特段の事情がある場合に該当するものというべきである。

　　したがって、原告乙は、第1次遺産分割のうちJ社株式の配分に係る部分の錯誤による無効を主張することができ、これにより、株式の配分が無効とされる以上、課税の根拠となる相続財産である当該株式の取得を欠くことになるから、その錯誤による無効は、国税通則法23条1項1号にいう「当該申告書に記載した課税標準等若しくは税額等の計算が国税に関する法律の規定に従っていなかったこと」との事由に該当するものと解される。

　　そして、第1次遺産分割の一部が要素の錯誤により無効であり、その余の部分は有効であって、更正請求期間内に当該無効の部分が第2次遺産分割により補充され、これらの遺産分割の効力は相続開始時に遡及している以上、申告書の記載に係る第1次遺産分割の配分内容に従った計算による税額が、第2次遺産分割の配分内容に従った計算による税額を上回るときは、国税通則法23条1項1号所定の「当該申告書の提出により納付すべき税額〔中略〕が過大であるとき」に該当するものとして、その差額の減額更正につき、同号の規定による更正の請求をすることができるものと解するのが相当である。

3　他方で、遺産分割が要素の錯誤により無効であり、納税者がこれを主張し得る場合について、これをまだ遺産分割がされていない状

態と同視し得るとすれば、更正の請求の手続として、まず、相続税法55条の規定による法定相続分等に従った計算に基づき、国税通則法23条1項1号による更正の請求を経た上で、新たな遺産分割の配分内容に従った計算に基づき、改めて相続税法32条1号による更正の請求をするという手続も考えられ、上記2の手続との関係について検討を要する。

4　相続税法32条各号は、相続税に特有の更正の事由を定めるとともに、国税通則法の更正請求期間とは別個に特有の更正請求期間を定めており、このような相続税法32条各号の規定の趣旨・構造等に照らすと、同条各号は、国税通則法の特則規定として、国税通則法の定める更正の事由に該当する場合のほか、これらに該当しない場合でも、同条各号所定の更正の事由にも該当することがあるとしても、それによって、国税通則法の規定による更正の請求について更なる要件を加重してその請求を制限するものではなく、また、国税通則法の規定による更正の請求を排除するものでもないと解するのが相当である。

　相続税法55条は、相続財産の分割前と分割後の2段階の処理を定める規定であり、既にされた遺産分割の全部又は一部が無効で新たな遺産分割がされている場合を相続税法55条の適用対象に含めるか否かは個別評価の問題と解されるところ、本件については、更正の請求期間内に既に第2次遺産分割がされているため、更正の請求に基づく更正時を基準とすれば、相続財産の全部が既に分割されている場合に当たる以上、このような場合の更正の請求においては、相続税法55条に基づく2段階の処理が必須の手続として義務付けられるものとは解されないので、いずれにしても、同条に基づく2段階の方法により相続税法32条1号の規定による更正の請求をすることができると解し得ることをもって、上記2の直截的な方法により国税通則法23条1項1号の規定による更正の請求をすることが妨げられる

ものとは解されない。
5 　以上によれば、原告乙の更正の請求は理由があり、同原告の納付すべき税額は、J社株式について配当還元方式により評価した価額を前提として減額更正をすべきであったことになる。

## 解　　説

1 　本判決は、国側が控訴しないで確定しているだけに、課税負担の錯誤を更正の請求の理由として認めた先例として意義がありますが、前記「課税庁の主張」1で引用する従来の判例（最高裁平成13年4月13日決定（税資250・順号8882）の第1審判決である大阪地裁平成12年2月23日判決（税資246・908））は、「納税義務者は、納税義務の発生の原因となる私法上の法律行為を行った場合、右法律行為の際に予定していなかった納税義務が生じたり、右法律行為の際に予定していたものよりも重い納税義務が生じることが判明した結果、この課税負担の錯誤が、当該法律行為の動機の錯誤であるとして、右法律行為が無効であることを法定申告期間を経過した時点で主張することはできない。」と判示しており、従前の裁判例との整合性に問題を残しているという指摘（品川芳宣『重要租税判決の実務研究（第3版）』22頁（大蔵財務協会、2014年）参照）があります。
2 　また、平成23年国税通則法の改正により、同法23条1項の更正の請求期限が5年以内に延長されたため、「1年」を「5年」に置き変えて論じることができるかは問題であるとの指摘（品川・前掲書22頁参照）があります。

＜参考文献等＞
品川芳宣『重要租税判決の実務研究（第3版）』22頁（大蔵財務協会、2014年）

事例　第1章　更正の請求事由　　　　　　　　95

〔5〕　申告行為の無効は国税通則法23条の更正の請求の事由とすることはできないとした事例

(国税不服審判所裁決平22・4・1裁事№79（棄却）)

## 争点

申告の無効は国税通則法23条の更正の請求事由に該当するか否か。

## 事案の概要

【事案の概要】

本件は、審査請求人（以下「請求人」という。）が、平成15年分の贈与税の申告書は請求人の意思に基づき提出されたものではないことなどから、贈与税の申告は無効であるとして、また、平成18年5月○日相続開始に係る相続税の期限後申告書については、請求人は関知していないことなどから、相続税の期限後申告も無効であるとして、贈与税及び相続税の更正の請求をしたところ、原処分庁が、更正の請求の期限を経過していることを理由にいずれも更正をすべき理由がない旨の通知処分を行ったことに対して、請求人が、原処分の全部の取消しを求めた事案である。

【認定事実】
1　贈与税の申告

平成16年2月27日、請求人の実印による押印がされた請求人名義の平成15年分の贈与税の申告書（本件贈与税申告書）が原処分庁に提出

された。

　本件贈与税申告書には、請求人の父であるFから○○円の贈与を受けた旨の記載があり、相続税法21条の9《相続時精算課税の選択》第3項の規定により、同法21条の10《相続時精算課税に係る贈与税の課税価格》の規定に従って贈与税の計算がされている。

2　相続税の申告

① 請求人は、平成18年5月○日に死亡したF（以下「被相続人」といい、同人の死亡により開始した相続を「本件相続」という。）の二女であり、被相続人の配偶者G、長女H、長男J及び次男Kとともに、被相続人の共同相続人である。

② 請求人は、平成18年7月24日に、L家庭裁判所M支部に相続放棄の申述をし、受理された。

③ 平成20年11月17日に、相続税の修正申告書の用紙に、次の印字があり、相続時精算課税適用財産を課税価格に算入する旨記載され、請求人の実印が押印された本件相続に係る相続税の申告書(以下「本件期限後申告書」といい、本件贈与税申告書と併せて「本件各申告書」という。）が原処分庁に提出された。

　㋐　氏名欄　　「P野○子」
　㋑　生年月日欄　「昭○」年「○」月「○」日（年齢「○」歳）
　㋒　被相続人との続柄欄　　「二女」
　㋓　取得原因欄には、取得原因が相続、相続時精算課税に係る贈与である旨表示されている。

④ 請求人は、平成21年2月6日に平成15年分の贈与税の更正の請求(本件贈与税の更正の請求）及び本件相続に係る更正の請求（本件相続税の更正の請求）をした。

⑤ 原処分庁は、平成21年3月27日付で上記④の更正の請求に対してそれぞれ更正をすべき理由がない旨の通知処分をした。

## 当事者の主張

◆納税者の主張
1 本件贈与税に係る通知処分
　(1) 本件贈与税申告書は請求人が提出したものではなく、被相続人から請求人に贈与があったと思い込んだ長男Jが、勝手に請求人名義で申告したものであるから、本件贈与税申告書による贈与税の申告は無効である。
　(2) 平成15年中に請求人が贈与を受けた事実がないことは明らかであるから、国税通則法23条1項1号に規定する課税標準等の計算に誤りがあることになり、更正請求は認められるべきである。
　　また、国税通則法23条1項が更正の請求ができる期限を法定申告期限から1年としたのは、法定申告期限が自己の申告が過大であったことを知り得る日だからであり、請求人の場合は、更正の請求ができる期限を本件贈与税申告書の存在と課税の意味を知った日から1年と解すべきである。
2 本件相続税に係る通知処分
　本件期限後申告書については、請求人はその内容を知らず、長男Jが勝手に提出したものであるから、本件期限後申告書による申告は無効である。
　また、本件期限後申告書の名前や年齢が請求人とは異なることなど、明白かつ重大な誤りがあることからも申告は無効である。

◆課税庁の主張
1 本件贈与税に係る通知処分
　(1) 国税通則法23条の規定上、申告の無効を理由に、更正の請求をすることはできないと解される。

(2)　贈与事実のないことは、国税通則法23条1項に規定する更正の請求の事由に該当する。そして、同項に規定する事由による更正の請求は、法定申告期限から1年以内に限りすることができる旨規定している。

2　本件相続税に係る通知処分
　上記1(1)の主張に加え、本件期限後申告書の名前は、請求人の氏名と一文字異なるだけであり、印影は請求人名字となっており、生年月日及び年齢（相続開始日時点）は、請求人と一致すること、被相続人に係る相続人に、P野○子なる人物は存在しないこと、本件贈与税申告書に記載された相続時精算課税適用財産の価額が記載されていることなどから、請求人の申告書であることは明らかであり、請求人の期限後申告書として有効なものである。

## 審判所の判断

1　本件贈与税に係る通知処分
　(1)　法令解釈
　国税通則法23条1項によれば、同項1号から3号までの場合には、納税申告書に係る国税の法定申告期限から1年以内に限り、更正の請求をすることができる旨規定しているが、その趣旨とするところは、納税者が申告した後に、その申告内容の過誤を是正する必要の生ずる場合があることは否定できないが、あらゆる場合に自由にこれを認めることは、申告により自己の納税額を確定させる申告納税制度の性格に照らして適当といえないのみならず、納税義務の具体的内容を不安定ならしめ、行政を混乱に陥れる弊害もあるので、その過誤の是正は法律が特に認める場合に限るとしたものと解される。

事例　第1章　更正の請求事由　　　　　　　　　　99

(2)　判　断
　ア　国税通則法23条1項各号に規定する更正の請求が認められる事由は、いずれも当該申告書に記載した、課税標準等若しくは税額等（1号）、純損失等の金額（2号）及び還付金の額に相当する税額（3号）の計算が国税に関する法律の規定に従っていなかったこと又は当該計算に誤りがあったこととされており、当該申告書及びその申告自体が無効であることは更正の請求の事由とされていない。
　イ　また、請求人は、平成15年中に贈与を受けたことがないことをも理由として、国税通則法23条1項1号に基づき本件贈与税の更正請求をするところ、請求人が、自己の申告が過大であったことを知ったときから1年内である本件贈与税の更正の請求は認められる旨主張する。
　　　しかしながら、国税通則法23条1項は、更正の請求ができる期限を「法定申告期限から1年以内」と規定しており、同期限について限定的に解釈すべきことは、上記(1)のとおりであり、これと異なる解釈は採用することができない。
　ウ　以上のとおり、本件贈与税に係る通知処分には取り消すべき違法はない。
2　本件相続税に係る通知処分
　請求人は、本件期限後申告書による申告は無効であり、本件相続税の更正請求を認めるべきである旨主張する。
　しかしながら、上記1(2)アで説示したとおり、申告の無効は国税通則法23条1項に規定する更正の請求事由には該当しないので「申告の無効」を事由とした更正の請求は不適法である。
　なお、本件期限後申告書の氏名欄「P野○子」の記載は印字されたものであって署名ではなく、請求人の実印が押印されていること、本

件期限後申告書に記載された年齢も相続開始時における年齢として誤りはないこと等からすると、本件期限後申告書に「P野○子」の印字があったことを考慮しても、そもそも本件期限後申告書にそれを無効とすべきような明白かつ重大な誤りがあることを認めるに足りない。

以上のとおり、本件相続税に係る通知処分には、取り消すべき違法はない。

## 解　　説

前記「審判所の判断」で述べられているとおり、「申告の無効」を事由とした更正の請求は不適法なものですが、申告書にそれを無効とすべきような明白かつ重大な誤りがある場合には、是正が可能となる場合があるため（下記＜参考判例等＞参照）、「本件期限後申告書に「P野○子」の印字があったこと等を考慮しても、そもそも本件期限後申告書にそれを無効とすべきような明白かつ重大な誤りがあることを認めるに足りない。」と付け加えています。

＜参考判例等＞

○確定申告書の記載内容の過誤の是正については、その錯誤が客観的に明白かつ重大であって、所得税法の定めた方法以外にその是正を許さないならば、納税義務者の利益を著しく害すると認められる特段の事情がある場合でなければ、法定の方法によらないで記載内容の錯誤を主張することは、許されないものといわなければならない（最判昭39・10・22税資38・743）。

## 第2 国税通則法23条2項に規定する更正の請求（後発的事由に基づく更正の請求）

### 1 判決、和解（1号）

〔6〕 貸付金債権の額を0円と査定した債務者に係る再生手続の再生債権査定における裁判の決定は、その判断内容からして国税通則法23条2項1号に規定する「判決と同一の効力を有する和解その他の行為」に当たらないとされた事例

（国税不服審判所裁決平28・10・21（非公開裁決）（大裁（諸）平28-18）（棄却））

#### 争 点

債権（貸付金）の債務者に係る民事再生手続における貸付金（再生債権）の額を0円と査定する旨の決定は、国税通則法23条2項1号に規定する「判決と同一の効力を有する和解その他の行為」に該当するか否か。

#### 事 案 の 概 要

【事案の概要】
　本件は、請求人が、亡父の死亡による相続に係る相続税の申告において、課税価格に含めたとする貸付金債権について、その後、同債権の債務者に係る再生手続における再生債権の査定の裁判において、同債権の価額を0円と査定する旨の決定を受けたことから、国税通則法

（平成23年法律第114号による改正前のもの）23条2項1号に規定する「その申告に係る課税標準等又は税額の計算の基礎となった事実に関する訴えについての判決（判決と同一の効力を有する和解その他の行為を含む。）により、その事実が当該計算の基礎としたところと異なることが確定したとき」に該当するとして、更正の請求をしたところ、原処分庁が、更正をすべき理由がない旨の通知処分をしたことから、請求人が、原処分の全部の取消しを求めた事案である。

【認定事実】
① 請求人の父（本件被相続人）が死亡し、同人に係る相続（本件相続）が開始した。
② 本件相続について相続人間で作成された昭和63年5月21日付け遺産分割協議書（本件遺産分割協議書）には、請求人が、本件被相続人のＡ社に対する貸付金35,270,337円（本件貸付金）を取得する旨の記載がある。
③ Ａ社の第37期事業年度の決算報告書には、本件被相続人からの長期借入金35,270,337円の記載がある。
④ Ａ社は、裁判所に民事再生手続開始を申し立て、再生手続開始決定を受けた。請求人は、再生債権として本件貸付金を届け出たが、Ａ社はその全額について認めない旨の認否をした。そのため、請求人は本件貸付金について、裁判所に査定の申立てをした。
⑤ 裁判所は上記④の査定の申立てに対し、本件貸付金について、再生債権額を0円と査定する旨の決定（本件査定決定）をした。
⑥ 請求人は、平成27年2月16日、本件相続に係る相続税について、国税通則法23条2項1号の規定に基づき、原処分庁に対して、更正の請求（本件更正の請求）をした。

事例　第1章　更正の請求事由　　103

## 当事者の主張

◆納税者の主張

　請求人は、本件貸付金が存在するとの前提で、これを本件相続に係る相続税の課税価格に含めて申告していたところ、本件査定決定によって、本件貸付金に係る貸付けの事実自体が認められないと判断され、これにより、申告の基礎となった事実が申告の基礎としたところと異なることが確定したといえるから、国税通則法23条2項1号の規定に基づき、本件更正の請求は認められるべきである。

◆課税庁の主張

　本件貸付金が本件相続に係る相続税の課税価格に含まれていたとしても、本件査定決定の判断内容は、当該申告の基礎とした本件貸付金に係る権利関係を遡及的に変更するものではないから、同決定は、国税通則法23条2項1号に規定する「判決と同一の効力を有する和解その他の行為」には該当しない。

## 審判所の判断

1　前提事実

　本件査定決定は、大要、次のとおり判示し、本件貸付金について、再生債権の額を0円と査定した。

(1)　一件記録によれば、次の事実が認められる。

　　① 　本件被相続人はかつて、A社を含む企業グループ（Bグループ）の経営に参画していたが、Bグループから独立を希望するようになり、昭和55年12月29日に開催されたBグループ各社の株主総会において、本件被相続人がBグループから独立し、

その際、独立のために必要な約27億円相当の財産及び負債の一部を承継する一方、当該承継財産以外のBグループに関する権利（A社に対する債権を含む。）を放棄することなどが了承された。

② 本件被相続人は、昭和62年9月13日、A社の決算報告書に「長期借入金」、「長期未払金」と記載されていることについて、「現状、A社の事業地内とみられる不動産土地等については結論として、会社に所属するものでその費用とみられる長期借入金、未払金については、全て個人に帰すべき理由がないので一切何人も関係ないものである」、「この件を再確認のこと」と記載した書面を作成した。

(2) 一件記録によるも、本件被相続人が、A社に対し、金銭を貸し付けた事実を認めるに足りない。

(3) 仮に本件被相続人がA社に金銭を貸し付けていたとしても、本件被相続人は、Bグループから独立する際に、A社に対し、本件貸付金を放棄するとの意思表示をしたものということができる。

(4) 請求人とA社が、本件貸付金を復活させる旨の合意をしたことを認めるに足りる証拠はない。

(5) 以上によれば、請求人はA社に対し、本件貸付金を有しているとはいえない。

## 2 判断

本件貸付金については、債務者とされるA社の決算報告書に「長期借入金」としての計上があり、本件遺産分割協議書にもその記載がある。

他方、本件貸付金については、本件被相続人が、昭和55年にBグル

| 事 例 | 第1章　更正の請求事由　　　　　　　　　　　　105

ープから独立した際に放棄したこととされ、また、本件被相続人が死亡の直前に作成した書面において、「個人に帰すべき理由がない」、「この件を再確認のこと」と記載されている。これらの事情からすれば、本件貸付金は、本件相続開始日当時において既に、その権利関係に疑義があることが客観的に現れていたものであるということができる上に、請求人は、これらの内容を把握した上でなお、本件貸付金を課税価格に含めて、本件相続に係る相続税の申告をしたものと認められる。

　また、本件査定決定は、上記の客観的に顕在化していた本件貸付金の権利関係をめぐる疑義に沿って、本件貸付金について、一件記録によるも認めるに足りず、仮に貸付けがあったとしても本件被相続人の生前に放棄されている旨判断したにとどまり、請求人が申告時に予測し得なかったような事態に基づき、本件貸付金をめぐる権利関係をその根底から覆すような判断をしたものではない。

　そして、以上にみたような客観的に顕在化していた権利関係をめぐる疑義などの本件貸付金に係る事実関係及び本件査定決定の判断内容に加え、そもそも国税通則法23条2項は、申告時には予測し得なかった事態その他やむを得ない事由が後発的に生じたことにより、遡って税額の減額等をなすべきこととなった場合に、同条1項所定の期間が経過していることを理由に更正の請求が認められないとすると納税者にとって酷となるような一定の場合について、同項所定の期間経過後においても更正の請求を認め、例外的にその救済を図ったものであることにも鑑みれば、本件査定決定は、同条2項1号に規定する「判決と同一の効力を有する和解その他の行為」には当たらないというべきでる。

　したがって、本件更正の請求は、国税通則法23条2項1号所定の要件を満たさない。

## 解　説

1　請求人は本件査定決定を申告時に予測し得たから、国税通則法23条2項1号に規定する「判決」には該当しないと判断しています。
　仮に、本件貸付金がもともと不存在ないし無効であったなどとその権利関係を根底から覆すような判断であったのならば、請求人にとって、予測し得ないから、国税通則法23条2項1号に規定する「判決」に該当することを示唆しています。

2　本件貸付金は過去に存在したが、その後、本件相続開始日前の時点で放棄されていたと認定された場合は、国税通則法23条1項1号に規定する「課税標準等〔中略〕が国税に関する法律の規定に従っていなかったこと」に該当します。

事 例　第1章　更正の請求事由

## 〔7〕　固定資産税評価額が過大であったとする通知は、国税通則法23条2項1号に規定する「判決」及び同項3号に規定する「政令で定めるやむを得ない理由」に該当しないとされた事例

（国税不服審判所裁決平28・1・12（非公開裁決）（福裁（諸）平27-8）（棄却））

### 争　点

1　固定資産税評価額が過大であったとする通知は、国税通則法23条2項1号に規定する「判決」に該当するか否か。
2　固定資産税評価額が過大であったとする通知は、国税通則法23条2項3号に規定する「政令で定めるやむを得ない理由」に該当するか否か。

### 事 案 の 概 要

【事案の概要】

　本件は、審査請求人（以下「請求人」という。）が、相続税の申告後に、相続財産としていた土地（本件各土地）の価額が過大であったことを理由として相続税の更正の請求をしたのに対し、原処分庁が更正をすべき理由がないとして更正処分をしたところ、請求人が当該土地の価額が過大であったのは、市長が固定資産税評価額を誤って高く計算したことに起因するものであるから、更正の請求は認められるべきであるとして上記処分の取消しを求めた事案である。

## 【認定事実】

① 請求人の代理人Bは、平成26年6月上旬、A市長に対して、本件各土地の平成16年度の固定資産税評価額の計算に誤りがあり、当該誤りは、相続税の財産評価額の見直しに直結するとして、固定資産税評価額の修正を求めた。

② A市長は本件各土地の平成16年度の固定資産税評価額に誤りがあったとして、平成26年6月13日付け「固定資産税にかかる評価計算書の提出について」と題する文書及び同年7月14日付け「評価計算書（修正分）の交付について」と題する文書（これらの文書の交付を「本件通知」という。）をBに交付した。

## 当事者の主張

◆納税者の主張

1 争点1

本件通知は、次のとおり、国税通則法23条2項1号に規定する「判決」に該当する。

(1) 国税通則法23条2項1号の規定について、判例はかなり緩やかな解釈を示しており、同号に規定する「判決」には、青色申告の承認の取消処分の課税庁による職権取消も含まれると解されている（最判昭57・2・23民集36・2・215参照）（金子宏『租税法（第20版）』823頁（弘文堂、2015年）参照）。

(2) 本件でも、原処分庁ではないが固定資産税の課税庁たるA市長が請求人の求めに応じて、相続税の財産評価額に直結する固定資産税評価額の見直しを行ったのであり、本件通知は「判決」と同視されるべきである。

仮に、本件通知が、A市固定資産税・都市計画税に係る返還金

事例　第1章　更正の請求事由　　109

支払要綱に基づき、固定資産税相当額及び利息相当額を計算する手続の一環としてなされたにすぎないとしても、A市長は固定資産税評価額の誤りが、相続税の財産評価額の誤りに直結したことを十分認識した上で本件通知をしたのであり、まさに、「本件通知」は「判決」と同視されるべきである。

2　争点2

　本件通知は、次のとおり、国税通則法23条2項3号に規定する「政令で定めるやむを得ない理由」に該当する。

(1)　国税通則法23条2項3号の趣旨は、通常の更正の請求の期間経過後にやむを得ない後発的理由により過誤要件が充足され、又は過誤要件の充足が確認された場合における帰責性のない納税者の権利救済の余地を拡充した規定と理解すべきである。

　そして、租税法律主義に含まれる手続的保障原則の下では、後発的理由の定め方は、必ずしも限定列挙と解する必要はないと考えられ、国税通則法施行令6条1項各号に規定する「やむを得ない理由」に匹敵する事由がある場合には、国税通則法23条2項3号の趣旨に照らして類推適用を認めるべきである。

　また、最高裁判所昭和45年10月23日第二小法廷判決（民集24・11・1617参照）が示唆したように、租税法律主義の下でも、納税者を救済するために、納税者に有利な方向で類推解釈することは許容される余地があるというべきである。

(2)　本件は、固定資産税の課税庁たるA市長が、固定資産税評価額を不当に高く評価したことにより、請求人は、自らに責任のない事由で相続税を過大に納付することとなったものである。このことは、国税通則法施行令6条1項各号に規定する「やむを得ない理由」に匹敵する事由であり、税務行政に対する信頼確保のために、たとえ法律の明文がなくても、上記(1)の国税通則法23条2項

3号の趣旨に照らし、国税通則法施行令6条1項各号を類推適用して、本件相続税の減額更正を行うべきである。

## ◆課税庁の主張
1 争点1

本件通知は、次のとおり、国税通則法23条2項1号に規定する「判決」に該当しない。

(1) 国税通則法23条2項1号に規定する「判決」とは、申告等に係る課税標準等又は税額等の計算の基礎となった事実についての私人間の紛争を解決することを目的とする民事事件の判決をいうと解されており、また、括弧書の「判決と同一の効力を有する和解その他の行為」とは、申告等に係る課税標準等又は税額計算の基礎となった事実についての訴えにおいて、当該事実を確認し、又は異なる事実を前提とした裁判上の和解、調停、調停に代わる決定・審判等並びに請求の放棄及び認諾が掲げられるところ、これらはいずれも裁判所の関与の下に手続が行われて各調書に記載されるものである上、各調書に記載されることにより、その記載が確定判決と同一の効力を有することが法律の規定をもって明らかにされているものをいうとされている。

(2) 本件通知は、A市固定資産税・都市計画税に係る返還金支払要綱に基づき、納付された固定資産税・都市計画税で地方税法の規定により還付することができない税相当額及びこれに係る利息相当額を納税者に返還することを目的として、その税相当額及び利息相当額を計算する手続の一環としてなされたにすぎず、国税通則法23条2項1号に規定する「判決」には該当しない。

　また、請求人が引用する最高裁判決は、本件と事案を異にするものであり、本件通知は判決と同視すべきであるとする請求人の主張には理由がない。

## 2 争点2

本件通知は、次のとおり、国税通則法23条2項3号に規定する「政令で定めるやむを得ない理由」に該当しない。

(1) 請求人が引用する最高裁判決は、本件と事案を異にするもので、類推適用及び類推解釈を行うべきである旨の請求人の主張には理由がない。

(2) 国税通則法23条2項3号に規定する「政令で定めるやむを得ない理由」は、国税通則法施行令6条1項各号に規定しているところ、本件通知は、同項各号に規定する「やむを得ない理由」のいずれにも該当しない。

そして、一旦なされた申告は、原則として、租税法規に定められた手続によってのみ是正を主張することが許されると解されていることから、請求人が租税法規に定められた手続によらず、相続税の減額を主張しても、原処分庁は減額更正できない。

### 審判所の判断

## 1 法令解釈

(1) 国税通則法23条1項は、納税申告書に記載した課税標準等若しくは税額等の計算が国税に関する法律の規定に従っていなかったこと又は当該計算に誤りがあったことにより、納付すべき税額が過大であった場合に、法定申告期限から1年〔現行5年〕以内に限って、更正の請求をすることができる旨規定しているところ、その趣旨は、申告納税制度の下において、課税関係の早期安定と税務行政の効率的運用等の要請を満たす一方で、納税者の権利利益の救済を図るため、一定の事由及び期間に限って更正の請求を認めることとしたものと解される。

(2) 国税通則法23条2項は、同項各号に掲げる事由（後発的事由）が生じた場合には、法定申告期限から1年〔現行5年〕を経過した後においても、同項各号に掲げる期間において、更正の請求をすることができる旨規定しているところ、この更正の請求は、納税者の申告時には、納税者において予知し得なかった事態その他やむを得ない事由が後発的に生じ、これによって、課税標準等又は税額の計算の基礎に変更が生じたため、本来であれば遡って税額の減額をすべき場合、納税者の側からする更正の請求を認めないとすると、帰責事由のない納税者に酷な結果が生じる場合等があると考えられるため、このような一定の場合には、同項各号に定める一定の期間に限り、更正の請求をすることができるとしたものであり、課税関係の早期安定と税務行政の効率的運用等の要請を犠牲にしてもなお、帰責事由のない納税者に酷な結果とならないよう例外的に更正の請求を認めて納税者の保護を拡充する趣旨と解される。

(3) 以上のとおり、後発的事由による更正の請求が、国税通則法23条1項の原則に対する例外として規定された趣旨から判断すると、同条2項及びこれを受けた国税通則法施行令6条1項の各規定は、その文言どおりに解されるべきであり、安易にその準用ないし類推解釈を行うことは許されないと解するのが相当である。

(4) 国税通則法23条2項1号の規定は、申告に係る課税標準等又は税額等の計算の基礎となった事実に関する訴えについての判決（判決と同一の効力を有する和解その他の行為を含む。）により、その事実が当該計算の基礎としたところと異なることが確定したときを後発的事由の1つとしているところ、ここにいう「判決」とは、私法行為又は行政行為上の紛争を解決することを目的とする民事事件の判決を意味するものと解される。

そして、「判決と同一の効力を有する和解その他の行為」とは、裁判上の和解、並びに請求の放棄及び認諾、調停及び調停に代わる決定・審判等、裁判所の関与による判決と同一の効力を有するものと解される。

これらは、課税計算の前提となる諸事実は、広範囲かつ多岐にわたっており、その中には、納税義務が生じる時点で必ずしも権利関係が明確ではなく、当事者間では最終的に確定し難い事実も多く、このような事実を課税の基礎とせざるを得ない場合があるため、判決又は判決と同一の効力を有する和解その他の行為による事実関係の確定を得て、その段階で課税の是正を図るべきものとするのが妥当であるとの趣旨に基づくものと解される。

2 判　断
　(1) 争点1
　　ア　本件通知は、平成16年度の固定資産税評価額とすべきであった価額とその計算過程を説明するためにしたものであり、判決ではなく、裁判所の関与による判決と同一の効力を有する和解その他の行為でもないことは明らかである。
　　　　したがって、本件通知は、国税通則法23条2項1号に規定する「判決（判決と同一の効力を有する和解その他の行為を含む。）」に該当しない。
　　イ　請求人は、国税通則法23条2項1号の適用に当たっては、緩やかな解釈を行うべきで、本件でも、固定資産税の課税庁たるＡ市長が固定資産税評価額の誤りが相続税の財産評価額の誤りに直結したことを十分認識した上で本件通知をしたのであるから、本件通知は「判決」と同視されるべきである旨主張する。
　　　　しかしながら、国税通則法23条2項の規定は、その文言どおり

に解されるべきであり、安易にその準用ないし類推解釈を行うことは許されないと解するのが相当であるから、請求人の主張は採用することができない。

(2) 争点2

国税通則法23条2項3号に規定する「政令で定めるやむを得ない理由」は、国税通則法施行令6条1項各号に規定され、同項各号の規定は、その文言どおりに解されるべきであり、安易にその準用ないし類推解釈を行うことは許されないと解するのが相当であるところ、本件通知は、同項各号の規定のいずれにも該当しないことは明らかであることから、国税通則法23条2項3号に規定する「政令で定めるやむを得ない理由」に該当しない。

## 解　説

1　後発的事由に基づく更正の請求の要件としては、①予測可能性（申告時に予測し得なかった事由が生じたこと）、②帰責性（その予測できなかったことについて帰責事由がないこと）、③やむを得ない理由（国税通則法23条1項所定の期間内に更正の請求をしなかったことにつきやむを得ない理由があること）の要件があると解され、固定資産税評価額が過大であることが相続税申告後に判明したことは、これらの要件を充足しているようにみえますが、前記「審判所の判断」1(3)の「後発的事由による更正の請求が、国税通則法23条1項の原則に対する例外として規定された趣旨から判断すると、同条2項及びこれを受けた国税通則法施行令6条1項の各規定は、その文言どおりに解されるべきであり、安易にその準用ないし類推解釈を行うことは許されないと解するのが相当である。」との解釈により、更正の請求は認められませんでした。

|事　例|　第1章　更正の請求事由

2　更正の請求をすることができる後発的事由が政令を含めて7つの事由に限定されている理由は、後発的事由に基づく更正の請求の趣旨は、課税関係の早期安定と税務行政の効率的運用等の要請を満たすため、真にやむを得ない場合に制限しようとするものであり、後発的事由全てに適用するものではないと解されています。

＜参考文献等＞

　武田昌輔監修『DHCコンメンタール国税通則法』（第1巻）1441頁～1441の2頁（第一法規出版、1982年）

〔8〕 死因贈与契約に基づく所有権移転登記請求の訴えを提起され、解決金を支払うことになった訴訟法上の和解が成立したことによる更正請求は、和解条項の内容からして国税通則法23条2項1号の要件を満たさないとした事例

(東京地判平23・9・8税資261・順号11751（棄却）)

## 争 点

和解調書に記載された条項の解釈は、形式的記載にとらわれることなく、当事者の合理的意思を推認して行うべきか否か。

## 事 案 の 概 要

【事案の概要】

　原告ら（甲及び乙）及び原告らの弟である丙（以下、原告らと併せて「原告兄弟」という。）は、父丁が所有していた土地（本件土地）及び建物（本件建物）（以下、本件土地と本件建物を併せて「本件不動産」という。）を丁の死亡による相続及びその後の母戊の死亡による相続により相続したが、本件不動産を丁からAに贈与する旨の死因贈与契約の執行者から所有権移転登記等請求の訴え（別件訴訟）を提起され、その控訴審において、本件不動産を原告兄弟が取得し、Aに本件不動産の価額の2分の1に相当する解決金を支払う旨の訴訟上の和解（本件和解）が成立した。

　本件は、原告らが、本件和解は実質的には本件不動産を原告兄弟とAとに2分の1ずつ帰属させるものであり、本件不動産の価額の2分の1

に相当する部分は相続財産から除外して相続税を計算すべきであるとして、丁及び戊の死亡に係る相続税の更正の請求をしたところ、それぞれ処分行政庁から更正をすべき理由がない旨の通知処分（本件各処分）を受けたため、同処分の取消しを求める事案である。

【認定事実】
① 丁とAは、平成8年11月7日、要旨以下の内容が記載された負担付死因贈与契約書（本件死因贈与契約書）を作成した。
　㋐ 丁は、Aに対し、丁所有の本件不動産を贈与する。
　㋑ Aは、丁に対し、必要なとき、丁の病気その他事故に対して療養看護に努める。
　㋒ ㋐の効力は、丁の死亡によって当然生じ、本件不動産の所有権はその時点でAに移転する。
② 平成8年11月29日、公証人役場において、本件死因贈与契約とほぼ同内容の公正証書（本件公正証書）が作成された。本件公正証書には、本件死因贈与契約書の内容に加え、丁は、本契約の執行者に、B弁護士（本件執行者）を指定することという条項が追加して記載された。
③ 丁は、平成12年5月6日に死亡した。丁を被相続人とする相続について、丁の共同相続人である原告兄弟及び戊の間で、平成12年12月17日、戊が本件土地の共有持分10分の7及び本件建物を取得し、原告兄弟の各人がそれぞれ本件土地の共有持分10分の1ずつ取得する旨の遺産分割協議書が作成され、原告兄弟及び戊は、同月19日、同年5月6日の相続を原因として、丁から原告兄弟及び戊に対する所有権移転登記手続をした。
④ Aは、平成13年11月26日、原告兄弟及び戊を相手方として、東京簡易裁判所に対して、本件不動産がAの所有であることの確認等を

⑤ 平成15年4月28日、上記④の調停は不成立となり終了した。
⑥ 本件執行者は、平成15年5月9日、原告兄弟を被告とし、本件不動産について、本件死因贈与契約を根拠として、Aに対する真正な登記名義の回復を原因とする所有権移転登記手続をすることなどを求める別件訴訟を東京地方裁判所に提起した。
⑦ 原告兄弟は、別件訴訟において、本件死因贈与契約が無効であることなどを主張して争ったが、東京地方裁判所は、平成19年3月27日、原告兄弟に対し、Aに対する本件不動産の所有権移転登記をすることを命ずる一部認容判決を言い渡した。
⑧ 原告兄弟は、平成19年4月9日、別件訴訟の第1審判決のうち、敗訴部分を不服として、東京高等裁判所に控訴した。
⑨ 平成20年3月17日、別件訴訟の控訴審において、受命裁判官からの勧告により、原告兄弟、本件執行者及びAの間で要旨次の内容による本件和解が成立した。
　㋐ 本件不動産の所有権が原告兄弟に帰属することを確認する。
　㋑ 原告兄弟は、Aが丁の療養看護を行ってきたことに対する慰謝料の趣旨で、解決金（本件解決金）として、本件不動産を第三者に売却処分した上、この売却代金から仲介手数料等を控除した金額の2分の1の金員をAに対し支払う。

## 当事者の主張

　本件の争点は、本件和解が成立したことによる本件各更正の請求が国税通則法23条2項1号の要件を満たすかどうかである。

◆納税者の主張

　和解調書に記載された条項の解釈を行うに際しては、紛争の性質、

内容及び和解に至った経緯についても十分考慮に入れた上で、当事者の合理的意思を推認する作業を行うべきである。特に、課税処分においては、和解調書の形式的記載にとらわれることなく、租税正義の実現の観点から、被相続人から相続財産の各取得者への利益移転を実質的、総合的に観察し、相続税の公平分担に基づき適正な課税処分がなされなければならない。本件和解は、別件訴訟の控訴審においても、第1審判決と同様に本件死因贈与契約が有効であるとの心証が裁判官から示され、本件不動産がAに帰属するという判断がされることが明らかとなったため、そのような事態を回避するために行われたものである。

〔主位的主張〕

　本件和解の和解条項において、本件不動産を売却処分した金員の2分の1をAに支払うとされていることは、本件不動産の2分の1の共有持分がAに留保されていることを前提とするものである。また、Aが受領する金員は、慰謝料であると明記されているわけではなく、その額も慰謝料としては過大である。これらによれば、本件和解の和解条項は、実質的には、死因贈与契約に基づき、本件不動産の2分の1の共有持分がAに帰属することを認めたものであるというべきである。

　本件において、訴訟がAに有利に進んでいたにもかかわらず、Aが本件和解に応じて解決金を受け取ることにしたのは、本件和解により、慰謝料を受け取ることとすれば、死因贈与が認められたことによる相続税の負担を回避でき、Aの節税対策になるからであり、Aは本件死因贈与契約が無効であるとは認識していない。

　したがって、本件和解により、本件不動産はその所有権の2分の1が丁に係る相続開始日に遡ってAに帰属することとなったものである。

## ◆課税庁の主張

1 　国税通則法23条2項1号所定の「和解」とは、相続税に関して言えば、相続により取得した財産の範囲や価額等が、相続開始日に遡って、申告等に係る事実と異なることが確定した場合をいい、当該和解の内容が将来に向かって、新たな権利関係を創設する趣旨のものであって、従前の権利関係等に変動をきたすものではない場合は、これに当たらないと解すべきである。

2 　裁判上の和解の解釈については、その文言自体に矛盾があるなどの特別な事情がない限り、表示された文言に従って解釈すべきであるところ、本件和解の和解条項について文言自体に矛盾があったり、文言自体によって意味を了解し難いなどの事情があるとはいえない。そして、本件和解の和解条項の文言からすれば、本件公正証書のうち、本件死因贈与契約を定めた部分が無効であり、本件不動産の所有権は、丁を被相続人とする相続により、原告兄弟及び戊が取得し、その後の、戊を被相続人とする相続により、本件和解時点において、原告兄弟に帰属していることが確認されたといえる。

## 裁判所の判断

1 　本件和解の和解条項には、本件死因贈与契約のうち、丁がAに対し、本件不動産を贈与する旨定めた点が無効であることを確認し、本件不動産の所有権が原告兄弟に帰属することを確認する旨の内容があるのであり、これを文言どおり解釈すれば、本件死因贈与契約の上記部分が無効とされる結果、結局、本件和解は、本件不動産が丁の相続財産に属するという事実を確定したものであると解される（本件和解においては、原告兄弟からAに対し、本件解決金として本件不動産の売却代金のおおむね2分の1を支払う旨の内容がある

が、これは、本件死因贈与契約に基づく丁の療養看護を行ってきたことに対する慰謝料の趣旨であるとされており、この文言によれば、本件不動産の所有権の帰属とは関係のないものであると解される。）。

2　一般に、裁判上の和解は、対立する当事者間で事実関係又は法律関係に争いがある中で紛争解決のために双方が互譲し、和解成立時において和解条項に定める限りで一定の法律関係等を確認・確定しようとするものであるから、そこで確定された法律関係等は、基本的に和解条項を離れて認定、解釈することはできない。そして、和解条項の文言の解釈に当たっては、その和解の成立に至った経緯のみならず、和解成立以後の諸般の状況をも考慮に入れることもあり得るが、本件和解は、訴訟の係属中に控訴人及び利害関係人の訴訟代理人たる弁護士も関与して成立した訴訟上の和解であり、和解調書は、確定判決と同一の効力を有するものとされており（民事訴訟法267条）、その効力は極めて大きく、このような紛争の中で成立した本件和解をその表示された文言と異なる意味に解すべきであるとすることは、その文言自体相互に矛盾し、又は文言自体によってその意味を了解し難いなど、和解条項それ自体に瑕疵を内包するような特別の事情がない限り、許されないと解すべきである（最判昭44・7・10民集23・8・1450参照）ところ、本件和解の和解条項を精査しても、文言自体相互に矛盾しているとか、文言によってその意味を了解し難いとかいった上記特別の事情をうかがわせるような事情は見当たらない（和解成立に至る当事者の意図が和解条項に定められた内容とは異なる趣旨のものであったとしても、和解条項それ自体に瑕疵を内包するようなものであるとされる上記特別の事情に当たるとはいえない。）。

3　納税者は、前記「納税者の主張」のとおり主張するが、国税通則

法23条2項1号が、判決等により税額計算の基礎となった事実が当該計算の基礎としたところと異なることが確定したときに同項の効果を認めた趣旨は、判決等が相当の手続を経て成立し既判力等を有するものであって、その効力（確定力）が大きいことによると考えられるところ、相当の手続を経て確定された内容は、判決等の文言に表れているはずであり、かつ、文言で表された部分を中心に判決等の効力は発生するのであることに照らし、同号の適用に際しても、上記2のとおり、確定された事実を認定するに当たり、上記特別の事情がない限り和解調書に記載された和解条項に反する解釈をすることは許されないと解すべきであり、原告らの上記主張は失当である。

　また、前記「納税者の主張」〔主位的主張〕のとおり主張するが、そのような解釈は本件和解の和解条項の明文に反するといわざるを得ない上、本件死因贈与契約によれば、本件不動産は全てAに贈与されることとされているのであって、本件死因贈与契約が本件不動産の共有持分の2分の1をAに贈与する趣旨であったなど、本件不動産の共有持分の2分の1が丁の相続開始時においてAに帰属すべき法律上の原因となるような事情が他にあったことは全くうかがわれないことからすれば、本件和解条項において、本件不動産の共有持分の2分の1がAに帰属するという事実が確認されたとは到底いえない。よって、原告らの上記主張は失当である。

4　以上によれば、本件和解は、本件不動産が丁の相続財産に属するという事実を確定したものと解され、少なくとも、本件不動産の全部又は一部が丁に係る相続開始時にAに帰属したという事実を確定したものと認めることはできないから、相続税額の計算の基礎となった本件不動産が丁の相続財産に属するという事実について、これと異なることが本件和解において確定したとはいえない。したがって、本件各更正の請求は、国税通則法23条2項1号の要件を満たさないというべきである。

## 解　説

　本件和解が、国税通則法23条2項1号に該当しないことについては、前記「裁判所の判断」で詳しく示されていますが、そもそも本事例の場合、亡丁に係る相続税を申告する時点では、本件死因贈与契約が無効であるとの判決又は和解がない以上、原告兄弟は本件不動産を取得せず、Aは死因贈与により本件不動産を取得したとする内容の相続税を申告すべきであったと思われます（原告兄弟及びAがともに、無申告であれば、課税庁はこのような決定処分をすべきであったと思われます。原告らが本件不動産を相続財産として申告したことは誤りであったと考えられます。）。

　そして、本件和解が成立した時点で、Aは、国税通則法23条2項1号に基づく更正の請求（仮に、丁が平成15年1月1日以後の死亡であれば、相続税法32条1項6号に基づく更正の請求）をすることになります（〔事例28〕、〔事例29〕参照）。

　なお、本件和解の成立により、本件死因贈与契約が無効となり、Aが原告らから解決金を取得しても、これは、相続税の対象ではなく、所得税の対象となります。

〔9〕 連帯保証債務を債務控除しようとする更正の請求で、主債務者等に対する求償権請求訴訟の仮執行宣言付の認容判決に続く「執行不能手続調書」は、国税通則法23条2項1号にいう「判決」には該当しないとした事例

(横浜地判平18・2・22税資256・順号10322（棄却）)

### 争点

　国税通則法23条2項1号による更正の請求をし得る期限については、判決とそれに続く執行手続を一体ととらえ、判決プラス「執行不能手続調書」が同号による「判決」とみて、執行不能手続調書作成時を起算点とすべきか否か。

### 事案の概要

【事案の概要】
　本件は、原告らが、被相続人A（以下「被相続人」という。）に係る相続税について、被相続人が負担していた連帯保証債務の額を遺贈により取得した財産の価格から控除すべきであるとして更正の請求をしたところ、被告（課税庁）が、更正の請求の期限を徒過しているとして更正の理由がない旨の通知処分をしたため、原告らが同通知処分の取消しを求めている事案である。

【認定事実】
① 有限会社B（以下「B」という。）は、平成4年に株式会社C銀行

事例　第1章　更正の請求事由　　125

（以下「Ｃ銀行」という。）から金銭を借り入れ（本件借入れ）、その際に、被相続人は丙及び丁とともに、同債務を連帯保証し（本件連帯保証債務）、被相続人が代表取締役であった有限会社Ｄは物上保証した。
② 　原告ら（甲及び乙）は、平成10年4月13日、被相続人からそれぞれ2分の1の割合で被相続人の財産の包括遺贈を受けた。
③ 　原告らは、平成13年11月29日、本件借入れについて、有限会社Ｄとともに61,876,490円を代位弁済した。そして、原告ら及び有限会社Ｄは、平成14年8月22日、Ｂ、丙及び丁に対し、上記代位弁済に基づく求償金請求訴訟を提起し、同年12月11日に仮執行宣言付の認容判決（本件判決）を得た上で、Ｂ及び丙については、平成15年7月10日、丁については、同月24日に強制執行をしたもののいずれも執行不能に終わった（以下、これらの各執行不能手続調書と本件判決を併せて「本件判決等」という。）。

## 当事者の主張

◆納税者の主張

　相続開始時に、主債務者が支払不能で保証債務の履行が確実である上、求償権の行使による回収を受ける見込みのないことがほぼ確実であったとしても、具体的に主債務者が支払不能かどうかの判断要素は一義的に明らかでないばかりか、原告らとしては、課税庁に対する立証方法の入手も容易ではない。

　したがって、原告らは、やむなく、本件連帯保証債務を控除せずに申告したのである。

　その後、Ｃ銀行が突如として抵当権の実行を始めたことを契機に、原告らは本件連帯保証債務を履行した上で、主債務者等に対して求償

を求めて訴訟を提起し、本件判決及びそれに続く執行不能手続調書を得た。これにより、相続開始時に主債務者が支払不能で保証債務の履行が確実である上、求償権の行使による回収を受ける見込みのないことが確実であったことが客観的に明らかとなり、相続税額の計算の基礎となる事実につき、申告時に計算の基礎としたところと異なることが確定したことになる。

　この場合、主債務者に対する求償請求訴訟の認容判決だけでは、主債務者が支払不能であることの立証資料にならず、判決に続く執行手続において執行不能であることが確認されて初めて主債務者が支払不能であることを客観的に立証できるのである。

　したがって、国税通則法23条2項1号による更正の請求をし得る期限については、判決とそれに続く執行手続を一体ととらえ、判決プラス執行不能手続調書が同号による「判決」とみて、執行不能手続調書作成時を起算点とすべきであり、本件各更正の請求は、これより2か月以内にされているから適法である。

◆課税庁の主張

　そもそも、原告らが指摘する執行不能手続調書は、動産執行の結果を明確にするために担当執行官が作成した調書にすぎず国税通則法23条2項1号にいう「申告に係る課税標準等又は税額等の基礎となった事実に関する訴えについての判決」に当たらないことが明らかである。

### 裁判所の判断

1　保証債務は、一般的には、保証人において現実に同債務を履行するかどうか、また、仮に履行した場合に主債務者等から補填が受けられるかどうかが不確実であるから、相続税の課税価格の計算にお

いて一律に債務として控除することは適切ではない。

　相続税法14条1項において、「控除すべき債務は、確実と認められるものに限る。」と規定しているところにも照らすならば、保証債務については、相続開始時点において、①当該保証人において履行すべきことが確実と認められ、かつ、②履行した場合に、その全部又は一部について主債務者等から補塡の受けられないことが確実と認められる場合に限って、上記計算においてその額を控除し得るものと解するのが相当である。

2　原告らは、本件判決等が国税通則法23条2項1号にいう「判決」に該当する旨主張し、要するに、原告らは上記①及び②の要件が欠けることを前提として相続税の申告をしたが、本件判決等によって、同要件の充足されていることが明らかとされ、当該計算の基礎としたところと異なることが確定したとの趣旨をいうものと解される。

　しかしながら、本件判決の詳細を明らかにする証拠は提出されていないが、原告らの主張するところによっても、同判決は、平成14年8月22日に提起された主債務者及び保証人に対する求償金請求訴訟における判決というのであり、しかも、原告らの請求を認容したものだというのである。そうだとすれば、同訴訟では、原告らの求償権の存否が審理の対象となり、その存在が認められたというにすぎないものと考えられ、同判決により、申告等に係る課税標準等又は税額等計算の基礎となった事実について、当該計算の基礎としたところと異なることが確定したというわけではない。また、同判決が国税通則法23条2項1号にいう「判決」に該当するとしても、本件各更正の請求は、同判決の確定から2か月以内にされたものではないから、その期間を徒過したものと言わざるを得ない。

　そして、執行不能手続調書については、そもそも同調書が同号にいう「判決」に該当するとは解し得ないし、原告らは、本件判決と

執行不能手続調書を併せて同号にいう「判決」とみるべきである旨主張するが、そのように解すべき根拠もない。

　以上のとおり、本件各更正の請求は、国税通則法23条2項1号所定の事由を欠くものである。

## 解　説

　本件連帯保証債務は、そもそも、相続開始時点において、原告らが債務控除することができたのかどうかについて、本事例では記載を省略しましたが、課税庁が次のとおり主張しています。
「本件においては、主債務者であるBは、被相続人の相続開始時点において破産等の手続をとっていたわけではなく、相続開始時からその解散まで5年間も存続しているし、相続開始時に他の共同保証人（丙及び丁）が支払能力を有していなかったとも認められない。また、C銀行が原告らに対し直ちに本件連帯債務の履行を求めたといった事情も認められない。以上のような事情からすると、相続開始時点において、原告らが本件連帯保証債務の履行を求められ、また、事実上債権の全部又は一部の回収ができない状況にあったと客観的に認めることはできず、本件連帯保証債務は「確実と認められるもの」には該当しない。」
　このような事実関係を前提とすると、仮に、原告らが、国税通則法23条1項1号（通常の場合の更正の請求）を期限内に行い、保証債務について、相続開始時点において、①保証人において履行すべきことが確実と認められ、かつ、②履行した場合にその全部又は一部について主債務者等から補塡の受けられないことが確実と認められると主張したとしても、これが認められるのは困難であったものと思われます。

〔10〕 和解条項にある「主たる債務者が事実上倒産していることを認める」との事実は、別件訴訟における訴訟物ではないこと、相続開始時点において、主たる債務者が弁済不能の状態にあったかどうかは、客観的に確定されるべき事実関係であって当事者の互譲によって確定し得る権利義務関係でないことから、国税通則法23条2項1号の「和解」には当たらないとした事例

(広島高判平17・8・26税資255・順号10104（棄却））

(参考：広島地判平16・11・16税資254・順号9818（棄却））

## 争点

「A銀行はB株式会社が事実上倒産していることを認める。」という訴訟上の和解条項によって、保証債務が相続開始時点において、相続税法14条の「確実と認められるもの」に該当することになるか否か。

## 事案の概要

【事案の概要】
　原審原告（以下「原告」という。）らは、被相続人丁の株式会社A銀行に対する保証債務について、相続税法13条の債務控除の申告をせずに相続税の申告をしたが、その後、原告らとA銀行との間の訴訟において成立した和解の中で、「相続時に主債務者が弁済不能の状態にあったことを確認する」旨の合意がなされ、これにより保証債務が相続税法14条の「確実と認められるもの」となり、この事実は国税通則法23

条2項1号規定の「その申告、更正又は決定に係る課税標準等又は税額等の計算の基礎となった事実に関する訴えについての和解によりその事実が当該計算の基礎としたところと異なることが確定したとき」に当たると主張し、更正の請求をしたところ、被告が更正をすべき理由がない旨の通知処分をしたため、その取消しを求めた事案である。

【認定事実】

① 原告ら甲、乙及び丙は、丁の子であり、その共同相続人は、原告ら及び丁の妻である戊である。

② 丁は平成4年7月18日、死亡し、原告ら及び戊は相続税の申告期限内に相続税の申告書を提出した。

③ 平成8年8月30日、原告甲、戊及び有限会社Cは、主債務者であるB株式会社（以下「B」という。）のA銀行に対する、根抵当権の被担保債務が平成8年4月16日の経過により時効消滅したとして同根抵当権設定登記の抹消登記手続を求めて提訴し、これに対してA銀行は、同年12月16日、B及び連帯保証人8名（戊、原告ら3名、有限会社C、D、E、F、G）を被告として、貸金債務及び保証債務の履行を求める訴訟を提起し、両事件（別件訴訟）は併合審理された。

④ 平成11年1月20日、別件訴訟において裁判上の和解（本件和解）が成立した。本件和解の調書上の条項の要旨は次のとおりであった。

　㋐ B及び連帯保証人8名の者は、A銀行に対して、連帯して、元金167,604,531円の支払義務があることを認める。

　㋑ A銀行はBが事実上倒産していることを認める。

⑤ 戊及び原告らは、丁のA銀行に対する167,604,531円の保証債務は、相続税法14条の確実な債務として同法13条1項により債務控除の対象になるとして、平成11年3月23日、被告に対して、国税通則法23条2項1号に基づき更正請求（本件各更正の請求）をした。被告は、

戊及び原告らに対して、平成12年2月29日、本件各更正の請求に更正をすべき理由がない旨の通知処分（本件通知処分）をした。

## 当事者の主張

◆納税者の主張

1　Bは、昭和58年夏頃から社業が衰退し、その後は、本社建物及び土地が仮差押えを受けたり、競売による債権回収がなされたりするなど、資産の整理を目的として形式的に法人格を維持するだけの状態となり、本件相続開始時である平成4年7月18日時点では、保証人がBに対して求償権を行使して弁済額の回収を図ることは不可能な状態であり、弁済不能な状態にあったことは客観的に明らかである。

2　本件和解は、別件訴訟の審理過程において、BやA銀行から提出された証拠により、Bが本件相続開始時に弁済不能の状態にあった事実が客観的に明らかになったために、和解条項として組み入れられたものである。したがって、本件和解は、Bが本件相続開始時に弁済不能の状態にあった事実を、相続開始時に遡って確定するものであるから、国税通則法23条2項1号の「和解」に当たると解すべきである。

◆課税庁の主張

1　相続税法基本通達14－5〔現行14－3《保証債務及び連帯債務》〕(1)の「主債務者が弁済不能の状態にある」とは、相続開始時に、主債務者について破産、会社更生又は強制執行等の手続が開始し、若しくは、事業の閉鎖等により債務超過の状態が長期間継続していて他からの融資を受ける見込みもなく再起の目途が立たないなど、保証人が主債務者に対して求償権を行使しても事実上回収不可能な状況

にあることが客観的に認められることが必要であると解される。しかし、本件においては、相続開始時である平成4年7月18日当時、Bが上記のような状態に陥っていたという客観的な事実は認められない。

2　国税通則法23条2項1号に規定の「計算の基礎となった事実に関する訴えについての判決（判決と同一の効力を有する和解その他の行為を含む。）により、その事実が当該計算の基礎としたところと異なることが確定したとき」とは、当該訴訟が計算の基礎となった事実の存否及び効力等を直接に審判の対象とし、かつ、判決や判決と同一の効力を有する和解等により計算の基礎となった事実と異なることが確定されることが必要であると解される。

　しかし、別件訴訟の争点は、連帯保証債務の消滅時効の成否であり、「相続開始時に、訴外Bが弁済不能の状態にあった」か否かが争点となっていたのではない。したがって、本件和解中に、「相続開始時にBが弁済不能の状態にあった」ことを確認する条項が存在するとしても、別件訴訟が計算の基礎となった事実の存否及び効力等を直接審判の対象としたものでない以上、同項1号の適用を受けない。

## 裁判所の判断

1　法令解釈（国税通則法23条2項1号）

　国税通則法23条2項は、同条1項の期限経過後であっても、後発的に課税要件事実に変動が生じた場合には、その後発的事由が生じた日の翌日から2か月以内に限って更正の請求を認める旨規定するところ、その趣旨は、納税者が申告時には予想し得なかった事態が後発的に生じ、これにより課税標準等又は税額等の計算の基礎とした事実に変更が生じ、この事実を前提とすると、税額を減額すべき場合に、これを

|事 例| 第1章　更正の請求事由　　　　　　　133

税務官庁の一方的な更正に委ねるのではなく、納税者側からもその更正を請求し得ることとして、納税者の権利救済の途を拡充したものであると解される。

　そして、上記の後発的事由の1つとして、同条2項1号は、「その申告、更正又は決定に係る課税標準等又は税額等の計算の基礎となった事実に関する訴えについての判決によりその事実が当該計算の基礎としたところと異なることが確定したとき」と規定しているところ、同号が「異なることが確定したとき」と規定していること、確定判決によって生じる既判力（実体的確定力）は、訴訟物の存否について生じること、判決はその訴訟物の存在を基礎付ける主要事実の存否に対する判断を内容とするものであり、その余の事実の存否は訴訟物の存否に直接影響しないことの各点に鑑みれば、同号にいう事実とは、当該訴訟の審判の対象（訴訟物）である権利義務の存在を基礎付ける主要事実をいうものと解するのが相当である。そして、訴訟上の和解が訴訟物の存否を当事者の互譲によって確定するものであることからすれば、上記の点は、訴訟上の和解が成立した場合も判決の場合と同様に解するのが相当である。もっとも、訴訟上の和解は、訴訟物たる権利義務とは別個の権利義務についても当事者の互譲によって、これを確定する場合があり、この合意も確定判決と同一の効力を有することからすれば、このような権利義務を基礎付ける主要事実もまた同号に当たると解するのが相当である。

2　判　断

　そこで、この点を本件についてみると、別件訴訟における訴訟物は、所有権に基づく根抵当権設定登記の抹消登記手続請求権並びに銀行取引に基づく貸金及び保証債務履行請求権であったところ、前記認定事実のとおり、原告らは、BのA銀行に対する銀行取引約定に係る債務が平成8年4月16日の経過により時効消滅したと、これに対して、A銀

行は、Bによる債務の承認があったと各主張していたが、結局、Bの貸金債務及び控訴人ら外6名の連帯保証債務が存在することを前提に、A銀行に対して金員の支払を約束することを主たる内容とする本件和解を成立させたものである。

そうすると、国税通則法23条2項1号の「和解によって確定した事実」というべき事実は、別件訴訟における訴訟物であるところの、所有権に基づく根抵当権設定登記の抹消登記手続請求権が存在しないこと、並びに、銀行取引に基づく貸金返還請求権及び保証債務履行請求権が存在するということになる。

もっとも、本件和解には「A銀行はBが事実上倒産していることを認める。」という条項が盛り込まれている。しかしながら、同条項が、本件相続開始時において既にBが弁済不能の状態にあったことを認める趣旨かどうかは不明である。また、たとえそういう趣旨であったとしても、そのような事実は別件訴訟における訴訟物ではないこと、相続開始時においてBが弁済不能の状態にあったかどうかは客観的に確定されるべき事実関係であって、当事者の互譲によって確定し得る権利義務関係ではないことに照らすと、同条項の存在を理由に、国税通則法23条2項1号が定める「その申告、更正又は決定に係る課税標準等又は税額等の計算の基礎となった事実に関する訴えについての和解により、その事実が当該計算の基礎としたところと異なることが確定した」場合に当たると認めることはできない。

　　　　　　　解　　　説

仮に、和解調書の条項が「A銀行は、丁の相続開始時においてBが弁済不能の状態にあったことを認める。」という記載であったとしても、本事例のように①そのような事実は別件訴訟における訴訟物でな

いこと、また、②「相続開始時においてBが弁済不能の状態にあったかどうかは客観的に確定されるべき事実関係であって、当事者の互譲によって確定し得る権利義務関係ではない」場合には和解には当たらないことが示唆されています。

＜参考判例等＞
○国税通則法23条2項1号の「判決」とは、その申告に係る課税標準等又は税額等の基礎となった事実と異なる事実を前提とする法律関係が判決の主文で確定されたとき又はこれと同視できるような場合をいう（東京高判平26・10・30〔事例13〕）。

〔11〕 国税通則法23条2項1号に規定する「判決」には、国税不服審判所の「裁決」は該当しないとした事例

（国税不服審判所裁決平26・4・25（非公開裁決）（福裁（諸）平25-6）（棄却））

## 争点

1 国税不服審判所の裁決により相続税額が異動したとして、更正の請求ができるか否か。
2 更正の請求の理由は、Xの相続税の納付すべき税額が過大である理由に当たるか否か。

## 事案の概要

【事案の概要】
　本件は、相続人である請求人が相続税の申告をした後、他の相続人に対する裁決により請求人の相続税額が異動するとして更正の請求をしたところ、原処分庁が更正をすべき理由がない旨の通知処分を行ったことから、請求人がその全部の取消しを求めた事案である。

【認定事実】
① 請求人X（以下「X」という。）は、被相続人の四男であり、被相続人の相続（以下「本件相続」という。）に係る法定相続人は、Xを含めて合計9名（以下、これらのものを併せて「本件相続人ら」という。）である。
　なお、本件相続について、遺言公正証書が作成されている。
② 法定相続人間で、Xを被告の1人として、本件相続に係る遺言が無

|事 例| 第1章　更正の請求事由　　　　　　　　　　137

効であることの確認を求める訴訟（以下「本件訴訟」という。）が提起され、裁判所により、民事調停法17条《調停に代わる決定》の決定（以下「本件決定」という。）がなされ、本件決定は確定し、裁判上の和解と同一の効力をもつこととなった。
③　X以外の本件相続人らの1人が、同人の本件相続に係る相続税（以下「本件相続税」という。）について、平成23年3月に審査請求をし、平成24年3月に当該審査請求の対象となった処分の全部を取り消す旨の裁決（以下「本件裁決」という。〔事例19〕参照）がされた。
④　Xは、本件裁決によりXの本件相続税の税額が異動するとして、平成24年12月に更正の請求（以下「本件更正の請求」という。）をしたところ、これに対し、課税庁は、平成25年3月に更正すべき理由がない旨の通知処分をした。
⑤　その後、Xは、異議申立てを経て、課税庁の処分について不服があるとして平成25年7月に審査請求を行った。
⑥　なお、本件更正の請求後に、Xが本件相続により相続したA土地について、平成21年度ないし平成24年度の固定資産税還付加算金還付通知がXに対してされている。

　　　　　　　当 事 者 の 主 張

◆納税者の主張
1　争点1について
　本件更正の請求の根拠条文は、国税通則法23条2項1号であり、相続税法32条の要件にも該当する。
2　争点2について
　本件更正の請求は次の理由から認められるものである。
　(1)　本件裁決を受けて、本件相続の○財産に係る相続税が課税さ

れずに還付されたことが明らかであることなどからすると、○○財産は、本件相続に係る相続課税財産になるべきものではない。
(2) A土地については、従来から当該土地の固定資産税の評価が間違っているものだから、課税庁の主張する国税通則法23条2項各号のいわゆる後発的事由に該当しないとの理由で片付けられるものではない。なお、当該土地の本件相続の相続開始日が属する年度の固定資産税の還付が行われなかったのは、当該年度まで遡って還付できなかっただけのことであり、課税庁の固定資産税評価額が変更となった事実が確認できないという主張は事実誤認である。
(3) B土地についても、明らかに課税庁の評価が誤っている。

◆課税庁の主張
1 争点1について
(1) 本件裁決は、①国税通則法23条2項1号に規定する「判決(判決と同一の効力を有する和解その他の行為を含む。)」に該当しないこと、②Xの本件相続税の計算において、その基礎となった相続課税財産を取得した等の事実そのものを左右するものではないことから、同号に規定する、いわゆる後発的事由に該当しない。
(2) A土地及びB土地の評価が誤っていたとするXの主張は、下記2(2)及び(3)のとおりであり、いわゆる後発的事由に該当しない。
(3) 本件更正の請求の理由は、相続税法32条の要件にも該当しない。
2 争点2について
本件更正の請求は次の理由から、認められるものではない。

事例　第1章　更正の請求事由　　139

(1) 本件裁決は、審査請求の対象となった平成22年11月の他の相続人に対する増額更正処分が、相続税法35条3項の要件を満たさなかったことから、違法な増額更正処分であったとして、当該処分の全部が取り消され、本件裁決を受けて、当該相続人に相続税を還付したもので、本件相続の○財産に係る相続税を還付したものではない。

(2) Aの土地に係るXの主張は、課税当時又は国税通則法23条1項に規定する更正の請求の期間内に主張できるものであり、同条2項各号に規定する、いわゆる後発的事由に該当しない。なお、A土地の固定資産税評価の見直しについては、本件相続の相続開始日の固定資産税評価額が変更になった事実を確認できない。

(3) B土地に係るXの主張についても上記(2)と同様に、課税当時又は国税通則法23条1項に規定する更正の請求の期間内に主張できるものであり、同条2項各号に規定する、いわゆる後発的事由に該当しない。

## 審判所の判断

1　争点1について

(1) 法令解釈

　国税通則法23条1項によれば、同項各号の場合には、納税申告書に係る国税の法定申告期限から1年以内に限り、更正の請求をすることができる旨規定しているが、その趣旨は、納税者が申告した後に、その申告内容の過誤を是正する必要の生ずる場合があることは否定できないが、あらゆる場合に自由にこれを認めることは申告により自己の税額を確定させる申告納税制度の性格に照らして適当といえないのみならず、納税義務の具体的内容を不安定ならしめ、行政を混乱に陥れる

弊害もあるので、その過誤の是正は法律が特に定める場合に限るとしたものと解される。

このような趣旨に鑑みると、国税通則法23条1項に規定する更正の請求ができる事由及び期間は、同項及び同項各号に規定する事由及び期間に限定されるものと解すべきであり、同様の趣旨が及ぶ国税通則法23条2項各号及び相続税法32条各号に規定する事由及び期間についても同様に解すべきである。

(2) 当てはめ

ア 国税通則法23条2項1号に規定する判決（判決と同一の効力を有する和解その他の行為を含む。）とは、裁判所が関与し調書に記載することを要するものを指していると解されることから、○財産が本件相続人らに帰属し、その結果、相続課税財産に含まれる旨の判断をしている本件裁決は、その判断に左右されることなく、同号に規定する判決に該当しない。

イ Xは、本件更正の請求の根拠条文が相続税法32条であると主張するが、同条各号のいずれに該当するのかなどの具体的な主張はなく、また、本件裁決は同条各号の規定する事由に該当しない。

ウ 仮に、争点2におけるXの土地の評価に係る主張が更正の請求ができる事由の主張であるとしても、当該主張は、次のとおり、国税通則法23条2項及び相続税法32条に規定する更正の請求ができる事由に該当しない。

① A土地についての事由は、本件相続が開始した日の相続財産価額についての事由ではない。

② B土地についての事由は、法定申告期限までに発生していたものである。

## 2 争点2について

上記1(2)のとおり、本件更正の請求は、更正の請求ができる場合に当たらないことから、争点2についての判断の必要はない。

## 解　説

1　本事例では、国税通則法23条2項1号に規定する判決には、審判所の裁決は該当せず、本件更正の請求は、法定申告期限から1年を超えた日になされていること並びに国税通則法23条2項及び相続税法32条に規定する更正の請求ができる事由のいずれにも該当しないことから、本件更正の請求は、更正の請求ができる場合に当たらないと判断し、その結論に基づき争点2についての判断の必要がないとしています。

2　なお、国税通則法23条2項及び相続税法32条などに規定する後発的事由に基づく更正の請求は、国税通則法23条1項に規定する通常の更正の請求の期間を徒過後に、後発的に事実関係に変動が生じた場合に認められるものです。したがって、申告時における事実に誤認があった場合に生じた財産評価の誤りを是正する場合など、当初の申告時の事実関係が異なることを理由に納税者の側から過大な申告を是正するときは、同項の規定する更正の請求を行うこととなり、前記「審判所の判断」1(2)ウのように後発的事由に基づく更正の請求は認められません。

3　本事例の「○財産」は、〔事例19〕の「W会財産」（特定非営利活動法人W会が取得する財産）に該当すると思われます。

〔12〕 贈与の無効を確認した裁判上の和解は、客観的、合理的根拠を欠くもの（馴れ合い）ではなく、国税通則法23条2項1号に規定する「判決と同一の効力を有する和解」に該当するとした事例

（国税不服審判所裁決平24・11・12（非公開裁決）（大裁（諸）平24-34）

（全部取消し））

### 争点

裁判上の和解が、馴れ合いではなく、国税通則法23条2項1号括弧書に規定する和解に該当するか否か。

## 事案の概要

【事案の概要】

本件は、請求人が、贈与契約の無効確認訴訟を提起し、贈与の無効を確認した裁判上の和解に基づいて、更正の請求をしたところ、原処分庁が、贈与者（祖父）には、請求人に対する贈与の意思があったのであり、当該和解は客観的、合理的根拠を欠くものであるとして、更正をすべき理由のない旨の通知処分を行ったことに対し、請求人がその全部の取消しを求めた事案である。

【認定事実】

① 平成6年8月10日、請求人の祖父Aが当時所有していた土地8筆（本件各土地）について、登記原因を平成6年7月25日農業経営基盤強化促進法による贈与として、請求人に所有権を移転する旨の登記（本

事例　第1章　更正の請求事由　　　143

件移転登記）が行われた。
② 祖父Aは上記①の後、死亡した。法定相続人は、養子である請求人の父Bのほか5名（相続人ら）である。
③ 平成9年6月3日、取得日を平成6年7月25日、贈与者を祖父A受贈者を請求人とする上記①に係る平成6年分の贈与税の申告書（本件申告書）が提出された。
④ 請求人は、平成21年2月4日、相続人らを被告として、平成6年7月25日付け贈与契約（本件贈与）の無効確認等を求める訴訟（本件訴訟）を裁判所に提起した。
⑤ 本件訴訟の訴状には、要旨次の記載がある。
　㋐ 本件贈与は、請求人のあずかり知らぬところであって、無効である。
　㋑ 請求人は身に覚えのない本件移転登記により、贈与税、固定資産税、都市計画税を課される不利益を受けている。
⑥ 本件訴訟において、平成23年2月8日、請求人と相続人らの間に、要旨次のとおり和解（本件和解）が成立した。
　㋐ 請求人の父Bは、本件各土地につき、本件贈与契約及び本件移転登記手続をいずれも請求人に無断で行ったことを認める。
　㋑ 請求人及び相続人らは、本件贈与が無効であることを確認する。

## 当事者の主張

◆納税者の主張

本件和解は、次のとおり、国税通則法23条2項1号に規定する判決と同一の効果を有する和解に該当する。
① 原処分庁は、本件和解は、税負担を免れる目的であり、その実質において、客観的、合理的根拠を欠く旨主張するが、このような結

論を導ける合理性がない。請求人は、本件移転登記の事実さえ知らなかったのである。本件移転登記は、祖父と父が先祖の田畑を守るために、請求人に無断で行われたものである。

　また、本件和解が税負担を免れる目的であるとすれば、訴訟当事者の事前の共謀が必要であるが、そのような事実はない。
② 　後記「課税庁の主張」②については、請求人宛に郵便物が送付されたとしても、父Bへの郵便物と同時に配達されるので、父Bが請求人宛ての文書を取り込み、請求人に渡ることはなかった。また、相続人ら間での調停や合意については、祖父Aの相続人でない請求人が関わる機会はなく、あずかり知らないものであり、請求人は平成20年頃まで本件贈与について知らなかった。

## ◆課税庁の主張

　本件和解は、次のとおり、国税通則法23条2項1号に規定する判決と同一の効果を有する和解に該当しない。
① 　平成21年になってから本件贈与の無効を求める趣旨は、贈与税、固定資産税及び都市計画税の負担軽減を目的としたといわざるを得ず、この目的のために本件贈与を無効とすることが、請求人及び相続人らにとって何ら不都合な点はないとの考えから、本件和解を成立させたと解するのが自然である。

　したがって、本件和解は、確定判決と同一の効力を有するにもかかわらず、その実質において、客観的、合理的根拠を欠くものである。
② 　不動産取得税、固定資産税などの通知及び原処分庁から送付される督促や差押えに関する書類は、請求人宛てに送付されるものであり、請求人は、時々家に帰り、郵便物を確認していたと認められること、また、祖父Aに係る遺産分割の調停等において、本件各土地

事 例　第1章　更正の請求事由

について相続人ら間で問題となっていなかったことからすれば、請求人が本件贈与の事実を平成20年まで全く知らなかったとは考え難い。

## 審判所の判断

1　法令解釈

　国税通則法23条2項1号は、申告時には予知し得なかった事態その他やむを得ない事由がその後に生じたことにより、遡って、税額の減額等をすべきこととなった場合に、国税通則法23条1項の更正の請求期間である法定申告期限から1年〔現行5年〕を経過していることを理由に更正の請求を認めないとすると、帰責事由のない納税者に酷な結果となることから、例外的に更正の請求を認め、納税者の保護を拡充しようとしたものである。この趣旨からすれば、申告後に課税標準等又は税額等の計算の基礎となる事実について判決がされた場合であっても、当該判決が、当事者が専ら納税を免れる目的で、馴れ合いによってこれを得たものであるなど、その確定判決として有する効力に関わらず、その実質において客観的、合理的根拠を欠くものであるときには、国税通則法23条1項所定の期間内に更正の請求をしなかったことにつきやむを得ない事由があるとはいえないから、同条2項の規定による更正の請求をすることは許されず、当該判決は、同項1号にいう判決には当たらないと解すべきである。

2　判　断

　原処分庁は、贈与税等の負担を免れる目的で、請求人及び相続人らにおいて成立させたものであり、確定判決と同一の効力を有するにかかわらず、その実質において、客観的、合理的根拠を欠くものである旨主張する。

確かに、本件訴訟における請求人の主張からは、本件贈与に係る贈与税等の負担が請求人が本件訴訟を提起するに至った動機となっている様子がうかがわれる。しかしながら、本件訴訟における請求人及び被告とされた相続人らのうちの1人Cの主張内容に鑑みても、本件贈与が請求人のあずかり知らないところで請求人の承諾なくして行われた無効なものである旨の請求人の主張が根拠を欠くものであるとは直ちに認め難いことに加えて、請求人の本訴請求に対し、被告とされた相続人らのうちCがこれと争うという状況の下において、受訴裁判所の主導により、本件贈与が無効である旨の請求人の主張を認めて、本件各土地に係る遺産分割協議をやり直す方向での和解が勧試され、Cが上記方向での和解を行うことによる新たな課税問題の発生に対する懸念や請求人及びその両親に対する不信感から難色を示す中で、双方の訴訟代理人を交えた交渉と説得が重ねられ、本件訴訟の提起から約2年後に和解に至ったものと認められる。
　これによれば、本件和解は、実質において客観的、合理的根拠を欠くということはできないから、本件和解は、国税通則法23条2項1号括弧書に規定する和解に該当するというべきである。

## 解　　説

　原処分庁は、請求人に本件贈与を受けた認識があることを前提に、本件和解が、贈与税等を免れる目的で、馴れ合いによって行われたものとして、本件和解が確定判決と同一の効力を有するとしても、その実質において、客観的、合理的根拠を欠くものとして、国税通則法23条2項1号に規定する和解に該当しないと主張しました。しかしながら、審判所は、本件贈与が請求人の承諾なくして行われた無効なものであるという請求人の主張は、根拠を欠くものであるとは直ちに認め

難いこと等を理由として、本件和解は、実質において、客観的、合理的根拠を欠くということはできないと判断しました。

＜参考判例等＞
○国税通則法23条2項1号の規定は、例外的に更正の請求を認めて納税者の保護を拡充しようとしたものであって、申告後に、課税標準等又は税額等計算の基礎となる事実について判決がされた場合であっても、当該判決が、当事者が専ら納税を免れる目的で、馴れ合いによってこれを得たなど、その確定判決として有する効力にかかわらず、その実質において客観的、合理的根拠を欠くものであるときは、同条2項1号にいう「判決」には当たらないと解するのが相当である（東京高判平10・7・15税資237・142）。

〔13〕 国税通則法23条2項1号の「判決」とは、その申告に係る課税標準等又は税額計算の基礎となった事実と異なる事実を前提とする法律関係が判決の主文で確定されたとき又はこれと同視できるような場合をいうとした事例

(東京高判平26・10・30税資264・順号12560（棄却））

(参考：東京地判平26・2・18税資264・順号12412（棄却））

## 争 点

別件訴訟判決で、相続財産に含まれていたのは、本件株式ではなく、同株式の売買代金請求権であったことが確定したとして、これが国税通則法23条2項1号の「判決」に該当するか否か。

## 事 案 の 概 要

【事案の概要】

本件は、原審原告（以下「原告」という。）が父である被相続人乙（平成16年11月13日死亡）の相続に際し、その相続財産にＡ株式会社（以下「Ａ」という。）の株式（本件株式）が含まれており、その価額が1株当たり1,083円であることを前提とした内容の相続税の申告をしたが、その後、原告と株式会社Ｂ（以下「Ｂ」という。）等との間で本件株式の譲渡をめぐって争われた訴訟において言い渡された判決（別訴判決）により、亡乙の相続財産に含まれていたのは本件株式ではなく本件株式を1株当たり642円でＢに譲渡したことによる売買代金請求権であったことが確定したなどとして、別訴判決が国税通則法23条2項1

号の「判決」に当たり、同号に基づき、平成23年1月18日付けで更正すべき請求(本件更正請求)をしたところ、同年5月31日付けで渋谷税務署長から更正をすべき理由がない旨の通知(本件通知処分)を受けたため、その取消しを求めた事案である。

【認定事実】
① 亡乙は、Bの代表取締役会長であったところ、平成16年11月13日に死亡した。
② 亡乙の相続人は妻である丙及び子である原告の2名であり、その法定相続分は各2分の1である。
③ 亡乙は、生前、Bの子会社であり、自身が代表取締役会長であったAの株式(本件株式)154万6,668株を所有していた。なお、本件株式は取引相場のない株式である。
④ 本件相続人らは、平成17年2月25日付けで、Bとの間で、本件株式154万6,668株を、1株当たり642円、合計9億9,296万856円で譲渡する旨の契約をした(当該契約は形式上2つに分けられており、この2つの契約を併せて「本件各譲渡契約」という。)。
⑤ 原告は、平成21年8月3日、B及びその顧問弁護士であった丁(以下、Bと丁を併せて「Bら」という。)を被告として、①主位的に、本件各譲渡契約に当たり、Bらの虚偽の説明により不当に低い価格で本件株式をBに譲渡させられたとして、不法行為に基づく損害賠償請求に基づき、②予備的に、原告には、亡乙とBとの間に本件株式を取得価格でBに譲渡する旨の合意が存在しないのに存在したとの錯誤があったため、Bとの間の本件各譲渡契約は無効であるとして、不当利得返還請求権に基づき、相続税法上の評価額と実際の譲渡代金額との差額の支払を求める訴訟を東京地方裁判所に提起したが、同裁判所は、平成22年11月19日、原告の請求をいずれも棄却す

る旨の判決を言い渡した（以下、上記訴訟を「別訴」といい、上記判決を「別訴判決」という。）。

原告は別訴判決につき上訴せず、別訴判決は確定した。

⑥　別訴判決は、争いのない事実として、「乙の相続財産のうちにA株式154万6,668株（本件株式）があり、原告及び丙は77万3,334株ずつ取得した。」、「平成17年2月25日、原告及び丙は本件株式を共同して、譲渡代金9億9,269万856円で被告会社（B）に譲渡し、同月27日、Aはこの株式譲渡を取締役会で承認した。」等の事実を認定している。

⑦　別訴判決は、争点（被告会社（B）に対する本件株式の譲渡に際し、虚偽の説明がされたため適正価格を大幅に下回る対価で譲渡することになったか。）につき、「平成16年5月頃、乙は、当時、Bの代表取締役であった戊とBの取締役副会長であったDに対し、『Aの株を買った値段で戻すよ。』と言った。」、「平成17年7月13日頃、〔中略〕、Dが原告に対し、乙が本件株式を取得した経緯を説明し、本来はBが取得すべき株式であり、乙の本件株式の取得が問題視されかねないこともあり、乙がBに戻すといっていたことを告げた上、本件株式のBへの乙の取得価格（平均価格642円）での譲渡を要請した。また、戊は『決まっていた話なんだよな』と言った。」等の具体的な認定事実を前提として、「乙は、生前、本件株式をその取得価格（平均価格）で譲渡することをBの代表権を有する戊とDに申し入れていたものである。乙がワンマン経営者であり、その命令は社内において絶対的であったこと、申入れの内容は戊やDの意向にも合致していたことからすると、この申入れによって、口頭で、乙の所有する本件株式を取得価格（平均価格）でBに譲渡する旨の合意が成立したといえる。乙の死後、戊とDは、これを原告に説明し、その結果、原告は本件株式のBへの譲渡の具体的手続をとっているが、戊とDの説明内容は、乙の生前に乙とBとの間でされた合意の履行を

求めるという点で何ら虚偽であったとはいえない。よって、Bが虚偽の説明をしたとする原告の主張は理由がない。」と判示している。

## 当事者の主張

◆納税者の主張

　国税通則法23条2項1号が規定する「判決」に当たるか否かは、本件の課税関係に及ぼす「実体や実質」が重視されなければならず、別訴判決は亡乙の生前に本件株式が既に売買あるいは売買予約されていたかといった「その申告、更正又は決定に係る課税標準等又は税額等の計算の基礎となった事実」を直接訴訟物としていなくても、亡乙とBとの間で本件株式を1株当たり642円で譲渡する旨の合意があったと認定するものであり、そうである以上、その合意の法的構成にかかわらず控訴人は当該合意に拘束され、本件株式を1株当たり642円によって譲渡すべき債務を負ったことに争いの余地はなくなったのであり、控訴人が本件株式を相続したことによって得た経済的利益は1株当たり642円であることが確定されたものにほかならず、これに基づいて課税価格を計算すると相続税額を過大納付したことが確定したことになるから、別訴判決が国税通則法23条2項1号が規定する「判決」に当たる。

◆課税庁の主張

　国税通則法23条2項1号に規定する「判決」に該当するというためには、当該判決に係る訴訟において、課税標準等又は税額等の計算の基礎となった事実の存否、効力等が直接、審理の対象とされていることが必要である。

　しかし、別訴は、原告が、①主位的に、本件各譲渡契約に当たり、

Bらの虚偽の説明により不当に低い価格で本件株式をBに譲渡させられたとして、不法行為に基づく損害賠償請求を、②予備的に、原告には、亡乙とBとの間に本件株式を取得価格でBに譲渡する旨の合意が存在しないのに存在したとの錯誤があったため、Bとの間の本件各譲渡契約は無効であるとして、不当利得に基づく返還請求をした事案である。かかる訴えは、原告が損害賠償又は不当利得返還を求めた民事訴訟法上のいわゆる給付の訴え（給付訴訟）であって、本件株式の帰属に係る事実の存否や効力、本件株式の時価について直接審理の対象としたものではない。

したがって、別訴判決は、国税通則法23条2項1号に規定する「判決」には該当しない。

## 裁判所の判断

1 国税通則法23条2項1号の解釈について

国税通則法23条2項1号は、「その申告〔中略〕に係る課税標準等又は税額等の計算の基礎となった事実」について、申告者その他の関係者がこれと異なる事実である旨を確認したり、合意をしてその内容がその申告に係る課税標準等又は税額等の計算の基礎となった事実と異なる事実をもたらすことになったりした場合に、それだけでは更正の請求をすることはできないが、判決等により、その申告に係る課税標準等又は税額等の計算の基礎となった事実と異なる事実が確定され、判決等に基づく法律関係が構築され、経済、社会生活上も当該法律関係を前提とすることになる場合には、同項に基づく更正の請求をすることができる旨を定めている。同号の文言及び趣旨に鑑みれば、「判決により、その事実が当該計算の基礎としたところと異なることが確定したとき」とは、その申告に係る課税標準等又は税額等の計算の基礎

となった事実と異なる事実を前提とする法律関係が判決の主文で確定されたとき又はこれと同視できるような場合をいうものと解するのが相当である。

## 2 判 断

　本件相続人らが本件遺産分割協議書を作成して行った遺産分割協議は、被相続人である亡乙の遺産に本件株式154万6,668株が含まれることを前提としており、このことが、本件申告に係る課税標準等の計算の基礎となった事実であることが認められる。これによれば、国税通則法23条2項1号所定の「その申告〔中略〕に係る課税標準等又は税額等の計算の基礎となった事実に関する訴えについての判決〔中略〕により、その事実が当該計算の基礎としたところと異なることが確定したとき」に該当するためには、亡乙の相続開始当時第三者が本件株式を有していたことその他の相続開始当時、本件株式が亡乙に帰属していなかったことを意味する権利状態を判決の主文で確定したと同視できるような場合（例えば、亡乙の相続開始以前から第三者が本件株式を有することの確認判決、亡乙が相続開始前に有していた本件株式を譲渡したことを理由とする譲渡の相手方に対する譲渡代金の支払を命ずる判決等）に該当することを要するものと解するのが相当である。

　しかるに、前記前提事実によれば、別訴の請求は、本件相続開始後にされた本件株式の本件各譲渡契約に関する虚偽の説明を理由とする不法行為による損害賠償請求（主位的請求）及び同契約の錯誤無効を理由とする財産評価基本通達に従って算出された評価額と同契約の売買代金との差額相当額の不当利得返還請求（予備的請求）であり、別訴判決の主文はこれらの請求をいずれも棄却するというものであって、亡乙の相続開始当時第三者が本件株式を有していたことその他の相続開始当時本件株式が亡乙に帰属していなかったことを意味する権利状態を判決の主文で確定したと同視できるような場合に該当しな

い。

　控訴人の主張に対する判断は、上記に説示したとおりであり、採用することができない。

## 解　説

　国税通則法23条2項1号に規定する「判決」とは、「主文で課税標準等の基礎となった事実と異なる事実を前提とする法律関係を確定したとき又はこれと同視できるような場合」をいうとして、限定的な解釈がされています。

　本事例の場合は、例えば、亡乙が相続開始前に有していた本件株式を譲渡したことを理由とする譲渡の相手方（B）に対する譲渡代金の支払を命ずる判決等が必要だったということです。

　このような解釈がされるのは、国税通則法23条2項の後発的事由に基づく更正の請求の趣旨は、真にやむを得ない場合に制限しようとするものであり、一般的に後発的事由の全てに適用すべきものではない（国税法律関係の早期安定の要請）と考えられているからです。

　相続開始時点では、亡乙とBの本件株式の売買契約が成立しており、相続財産は本件株式自体ではなく、その売買代金請求権であると主張して更正の請求をするのであれば、国税通則法23条2項1号に基づいて行うしかなかったということになります。

| 事 例 | 第1章　更正の請求事由

〔14〕　V社の被相続人に対する未払金勘定には、被相続人のV社に対する土地の売却代金が含まれていると認められ、相続人である請求人がした訴訟の判決で、当該売買契約の無効が確定したところ、請求人は、申告時に当該売買代金債権が存在しなかったことを知っていたとは認められないから、当該判決は国税通則法23条2項1号の判決に該当するとした事例

（国税不服審判所裁決平19・1・23裁事№73・16（全部取消し））

| 争 点 |

売買代金債権が存在しないことが判決で確定しても、当該債権が相続税の課税標準であることにつき、判決が言及していなければ、国税通則法23条2項1号の判決には該当しないといえるか否か。

| 事 案 の 概 要 |

【事案の概要】
本件は、請求人が、その相続に係る不動産売買代金債権の存否に関する判決により相続税の課税標準等に異動があったとして更正の請求をしたところ、原処分庁がこれに対して更正をすべき理由がない旨の通知処分（本件通知処分）を行ったことから、違法を理由にその全部の取消しを求めた事案であり、争点は、当該判決が国税通則法23条2項1号に規定する判決に当たるか否かである。

【認定事実】
① A（被相続人）は、昭和62年4月○日に死亡した。被相続人の死亡時点における相続人は、妻であるB並びに子であるC、D、E、F、G、H及び請求人である。
② V社は、被相続人を代表取締役として、昭和26年5月○日に設立された。
③ Wは、P市p町f番○○の山林（面積15町8反4畝12歩、以下「本件山林」という。）を所有していたが、Xを登記名義人として登記していた。
④ 本件山林については、売主であるW及びXが買主であるYに47,532,000円で売り渡す内容の昭和39年9月8日付け売買契約書が作成された。当該契約書には、売主は、買主の請求があったときは、買主の指定する第三者の名義に所有権移転登記手続をすることについて、何ら異議なく応じなければならない旨の条項が規定されていた。なお、Yは、V社の顧問公認会計士である。
⑤ 本件山林について、Xが、被相続人、B、F、H、請求人、C、D、E、G、a、b、及びdの12名（以下「被相続人ほか11名」という。）に対し、本件山林を売り渡し、代金を領収した旨の昭和39年12月14日付けの売渡証書が作成された。
⑥ 本件山林について、昭和39年12月○日に同月14日付け売買を原因として、被相続人ほか11名の持分を各々12分の1とする所有権移転登記が経由された。
⑦ 本件山林のうち、P市p町e番○○ほかの山林（合計面積141,331㎡、以下「本件土地」という。）について、昭和45年1月19日までの間に、分筆された。
⑧ 本件土地について、売主である被相続人ほか11名が買主であるV社に対して、1,350,000,000円で売り渡す内容の昭和46年9月25日付

け売買契約書が作成された。当該契約書には、売主として被相続人の署名押印があり、買主としてＶ社の代表者印の押印がある。

⑨　本件土地について、売主として署名押印した被相続人ほか11名が、買主としてＶ社に対し本件土地を売り渡し、代金を領収した旨の昭和46年9月25日付け売渡証書が作成された。

⑩　Ｖ社は、本件土地について、昭和46年12月○日に同年9月25日付け売買を原因として、所有権移転登記を経由した。

⑪　請求人は、平成16年○月○日にＶ社に対し、本件土地の売買代金1,350,000,000円の12分の1相当額112,500,000円（本件売買代金債権）のうち、請求人が被相続人から相続した8,035,714円の支払を求める訴え（本件訴訟）をｆ地裁に提起した。

⑫　ｆ地裁は、平成16年○月○日にした本件訴訟の判決（本件判決）において、本件売買契約は、本来、Ｖ社が購入し、被相続人ほか11名の所有名義にしていた本件土地を、改めてＶ社が相続人ほか11名から高額の代金で買い直した形をとるために、売渡証書を形式的に作成したものにすぎず、虚偽表示によって無効であると判断し請求人の請求を棄却した。そして、本件判決は平成17年1月○日の経過により確定した。

⑬　Ｖ社の被相続人に係る未払金勘定の推移について

　㋐　下記㋑計上直前の未払金残高は452,000,000円である。

　㋑　昭和47年5月25日に、本件土地の購入代1,350,000,000円の12分の1として、112,500,000円が計上され、未払金が同額増加している。

　㋒　未払金は、昭和47年5月25日から昭和62年5月25日までの間112,500,000円を下回っていない。

　㋓　昭和61年3月15日現在の未払金残高は289,124,746円である。

　㋔　昭和62年5月25日現在の未払金残高は263,066,487円である。

⑭　被相続人、C、E及びDは、Vの役員として、本件売買契約が会社の節税のために行ったものであるという事情を知っていたが、F、G、H及び請求人はそのような事情を知らずに、被相続人に印鑑を預けていた。

⑮　V社は、本件土地は、実質的に所有しているにもかかわらず、取得費を高くするという税金対策のために、事実とは異なる契約書を作成したものであると認識していた。

⑯　昭和46年9月25日付けの売渡証書に売主として署名されている被相続人ほか11名の署名は、全て同一の筆跡である。

## 当事者の主張

### ◆納税者の主張

　国税通則法23条2項1号の「判決」とは、相続税申告に係る課税標準又は税額等の計算の基礎となった事実に関する訴えについての判決（本件売買代金債権が相続財産かどうかという事実、換言すれば、請求人がV社に対して同売買代金の支払を求める立場にあるかどうかという事実）であって、その事実が当該計算の基礎としたところと異なることを確定させたものであれば、それだけで十分である。

### ◆課税庁の主張

1　国税通則法23条2項1号の「判決」とは、申告に係る課税標準等又は税額等の基礎となった事実を訴えの対象とする判決をいうものと解される。

　本件における課税標準は、相続税の課税価格の合計額○○円であり、基礎となった事実は未収入金263,066,487円が相続財産を構成することであるが、本件判決においては、相続財産の取得の有無等、

事例　第1章　更正の請求事由　　　159

相続税の課税標準等の内容について判断されていないから、課税標準等又は税額等の計算の基礎としたところと異なることが確定したものとは認められない。

2　請求人は、相続税の申告時に本件売買契約が通謀虚偽表示により無効であったことを知っていたと認められるから、更正請求の基となった本件判決は国税通則法23条2項1号に規定する「判決」には該当しない。

## 審判所の判断

### 1　法令解釈

　国税通則法23条2項1号は、納税申告書を提出した者は、その申告に係る課税標準等又は税額等の計算の基礎となった事実に関する訴えについての判決により、その事実が当該計算の基礎としたところと異なることが確定したときは、その確定した日の翌日から起算して2か月以内に更正の請求をすることができる旨規定している。

　この規定は、納税者において、申告時には予測し得なかった事態が後発的に生じたため、課税標準等又は税額等の計算の基礎に変更をきたし、税額の減額をすべき場合に、法定申告期限から1年〔現行5年〕を経過していることを理由に更正の請求を認めないとすると、帰責事由のない納税者に酷な結果となることから、例外的に更正の請求を認めて納税者の保護を拡充しようとしたものと解される。

　上記規定の趣旨及び国税通則法23条2項各号の列挙事由の内容に鑑みれば、同項1号の「判決」に基づいた更正の請求が認められるためには、判決を得るための訴訟が申告等に係る課税標準等又は税額等の基礎となった事実の存否、効力等を直接審判の対象とし、判決により課

税標準等の基礎となった事実と異なることが確定されるとともに、納税者が申告において、課税標準等の基礎となった事実と異なることを知らなかったことが必要であると解される。

2　判　断
　(1)　上記「認定事実」、特に、本件土地に係る昭和46年9月25日付けの売買契約書を作成した目的、実際の権利関係、取引関係等からすると、本件売買契約は仮装取引であり、Ｖ社及び被相続人も本件売買契約が仮装取引であることを知っていたのであるから、少なくとも被相続人が死亡するまでの間に、本件土地に係る売買代金がＶ社から被相続人に支払われることはないと推認されるところ、現に、Ｖ社は、本件土地に係る昭和46年9月25日付けの売買契約書の記載内容にかかわらず、本件売買代金債権を同社の被相続人名義の未払金勘定に計上しただけで、Ｖ社から被相続人に対し、本件土地に係る売買代金のやりとりがなされていた事実は認められない。そして、Ｖ社が、本件土地に係る売買代金の12分の1相当額である本件売買代金債権112,500,000円を被相続人に対する未払金として、同社の被相続人名義の未払金勘定に計上してから本件相続開始までの間、被相続人に対する未払金は、同金額を下回っていない。これらを総合すれば、本件売買代金債権として、昭和47年5月25日にＶ社の未払金勘定に計上された112,500,000円は、同日から昭和62年5月25日までの間に、支払がなかったと認めるのが相当である。

　　　そうすると、本件売買代金債権112,500,000円は、請求人の申告等に係る被相続人の相続財産のうち、同人のＶ社に対する未収金263,066,487円の中に含まれていると認めるのが相当である。

(2) 次に、本件訴訟は、本件売買代金債権112,500,000円のうち、請求人が被相続人から相続した8,035,714円の支払を求める旨の訴えであり、本件判決において、本件売買契約は、虚偽表示によって無効であるとの判断がされたことが認められる。そして、当該判決が確定したことにより、本件売買契約に基づくＶ社の被相続人ほか11名に対する売買代金債権は、実際には存在しなかったこととなる。

　そうすると、本件訴訟は、本件売買代金債権112,500,000円が存するとの請求人の申告に係る課税標準等又は税額等の計算の基礎となった事実について、その存否を直接審判の対象としたものであり、本件判決により請求人の申告に係る課税標準等又は税額等の計算の基礎となった事実と異なることが確定されたと認めるのが相当である。

(3) また、請求人は、被相続人が死亡するまで、Ｖ社の経営に全く関与しておらず、本件売買契約にも全く関与していなかったものと認められる。他に請求人が申告時までに本件土地の売買の目的や経緯、ないしは本件売買契約が仮装であることを知っていたと認めるに足りる証拠はない。そうすると、請求人は申告時において本件売買代金債権が存在しなかったことについて知っていたとは認められない。

以上によれば、本件判決は国税通則法23条2項1号に規定する判決に該当する。

以上の結果、本件判決が国税通則法23条2項1号に規定する判決に当たらないとしてされた本件通知処分は違法であるから、同処分は、その全部を取り消すべきである。

## 解　説

1　原処分庁の主張の1つは、本件売買代金債権が相続財産としての未収入金263,066,487円に含まれているかについて、本件判決は言及していないから、国税通則法23条2項1号の「判決」には該当しないというものでしたが、本事例では、Ｖ社の被相続人に対する未払金勘定は、本件売買代金債権112,500,000円が計上された後、総額として減少しているが、減少しているのは、本件売買代金債権以外の発生部分であり、本件売買代金債権はそのまま残されていると推認し、本件判決は、国税通則法23条2項1号の「判決」に該当すると判断しました。

2　前記「審判所の判断」1で述べられているように、請求人が、申告時までに本件売買契約が仮装であることを知っていた場合には、本件判決は、国税通則法23条2項1号の「判決」に該当しないことになりますが、本件売買契約が仮装であることなどを知っていたと認めるに足りる証拠はないとして、原処分庁のもう1つの主張も退けられました。

＜参考判例等＞

○自らの主導の下に、通謀虚偽表示により遺産分割協議が成立した外形を作出し、相続税の申告をした後、遺産分割協議の無効を確認する判決が確定したとして更正の請求をしたのであるから、国税通則法23条1項所定の期間内に更正の請求をしなかったことにつき、やむを得ない理由があるとはいえず、また、同条2項1号により更正の請求をすることは許されない（最判平15・4・25税資253・順号9333）。

事例 第1章 更正の請求事由

〔15〕 相続回復請求権は実質的にみて被相続人の遺産であるから、和解の成立時に現に取得した相続回復請求権の範囲内で課税すべきである旨の請求人の主張を排斥した事例

(国税不服審判所裁決平18・7・6裁事No.72・1 (一部取消し))

## 争 点

相続回復請求訴訟における訴訟上の和解で相続税の課税標準等に異動が生じたとして更正の請求をすることができるか否か。

## 事 案 の 概 要

【事案の概要】
　本件は、審査請求人C、D及びE (以下、3名を併せて「請求人ら」という。) が、相続回復請求訴訟における訴訟上の和解により、相続税の課税標準等に異動があったとして更正の請求をしたところ、原処分庁がこれに対して、更正をすべき理由がない旨の通知処分を行ったことから、請求人らが、その全部の取消しを求めた事案である。

【認定事実】
① 被相続人とGとの間の養子縁組の届出が平成12年4月27日にされた。
② 被相続人は、平成12年9月○日に死亡した。その当時Gは唯一の相続人であったことから、平成13年7月5日に相続税の申告書を原処分庁に提出した。

③　請求人らは、Gに対し、上記①の養子縁組が無効であることの確認を求める訴えをH地方裁判所に提起したところ、同裁判所は、平成15年3月○日に請求人らの請求を棄却する旨の判決をした。

請求人らはこれを不服として○○高等裁判所に控訴したところ、同裁判所は、同年8月○日に原判決を取り消し、養子縁組は無効であることを確認する旨の判決（本件判決）をした。

Gは本件判決を不服として最高裁判所に上告したが、同裁判所は同年12月○日に上告棄却及び上告不受理の決定をしたため、本件判決が確定した。

④　請求人らは、平成16年6月○日にGに対し、相続回復請求の訴え（本件相続回復請求訴訟）をH地方裁判所へ提起した。

⑤　請求人らは、本件判決の確定を受け、平成16年10月18日（法定申告期限内）に相続税の申告書を共同で原処分庁に提出した。

⑥　請求人らとGは、平成16年11月22日の本件相続回復請求訴訟の和解期日において、要旨、㋐Gは請求人らに対し和解金として31,000,000円の金員の支払義務があることを認め、これを上記和解の席上で請求人らに支払う、㋑請求人らはその余の請求を放棄する等を内容とする訴訟上の和解（本件和解）をした。

## 当事者の主張

◆納税者の主張

相続回復請求権とは、真正相続人が僭称相続人に対し、被相続人の財産を維持すべく自己の相続権を主張して、その侵害を排除し、相続財産の占有・支配を回復するための制度であり、相続人となって初めて行使できる権利であるから、相続財産である。

請求人らは、Gから返還を受けることができなかった160,730,559円の支払を求め、Gに対して、本件相続回復請求訴訟を提起したところ、訴訟の過程において、Gには約31,000,000円の返済能力しかないことが判明したため、本件和解をした。このような経緯からすれば、相続回復請求権は、実質的にみて被相続人の遺産であるところ、請求人らが本件和解の成立時に現に取得した相続回復請求権の範囲内で課税すべきであって、本件和解の結果回復できなかった額について、相続税の課税標準等に異動が生じたといえるので、国税通則法23条1項1号による更正の請求を認めるべきである。

◆課税庁の主張
　本件の相続開始日における相続財産は別表○〔省略〕のとおりであり、請求人らは、本件判決によって、被相続人とGとの間の養子縁組の無効が確定し、被相続人の相続に係る共同相続人となっているため、相続開始の時にこれらの財産を取得したものと認められる。
　請求人らが相続財産として計上している相続回復請求権は、Gが被相続人の財産のうち相続開始後に費消等して返還しなかったことについて、その返還を受けることができなかった財産に相当する額の金員の支払を求める権利であるから、相続回復請求権は相続財産とは認められない。
　そうすると、本件和解により相続回復請求権が減額されることになったとしても、被相続人の財産を取得する権利関係や被相続人の財産の帰属に異動を来すものではない。したがって、本件和解によって、相続税の課税標準等に異動が生ずることはないから、国税通則法23条1項1号に該当しない。

> 審判所の判断

1 関係法令及び法令解釈等
 (1) 国税通則法23条2項1号は、申告、更正又は決定後の判決又はこれと同一の効力を有する和解等により、課税標準等又は税額等の計算の基礎となった事実関係にさかのぼって異動を来すことが確定し、その結果税額を減額すべき場合には、これを課税庁の更正処分のみに委ねることなく、納税者からもその更正を請求し得ることとして、納税者の権利救済の途を拡充したものであると解される。

　もっとも、上記の立法趣旨に照らすと、判決と同一の効力を有する和解により、課税標準等又は税額等の計算の基礎となった事実関係にさかのぼって異動を来した場合には、当該和解は、国税通則法23条2項1号に規定する「和解」に該当することになるが、和解の内容が将来に向かって、新たな権利関係を創設する趣旨のものであり、従前の事実関係に異動を来すものでないと認められるときは、当該和解は、同号に規定する「和解」には該当しないというべきである。

　また、同条2項が、同項による更正の請求のできる期間の満了する日が同条1項の更正の請求ができる期間の満了する日よりも後でなければ、同条2項による更正の請求を認めないとしたのは、同条1項の期間内であれば、同項による更正の請求によるべきものと解するのが相当であるから、同項に規定する要件のうち同項1号の「課税標準等若しくは税額等の計算が国税に関する法律の規定に従っていなかったこと又は当該計算に誤りがあったことにより、当該申告書の提出により納付すべき税額が過大であ

事例　第1章　更正の請求事由　　167

るとき」のうちには、同条2項が規定する場合も含まれていると解するが、訴訟上の和解をしたことを理由とする同条1項に基づく更正の請求が認められるためには、当該和解の内容が、同条2項1号の「和解」に該当する必要があると解するのが相当である。
(2)　養子縁組無効確認訴訟は、養子縁組が無効であること（民802）を理由に、当該養子縁組の届出に係る身分関係が存在しないことを対世的に確認することを目的とする訴訟であり、これが認容され、養子縁組の無効が確認された場合には、縁組当事者間に相続、扶養その他の身分的権利義務が最初から生じていなかったことになるから、相続税の納税義務は、相続開始後に養子縁組無効確認訴訟の結果、新たな相続人となった場合であっても、通常の相続の時と同様に、相続開始によって発生すると解される。
(3)　相続回復請求権（民884）とは、相続権を有しないのに、相続人と称して遺産を占有・管理し、真正な相続人の相続権を侵害している者がある場合に、真正な相続人からその者に対し、遺産に対する侵害の回復を請求する権利であると解される。

2　判　断
(1)　本件和解について
　請求人らは本件判決が確定したことにより、相続開始時点にさかのぼり、被相続人の相続財産に属する権利義務一切を相続したこととなる。
　そして、相続回復請求権の趣旨、本件相続回復請求訴訟の内容、特に、請求人らが回復を求めている財産の内訳からすれば、当該訴訟は僭称相続人となったGが、占有・管理している被相続人の相続財産全部を請求人らに返還するよう求めたもので、相続財産の帰属について争われているものではなく、本件和解は、Gの資力等に鑑み、相続回復請求権に基づき31,000,000円を和解の席上受領するものの、これを

超える請求権については、これを放棄する趣旨のものであり、請求人らが、相続開始時点に取得した相続財産そのものを増減させるものでなく、単に、和解期日以降請求人らの相続回復請求権の一部を放棄したにすぎない。

そうすると、本件和解は、新たな権利関係を創設する趣旨でされた訴訟上の和解と解するのが相当であるから、本件和解により、請求人らが原処分庁に提出した相続税の申告書に係る課税標準等又は税額等の計算の基礎となった事実関係にさかのぼって、異動を来すものではないと認めるのが相当である。

したがって、本件和解は、国税通則法23条2項1号に規定する「和解」には該当しないというべきである。

(2) 納税者の主張について

相続回復請求権は、真正な相続人が、相続開始と同時に真正な相続人に移転している相続財産に関する権利の侵害に対し、それを元に戻すよう請求できる権利のことであり、相続財産に基づく請求権ではあるものの、相続財産そのものを指すものではなく、相続税法は、相続開始時点における真正な各相続人が相続により取得した財産に対して課税されるものであるから、相続回復請求権が相続財産ではないことは明らかである。

さらに、本件和解は、Gの資力等に鑑み、31,000,000円を超える部分につき、相続回復請求権を和解期日以降放棄する趣旨のものであり、請求人らが相続開始時点に取得した相続財産を増減させるものでない。

以上によれば、本件和解により、請求人らがした相続税の申告の課税標準等に異動が生じたとは認められないから、請求人らの主張は採用できない。

## 解　説

1　被相続人の死亡日は、平成12年9月○日ですが、養子縁組の無効が確定したのは平成15年12月○日であり、請求人らが自己のために相続の開始があったことを知った日は、この日と解され、請求人らが平成16年10月18日に提出した相続税の申告書は法定申告期限内に提出されたものと取り扱われたものと考えられます（相基通27－4）。

2　本件和解に基づく更正の請求は、平成23年の国税通則法改正前の法律では、法定申告期限から1年以内の平成16年12月13日に行われているため、国税通則法23条1項1号の適用の可否が問題となります。

　前記「審判所の判断」の1(1)は、国税通則法23条2項に列挙するいわゆる後発的事由が申告期限直後に生ずれば、2項の適用を受けなくても、1項の期間内であれば当然に1項の更正の請求をすることができることについての解釈を示し、この場合、訴訟上の和解をしたことを理由とする国税通則法23条1項に基づく更正の請求が認められるためには、当該和解の内容が、同条2項1号の「和解」に該当する必要があるとしています。

＜参考文献等＞

武田昌輔監修『DHCコンメンタール国税通則法』（第1巻）1441の2頁～1441の3頁（第一法規出版、1982年）

## 2　政令で定めるやむを得ない事情　解除権の行使（3号）

〔16〕　相続税の連帯納付義務を免れるためになされた遺産分割協議の合意解除は、後発的な更正の請求事由の1つである「やむを得ない事情によって解除」された場合には当たらないとした事例

(国税不服審判所裁決平24・3・8裁事№86（棄却）)

### 争　点

以前に成立していた遺産分割協議を解除し、再分配を行ったことが国税通則法23条2項3号の規定に該当するか否か。

### 事　案　の　概　要

【事案の概要】

本件は、審査請求人A及びC（以下「請求人ら」という。）が、以前に成立していた遺産分割協議に基づく代償債務が履行されないことから、当該遺産分割協議を解除した上、改めて請求人らが一切の遺産を相続しないという内容の遺産分割協議を行った結果、請求人らは相続財産を取得しないこととなったとして、更正の請求（本件各更正の請求）を行ったところ、原処分庁が、更正をすべき理由がない旨の通知処分をしたことに対して、請求人らが違法を理由にその全部の取消しを求めた事案である。

事例　第1章　更正の請求事由

【認定事実】
① 請求人らは、平成6年4月○日に死亡したD（被相続人）の子であり、本件相続に係る共同相続人は、請求人ら及びEの3名である。
② 請求人らとEは、本件相続に関し、平成6年5月24日付けの遺産分割協議書によって、Eが不動産全てを相続し、Eは請求人らに各○○円の支払義務を負う（本件各代償債務）といういわゆる代償分割の方法による遺産分割協議（本件当初分割）を成立させた。
③ 請求人らは、平成19年6月19日付けで、G国税局長宛てに、要旨、㋐Eが本件相続によって取得した不動産の一部を売却した際、譲渡代金を全てEの債務及び税金等に充当してしまい、請求人らは全く分配を受けていないこと、㋑平成19年に入り、請求人らに対して、Eの相続税に係る連帯納付義務の文書が送付されてきたこと、㋒請求人らとしては、受け取っていない収入に対する納税を果たすことが義務だといわれても、理解の範疇を超え、現実に納付は無理であることから、寛大な処置を求める嘆願書と題する書面を提出した。
④ 請求人らは平成22年9月1日、Eに対し、「解除権行使の通知書」と題する書面を送付した。当該書面には、要旨、Eから受け取るべき代償財産○○円については、引渡しの期日が過ぎても履行がなく、ついには、Eの相続税の連帯納付義務までが課されることになったので、債務不履行を理由に遺産分割協議を解除（本件債務不履行解除）する旨が記載されている。
⑤ 請求人らとEは、平成22年9月9日付けで、再度、遺産分割協議書を作成し、署名押印した。当該遺産分割協議書には、要旨、上記④を理由に、被相続人の遺産は再び未分割の状態に復することになったため、改めて共同相続人全員で遺産の分割協議を行ったところ、Eが被相続人の財産及び債務の全てを相続し、請求人らは財産を相続しないことに決定した旨が記載されている。

## 当事者の主張

◆納税者の主張

1 請求人らは、Eに対して、本件当初分割について債務不履行を理由に解除する旨の意思表示をし、当該意思表示は有効であるから、国税通則法施行令6条1項2号に規定する「契約が、解除権の行使によって解除され」た場合に該当する。

2 本件では、①債務不履行解除という法定の解除事由によって（合意）解除されたものであって、②請求人らは連帯納付責任までも課され、借財をしないと当該責任を果たすことができず、本件当初分割時から事情の変更があり、本件当初分割の効力を維持するのが不当なものであって、③このような事情となったことについて、何らの帰責性もないのであるから、国税通則法施行令6条1項2号に規定する「当該契約の成立後生じたやむを得ない事情によって解除され」た場合に該当する。

◆課税庁の主張

1 遺産分割協議成立後に、相続人の1人が負担した債務を履行しないときであっても、他の共同相続人は、民法541条《履行遅滞等による解除権》によって当該遺産分割を解除することはできないものと解されることから、本件各代償債務の不履行を理由とする解除は、法定の解除事由に基づいて行われたものと認められず、「解除権の行使によって解除」（通則令6①二）された場合に該当しない。

2 国税通則法施行令6条1項2号に規定する「当該契約の成立後生じたやむを得ない事情によって解除」とは、法定の解除事由がある場合、事情の変更により契約の効力を維持するのが不当な場合及びその他これに類する客観的理由に基づいてされた場合であるとされて

いる。

　本件では、請求人ら及びEは、本件再分割の際に、相続人らの合意に基づき、本件当初分割に係る遺産分割協議を合意解除したものであると認められる。当該合意解除は、請求人らに連帯納付責任が課されたことを理由としていること、本件当初分割に基づきEが取得した不動産の一部を既に売買等により処分していること及び本件再分割において請求人らは被相続人に係る相続財産を一切取得しないとしていることから、事情の変更により本件当初分割の効力を維持するのが不当な場合、その他これに類する客観的理由に基づいてされたものとは認められない。

3　仮に、請求人の主張する解除が、国税通則法23条2項3号の規定に該当するとしても、相続財産が未分割となるのみであり、請求人が納付すべき税額は、当初申告を下回るものではなく、Eのみが更正の請求をすることができるのであって、請求人らが更正の請求をすることができるものではない。

## 審判所の判断

1　法令解釈

(1)　遺産分割協議と債務不履行解除について

　共同相続人間において遺産分割協議が成立した場合に、相続人の1人が他の相続人に対して当該協議において負担した債務を履行しないときであっても、他の相続人は、民法541条によって当該協議を解除することができないと解することが相当である。なぜならば、遺産分割はその性質上協議の成立とともに終了し、その後は、当該協議において当該債務を負担した相続人とその債権を取得した相続人間の債権債務関係が残るだけと解すべきであり、しかも、このように解さなけれ

ば、民法909条《遺産の分割の効力》本文により遡及効を有する遺産の再分割を余儀なくされ、法的安定性が著しく害されることになるからである。

　そうすると、遺産分割協議においては、仮に、一部の共同相続人が、他の共同相続人に対して、遺産分割協議において負担した債務の不履行を理由とする解除の意思表示を行っても、当該意思表示は無効であるから、このような場合は、国税通則法施行令6条1項2号にいう「その申告、更正又は決定に係る課税標準等又は税額等の計算の基礎となった事実に係る契約が、解除権の行使によって解除され」た場合に該当しないと解すべきである。

## 2　判　断
(1)　本件当初分割が解除権の行使によって解除されたか否かについて

　上記1のとおり、本件債務不履行解除に係る意思表示は無効である。したがって、本件当初分割に係る遺産分割協議が「解除権の行使によって解除され」た場合には、該当しない。

(2)　本件当初分割に係る遺産分割協議が当該契約の成立後生じたやむを得ない事情によって解除された場合に該当するか否かについて

　本件債務不履行解除はその効力を生じないとしても、請求人ら及びEは、本件当初分割に係る遺産分割協議が解除によりその効力を失ったことを前提に、改めて、被相続人の相続財産について遺産分割協議を行ったということができる。請求人ら及びEによるこれらの合意の内容は、本件当初分割に係る遺産分割協議を解除する合意（本件合意解除）とともに、改めて遺産分割協議を成立させる（本件再分割）ものであると認められる（なお、国税通則法23条2項3号、国税通則法施行令6条1項2号の規定の適用において、本件合意解除と本件再分割を

事例　第1章　更正の請求事由　　　175

一体のものとしてみることができるかどうかはひとまずおくとして、検討を進めることにする。)。

　本件再分割の内容は、実質的には請求人らが代償請求権を放棄するものとなっており、被相続人の財産の相続に関する限り、請求人らに何ら利点がないものということができるところ、請求人ら自ら、請求人らはEの相続税に係る連帯納付義務まで課されたので、これを消滅させるため、本件合意解除と本件再分割を行った旨主張していることからすれば、上記の合意は、Eの相続税に係る請求人らの連帯納付義務を免れることを目的としてされたものといわざるを得ない。

　相続税法は、相続税徴収の確保を図るため、同法34条1項において、相互に各相続人らに特別の責任として連帯納付義務を規定したものと解される。

　本件再分配における請求人らとEとの間の合意は、上記のような相続税の連帯納付制度そのものを否定して、不当に相続税の徴収を免れるに等しいというべきであるから、このような合意を成立させたことが国税通則法23条2項3号の規定を受けた国税通則法施行令6条1項2号に規定する「やむを得ない事情」に当たるとは到底解することができない。

　(3)　結　論

　上記(1)及び(2)のとおり、本件当初分割に係る遺産分割協議が国税通則法施行令6条1項2号に規定する「解除権の行使によって解除され」たということも「当該契約の成立後生じたやむを得ない事情によって解除され」たということもできないから、請求人らのその余の事項について判断するまでもなく、本件更正の請求は、国税通則法23条2項3号に規定する要件を満たさず、したがって、更正をすべき理由がないとした原処分は適法である。

| 解　　説 |

1　前記「納税者の主張」1については、民法541条の解釈から、退けられています。
2　前記「納税者の主張」2については、「(なお、国税通則法23条2項3号、国税通則法施行令6条1項2号の規定の適用において、本件合意解除と本件再分割を一体のものとしてみることができるかどうかはひとまずおくとして、検討を進めることにする。)」として、本件合意解除と本件再分割を一体としてみることができるものとして審理し、相続税の連帯納付義務を免れる目的の合意をもって、国税通則法23条2項に規定する後発的更正の請求事由と認めるならば、相続税の連帯納付制度そのものを否定するに等しく、国税通則法施行令6条1項2号に規定する「やむを得ない事情」に当たるとは到底解することができないとして退けています（前記「課税庁の主張」3については、判断しませんでした。)。

　このような本件合意解除と本件再分割を一体としてみる構成をとった背景に東京地裁平成21年2月27日判決〔事例4〕があったものと思われます。

〔17〕 共同相続人の1人に対する相続税法35条3項に基づく更正処分が、別件判決により、不適法な更正の請求を適法として扱った違法な更正処分であるとして取り消されても、そのことは、原告の修正申告及び原告に対する更正処分の効力に影響を及ぼすものではないとした事例

(東京高判平22・1・20税資260・順号11358（棄却))

(参考：東京地判平21・9・16税資259・順号11270（棄却))

## 争　点

共同相続人の1人に対する相続税法35条3項に基づく更正処分が、別件判決により取り消された場合、このことが、国税通則法23条2項3号及び国税通則法施行令6条1項1号に該当するか否か。

## 事　案　の　概　要

【事案の概要】

本件は、被相続人である実父から相続により取得した財産に係る相続税額につき相続税法35条3項1号に基づく更正処分を受けた原審原告（以下「原告」という。）が、同号に基づく更正処分を受けた他の相続人が提起した訴えにおいて、当該相続人に係る更正処分を取り消す判決が言い渡され、それが確定したことから、原告に対する上記更正処分もまた理由がないとして、課税価格及び納付すべき税額について更正の請求をしたところ、更正をすべき理由がない旨の通知処分をされたため、当該通知処分の取消しを請求した事案である。

## 【認定事実】

① 原告は、平成7年1月29日に死亡した乙（以下「亡乙」という。）の二男である。亡乙の相続人は妻丙、長女丁、二女戊、三女A、長男B及び原告の6名（以下「本件相続人ら」という。）である。

② 本件相続人らは、亡乙の相続に係る財産について、平成7年10月26日付けでおおむね次の内容の遺産分割協議書（第1次分割協議書）を作成した。

　㋐　丙が取得する財産は、別表○〔省略〕の「第1次分割協議書記載財産」欄に記載された財産が全てであって、それ以外にはない。

　㋑　上記㋐以外の資産（以下「本件未分割財産」という。）は未分割とする。

③ 原告は、平成11年12月21日修正申告をし、原告以外の本件相続人らも、そのころ修正申告（以下、原告を含む本件相続人らの修正申告を「第2次修正申告」という。）をした。第2次修正申告に際して、本件未分割財産については、当初申告書及び第1次修正申告書と同様に未分割であることを前提に課税価格の計算がされていた。

④ 本件相続人らは、平成12年5月23日付けの遺産分割協議書（第3次分割協議書）を作成した。

⑤ 丙は平成15年6月25日、「未分割財産について、丙の取得した分割財産の金額が最終的に確定しました」として、相続税法32条1号に基づく更正の請求をした。

⑥ 館山税務署長は、平成15年7月3日、丙の更正の請求について理由があるものとして、減額更正をした。

⑦ 原告は平成15年10月20日、相続税法31条1項の規定に基づく相続税の修正申告（第3次修正申告）を提出した。第3次修正申告においては、丙が本件未分割財産を取得しないことを前提として、課税価格が計算されていた。

事例　第1章　更正の請求事由　　　179

⑧　館山税務署長は、平成16年2月26日、相続税の総額に乗ずる按分割合について、小数ではなく分数に基づくのが相当であることを理由に上記⑦の原告に係る相続税額について増額更正（本件更正処分）をした。

⑨　館山税務署長は、平成15年12月22日、戊に係る相続税額について、相続税法35条3項の規定に基づき、増額更正をした。

⑩　原告は、平成16年4月24日、上記⑧の本件更正処分を不服として異議申立てをした。これに対し、館山税務署長は、平成16年7月9日付けで異議申立てを棄却する旨の決定をした。

⑪　戊は、上記⑨の処分を不服として、異議申立て及び審査請求を経て、平成17年8月16日、相続税更正処分取消請求事件を提起した。これに対し、東京地方裁判所は、平成18年11月29日、遅くとも、第3次分割協議書が作成された平成12年5月23日頃には、丙の取得する財産は最終的に確定しており、丙自身もそのことを認識していたものと認めるのが相当であるとした上で、丙の更正の請求は、相続税法32条のいわゆる柱書に定める期間が経過した後にされた不適法なものというべきであるから、これを適法な更正の請求として取り扱った上で館山税務署長がした丙の減額更正は違法であり、また丙の減額更正を前提としてされた戊の増額更正も違法であると判断した判決（別件判決）を言い渡し、別件判決は平成18年12月14日に確定した（別件判決について〔事例38〕参照）。

⑫　原告は平成18年12月28日、本件更正処分も違法であるとして、更正の請求（本件更正の請求）をした。これに対して館山税務署長は、平成19年6月12日付けで、更正をすべき理由がない旨の通知処分（本件通知処分）をした。

## 当事者の主張

◆納税者の主張

1　第3次修正申告及び本件更正処分の税額等の計算の基礎となった事実は、丙の減額更正が有効であることを前提とする事実であり、丙の減額更正が失効すれば、国税通則法23条2項3号、国税通則法施行令6条1項1号に該当することになる。

2　別件判決の結論（戊の増額更正の取消し）の前提である丙の減額更正は違法であるという判断を控訴人にも及ぼすべきである。

◆課税庁の主張

1　原告において、別件判決により、本件相続税の計算の基礎となる事実のうちに含まれていた行為の効力に係る官公署の許可又は処分が取り消されたとの事実は認められない。

2　相続税の申告及び課税は各相続人ごとに別個独立に行われ、その効力も個別的に判断すべきであって、ある相続人における申告又は課税における瑕疵は、原則として他の相続人の申告又は課税に影響を及ぼさないというべきである。したがって、戊の増額更正が適正なものでなかったとしても、それによって、原告の第3次修正申告及び本件更正処分の効力に影響を及ぼすものではないし、その結果、戊と原告で課税標準が異なることになったとしても、原告に対する課税が違法になるということもできない。

## 裁判所の判断

1　原告の第3次修正申告は、相続税法31条1項の規定に基づく修正申告であり、原告に相続税法32条1号に規定する事由（未分割財産の分

割）が生じたことにより、既に確定していた原告に係る相続税額に不足が生じたことからされたものであって、丙の減額更正に基づいてされたものでないことは明らかであり、原告の主張は失当である。
2　原告に対する本件更正処分（第3次修正申告に対する増額更正）の税額等の計算の基礎となった事実は、丙の減額更正が有効であることを前提とする事実であるが、原告は、本件更正処分に対する異議申立てをしたものの、これが棄却されると、それ以上の不服申立てをせず、本件更正処分は確定した。

　原告は、別件判決の理由中の丙の減額更正は違法であるという判断を原告にも及ぼすべきであると主張する。しかし、共同相続の場合でも、相続税の申告及び課税は、各相続人ごとに別個独立に行われ、その効力も個別的に判断すべきであって、ある相続人の申告又は課税における瑕疵は、原則として他の相続人の申告又は課税に影響を及ぼさないというべきであり、これと異なる原告の上記主張は独自の見解であって、採用することはできない。

## 解　説

　原告と戊では、結果的に、遺産分割の異なる進捗状況での課税標準が採用されています。原告は、本件未分割財産を丙が取得しないことが確定した状況が採用され、戊はその前の本件未分割財産は未分割であった状況が採用されています。このようになった経過について検討します。

　丙が本件未分割財産を取得しないことが確定すると、これは、相続税法32条1号〔現行32条1項1号〕の事由に該当し、相続人らは、既に確定した相続税額に不足を生じたため、相続税法31条1項により、修正申

告をすることができます。戊は修正申告をしませんでしたがこれは義務ではないので問題はありません。

　相続税法31条1項による修正申告書についての提出期限の定めはなく、原告の第3次修正申告は適法なものとなります（〔Q＆A8〕参照）。課税庁は、丙の更正の請求のとおり減額更正したため、戊に対して増額更正処分をしますが、異議申立て、審査請求を経て提訴され、丙の更正の請求が期限を徒過した不適法なものであったことから、戊に対する増額更正処分は取り消されました。

　原告は本件更正処分（第3次修正申告に対する増額更正（相続税の総額に乗ずる按分割合の変更））について、異議申立てが棄却されると、それ以上の不服申立てをしなかったので、本件更正処分は確定し、これ以上不服を申し立てる手段はなくなりました。

事例 第1章 更正の請求事由　　183

〔18〕　相続開始後、土地区画整理事業施行地区内の土地について換地処分がなされ、清算金が徴収されることになったことは、仮換地の指定を取り消す処分に当たらず、国税通則法施行令6条1項1号に規定する「官公署の許可その他の処分が取り消されたこと」に該当しないとした事例

（国税不服審判所裁決平23・7・19（非公開裁決）（沖裁（諸）平23-1）（棄却））

## 争　点

1　土地区画整理事業地区内の土地についての換地処分は、仮換地の指定の処分の取消しを含み、国税通則法23条2項3号（国税通則法施行令6条1項1号）に該当することになるか否か。
2　相続開始後、換地処分に伴い生じた清算金債務は、相続税の課税価格の計算上考慮されるべきか否か。

## 事案の概要

【事案の概要】

　本件は、請求人が相続した土地区画整理事業施行地区内にある仮換地された土地について、相続開始から8年を経過して換地処分がなされ、それに伴い徴収される清算金が生じたことから、当該清算金を確定した債務として控除すべきであるとして更正の請求をしたところ、原処分庁が更正をすべき理由がない旨の通知処分を行ったことから、請求人がその取消しを求めた事案であり、争点は、国税通則法23条2項に規定する後発的事由の存否である。

## 【認定事実】

① 請求人は、平成○年に死亡した請求人の父の共同相続人の1人である。

② 請求人は、本件相続により、土地区画整理事業施行地区内のA土地455㎡及びB土地23㎡（両土地を併せて「本件土地」）を取得した。

③ 本件土地については、昭和62年6月2日付けで請求人の父に対して仮換地の指定（本件仮換地指定）の通知がされ、当該通知により、仮換地の位置を○○、地積を408㎡及び仮換地の指定の効力発生日を昭和62年6月10日とされた。

④ 本件土地については、平成21年12月14日付けで請求人に対して換地処分（本件換地処分）の通知がされ、当該通知により、換地処分後の位置を○○、地積を408.27㎡及び清算金（本件清算金）の徴収額を5,010,812円とされた。

## 当事者の主張

◆納税者の主張

1 本件においては、仮換地と換地では地積が異なり、清算金の徴収があることから、本件仮換地指定と本件換地処分の通知は異なる内容であり、それは、換地処分の通知をもって、仮換地の指定の効果を一旦取り消したものとして、換地処分を有効にしたものと思慮する。

そうすると、本件換地処分は、本件仮換地の指定の取消処分を含むものといえることから、国税通則法施行令6条1項1号に規定する「官公署の許可その他の処分が取り消されたこと」に該当することになり、国税通則法23条2項3号に規定する事由が存するのであるか

ら、更正の請求は認められるべきである。
　よって、次のいずれかの方法により是正し、本件相続の課税価格及び納付すべき税額を更正すべきである。
① 　本件清算金は、本件相続の課税時期において確実と認められる債務に該当するから、債務控除の対象とすべきである。
② 　本件清算金は、本件相続に係る仮換地の評価額から控除すべきである。
③及び④　〔省略〕
2 　仮に、本件換地処分が国税通則法23条2項各号及び国税通則法施行令6条1項各号に掲げる更正の請求の事由に該当しないとしても、①清算金の取扱いについて財産評価基本通達に定めがないこと、②徴収される清算金は請求人が予測することは不可能であること、③清算金の金額が国税通則法23条1項に規定する期間内に確定し得なかったことは、請求人の責任ではないことから、清算金の徴収があったという事実について、同条2項の事由に該当するものとして類推解釈をなし、本件更正の請求を認めるべきである。

◆課税庁の主張
　換地処分による効果は、換地計画によって定められた換地を従前の宅地とみなすものであり、また、従前の宅地について存した所有権等は、換地計画において定められた換地上のその目的となる部分に、換地処分の公告があった日の翌日からそのまま存するとみなすものである。
　そうすると、本件換地処分は本件仮換地指定を取り消す処分ではない。

## 審判所の判断

### 1 法令解釈

(1) 国税通則法23条2項3号

　国税通則法23条2項3号は、国税の法定申告期限から1年を経過した後においても、国税通則法施行令6条1項各号に規定するやむを得ない理由が生じた場合には、例外的に当該理由が生じた日から2か月以内に限り更正の請求をすることができる旨規定しているところ、この趣旨は、申告時には了知し得なかった事態その他やむを得ない事情が後発的に生じたことにより、当初の課税が実体的に不当となり、遡って税額の減額等をなすべきこととなった場合に、納税者から更正を請求し得るとして納税者の権利救済の途を拡充したものと解される。

　そして、国税通則法施行令6条1項1号が「官公署の許可その他の処分が取り消されたこと」を国税通則法23条2項3号の後発的事由とした趣旨は、行為の効力に係る官公署の許可その他の処分に基づいて課税の基礎となる事実が構成され、更にその事実に基づいて確定申告がなされた場合において、その後官公署の許可その他の処分が取り消され、その取消し後の事実に基づいて計算すると税額が申告額より過少となるときには、その課税の基礎となる事実そのものが存在しなくなって、結果として納付すべき税額が過大であったということになり、当初の課税が実体的に不当となって遡って税額の減額等をなすべきことになるから、所定の期間において更正の請求を認めることとしたものと解される。

(2) 仮換地の指定・換地処分

　仮換地の指定の効果は、土地区画整理法99条1項で規定され、仮換地の指定がされると、その効力発生の日から換地処分の公告の日まで、

従前地の使用収益権者は従前地の使用収益権を停止され、仮換地において使用収益権を行使することができるという効果が生ずるとされており、仮換地の指定は換地処分の効果が発生するまでの間、当該整理事業の円滑な進行と当該整理事業による私権行為の制限を最小限にとどめることを目的として、換地の位置範囲を仮に指定する行政処分であると解される。

そして、換地処分の効果は、土地区画整理法104条で規定され、換地計画によって定められた換地を従前の宅地とみなすものであり、また、従前の宅地について存した所有権等は、換地計画において定められた換地上のその目的となる部分に、換地処分の公告があった日の翌日からそのまま存するとされ、さらに、清算金は、換地処分の公告があった日の翌日に確定するとされていることから、仮換地の指定と換地処分は、それぞれ独立した別個の行政処分であると解される。

2 判 断

当審判所が調査したところ、本件土地について、本件相続の開始日においては換地計画の議決もなされていないことから、本件清算金が確定される段階にはなく、もとより換地処分もなされていないことが認められた。

請求人は、本件換地処分が本件仮換地指定の取消処分を含む旨主張する。

しかしながら、上記1(2)のとおり、仮換地の指定及び換地処分は、先行処分と後続処分の関係に立つものの、その効果からして、それぞれが独立した別個の行政処分であると解されており、仮換地の指定を取り消す旨の効果がないことは明らかである。

したがって、本件においては、国税通則法施行令6条1項1号に規定する事実がないのであるから、国税通則法23条2項3号の後発的事由には

該当せず、本件清算金の控除方法等を判断するまでもなく、請求人の主張には理由がない。

　また、請求人は、本件清算金の徴収があったという事実について、後発的事由に該当するものとして類推解釈をなし、本件更正の請求を認めるべきである旨主張する。

　しかしながら、相続税の更正の請求をするには、法定の更正の請求の事由のいずれかに該当することを要するものと解され、そして、更正の請求の事由については、国税通則法23条2項各号及び国税通則法施行令6条1項各号に限定列挙しているところ、本件における請求人の主張する各事由及び本件清算金の徴収があったという事実は、いずれも国税通則法に規定する後発的事由に該当しない。

　以上のとおり、本件更正の請求は不適法なものであるから、本件更正の請求に対し、更正をすべき理由がないとした通知処分は適法である。

　　　　　　　　　　解　　説

1　後発的事由による更正の請求が、国税通則法23条1項の原則に対する例外として規定された趣旨から、同条2項及びこれを受けた国税通則法施行令6条1項の各規定は、文言どおりに解されるべきであり、安易にその準用ないし類推解釈を行うことは許されないと解されています（〔事例7〕参照）。

2　本事例においては、土地区画整理事業の施行地区内にある仮換地の指定を受けている場合の土地の評価額が問題となっていますが、国税庁ホームページ質疑応答事例「土地区画整理事業施行中の宅地の評価」では、「換地処分により徴収又は交付されることとなる清算金のうち、課税時期において確実と見込まれるものがあるときには、

事例　第1章　更正の請求事由

その金額を評価上考慮して、徴収されるものは仮換地の価額から減算し、交付されるものは加算して評価します。」と公表されています。

　土地区画整理事業の清算金は、換地処分の公告によって確定しますが、換地処分の公告が行われる場合には、それ以前に「換地計画」が定められ、その「換地計画」は、換地設計のほかに、各筆の各権利別清算金の明細についても取り決められ、関係者の縦覧に供された上で、知事の認可を経て決定されるという手順が踏まれるので、換地処分の公告が行われる直前には、仮換地の使用収益ができる者は、本換地が確定することによって、清算金が支払われるのか、徴収されるのか、その額はいくらか、ということがかなり明確になっていることが多いとされています（北村厚編『財産評価基本通達逐条解説（平成30年版）』164頁（大蔵財務協会、2018年））。

＜参考文献等＞
北村厚編『財産評価基本通達逐条解説（平成30年版）』164頁（大蔵財務協会、2018年）

## 第3 相続税法32条に規定する更正の請求
### 1 未分割財産について相続税法55条の規定に従って計算されていた場合（1項1号）

〔19〕 相続税法35条3項の規定に基づいて行われた増額更正処分は、その処分の前提となる更正の請求が同法32条〔1項〕1号の要件を満たしていないから違法であるとした事例

（国税不服審判所裁決平24・3・13裁事№86（全部取消し））

### 争 点

本件第2次更正処分（後記「事案の概要」(1)④）は、他の共同相続人の相続税法32条1号〔現行32条1項1号〕に基づく更正の請求を前提としたものか否か。

### 事 案 の 概 要

【事案の概要】
 本件は、審査請求人（以下「請求人」という。）が、遺産分割に係る和解成立を内容とする民事調停法の決定がなされたことを基因として、相続税の更正の請求をしたところ、原処分庁が、更正をすべき理由がない旨の通知処分及び増額の更正処分をしたことから、請求人が、更正処分等は財産の分割について誤った判断を基に行われたものであるとして、同処分等の全部の取消しを求めた事案である。

|事 例| 第1章　更正の請求事由

### (1) 審査請求の経緯
① 請求人は、平成17年1月○日に死亡したJ（本件被相続人）の相続人であり、本件相続に係る相続税について法定申告期限までに申告した。
② 原処分庁は、これに対し、調査担当職員の調査（本件調査）に基づき、平成20年11月17日付けで本件相続税の更正処分（本件第1次更正処分）をした。
③ その後、請求人は、本件相続税について、平成22年5月21日に更正の請求をした。
④ 原処分庁は、これに対し、平成22年11月24日付けで更正をすべき理由がない旨の通知処分（本件通知処分）及び本件相続税の更正処分（本件第2次更正処分）をした。

### (2) 事実関係
① 本件被相続人の法定相続人は、請求人、L、M、N、P、Q、R、S及びT（以下「本件相続人ら」という。）の合計9名である。
② 遺言者を本件被相続人とする遺言公正証書の内容は、要旨次のとおりである。
　㋐　新たに設立される財団法人W会に対し、50,000,000円を寄附する。
　㋑　P、Q、R及びSにそれぞれ現金2,000,000円を相続させる。
　㋒　上記の財産以外の財産全部をTに相続させる。
③ 請求人、L、M、N及びQは本件遺言が無効であることの確認を求める訴訟（本件訴訟）を平成17年7月○日に提起した。
④ 本件相続の開始後、財団法人W会は財団設立の条件を満たさなかったことから設立されず、平成19年3月○日、特定非営利活動法人W会（以下「W会」という。）が設立された。
⑤ 本件訴訟については、裁判所より、平成○年○月○日に、以下を

主な内容とする民事調停法17条の決定（本件民事調停決定）がなされた。本件民事調停決定は確定し、裁判上の和解と同一の効力を持つこととなった。なお、本件民事調停決定において、本件遺言が無効であることの確認はなされていない。

㋐ 本件被相続人の財産は、請求人、L、M、N、Q及びSのグループ（請求人グループ）、T、P及びRのグループ（Tグループ）並びにW会がそれぞれ取得する。

㋑ W会は別表○〔省略〕に記載の各財産を取得する。請求人グループ、Tグループ及びW会は、遺産から寄附行為として行われることを確認する。

㋒ 請求人グループは、別表○〔省略〕記載の財産を取得する（以下、本件被相続人の財産のうち、W会が取得する財産を「W会財産」、それ以外の財産を「その他財産」という。）。

⑥ 請求人グループは本件民事調停決定を受けて、請求人グループ内で協議を行い、分割の合意（本件分割協議）が成立した。

## 当事者の主張

◆納税者の主張

本件第2次更正処分は、次のとおり、誤った判断の基に行われたものであり、その全部が取り消されるべきである。

本件民事調停決定及び本件分割協議のとおり、本件被相続人の財産をそれぞれ取得することとなったところ、このうち、W会財産については、本件相続開始後は、遺産の全てをTが支配し、実質取得していたものであり、本件民事調停決定後も、請求人グループが取得した財産以外については、Tが支配していることに変わりがないから、本件民事調停決定の時点で分割が行われ、全てTが取得したので、Tに課

税すべきである。

なお、W会財産は、本件相続税の課税価格の合計額に含まれる。

◆課税庁の主張

本件民事調停決定及び本件分割協議に基づき、「その他財産」について、分割が確定したことから、Lは修正申告書を提出したものであり、M、N及びS（以下「Mら」という。）については、更正の請求をすることができると判断したものである。

また、「W会財産」については、本件相続税の課税財産となるものの、各相続人の相続する割合は未定であり、本件民事調停決定後も未分割である。そのため、各相続人の課税価格の計算においては、「W会財産」を具体的公平な分配により、すなわち、実際に各相続人が取得した「その他財産」の価格の割合に照合する形で分配することが最も合理的である。

そうすると、各相続人の課税価格は、取得した「その他財産」の価格と「W会財産」を分配した価格の合計価格となり、これにより、更正の請求書を提出したMらは、課税価格、相続税額が過大となることから、相続税法32条1号の事由に該当し、課税価格、相続税額が過少となる請求人については、同法35条3項の規定に基づき本件第2次更正処分を行ったものである。

## 審判所の判断

1 法令解釈

(1) 相続税法32条1号について

相続税法32条1号に基づく更正の請求は、①まず、同法55条の規定に基づいて、未分割財産について、民法の規定による相続分の割合に従

って課税価格が計算されていること、②次に、当該未分割財産が分割されたこと、③そして、当該分割の結果に従って相続税の課税価格を計算すると、上記①の課税価格と異なることとなったこと、という要件を充足する必要があることから、仮に上記①の要件を満たしている場合であっても、上記②及び③の要件を満たさない場合には、同号の更正の請求の要件を満たさないことになる。

(2) 相続税法35条3項について

相続税法35条3項は、同法32条の規定による更正の請求に基づいて減額更正をする一方で、当該更正の請求をした者の被相続人から相続により財産を取得した他の者に対しては、国税通則法70条所定の更正又は決定に係る期間制限が経過した後であっても、更正又は決定をすることができるとするものである。

このような相続税法35条3項と同法32条との関係からすれば、同法35条3項の規定に基づいて行う更正処分は、同法32条の規定による適法な更正の請求に基づいて減額更正処分が行われたことを前提とするものであると解するのが相当である。

2 認定事実

請求人及びMら（以下「請求人ら」という。）の本件相続税の課税価格計算の推移は次のとおりである。

① 原処分庁は本件調査に基づき、「その他財産」については、本件遺言によって帰属が確定しているから相続税法55条の適用はないとして、また、「W会財産」については、本件遺言の効力が生じないから同条の適用があるとして、請求人に対しては本件第1次更正処分をし、M及びNに対しては、それぞれ減額更正処分をした。

② Sは、本件調査を受け、本件相続税について、平成21年2月2日に修正申告書を提出した。Sのこの修正申告（以下、上記①のM及びNに対する更正処分と併せて「本件修正申告等」という。）では、「W

事例　第1章　更正の請求事由　　　　　　　　　　　195

　会財産」については法定相続分で、「その他財産」については、現金2,000,000円を取得したとして課税価格が計算されている。
③　請求人らは、本件民事調停決定及び本件分割協議を基因として、平成22年5月21日にそれぞれ更正の請求をした。請求人らの各更正の請求は、本件第1次更正処分及び本件修正申告等において未分割とした「W会財産」を本件被相続人の財産に含めないで課税価格が計算されている。
④　原処分庁は、上記③の各更正の請求のうち、Мらの各更正の請求については、相続税法32条1号に規定する事由に該当するとして、平成22年11月24日付けでそれぞれ減額更正処分をするとともに、請求人の更正の請求については、同日付けで本件通知処分を行うとともに、同法35条3項に基づき本件第2次更正処分を行った。
　　当該減額の各更正処分及び本件第2次更正処分では、㋐本件民事調停決定に基づき、請求人らが取得することとなった「その他財産」については、本件分割協議により請求人らが取得することとなった財産の価額で、㋑「W会財産」については、上記㋐により請求人らが取得した「その他財産」の価格の割合で分配した価額で、請求人らの課税価格が計算されている。

3　本件通知処分の取消しの求めについて
　請求人は、当初、本件相続税について、W会財産を本件被相続人の財産に含めないで更正の請求をし、これに基づき本件通知処分の取消しを求めて審査請求をしたところ、前記「納税者の主張」のとおり、主張を転換した上で、本件通知処分の取消しを求めている。
　そうすると、審査請求において、その請求の利益があるか否かは納付すべき税額を基準として判断すべきところ、仮に、請求人の主張に理由があるものとして、請求人の本件相続税の課税価格及び納付すべき税額を計算すると、本件第1次更正処分の課税価格及び納付すべき

税額をそれぞれ上回ることとなるから、請求人の主張は、むしろ本件通知処分を正当とする主張と解さざるを得ず、本件通知処分についてなされた審査請求は請求の利益を欠く不適法なものである。

4 　争点（本件第2次更正処分は、他の共同相続人の相続税法32条1号に基づく更正の請求を前提としたものか否か）について

(1) 　相続税法32条1号に基づく更正の請求

相続税法35条3項の規定に基づく更正処分が適法になされるためには、前提として、他の相続人につき、同法32条の規定による適法な更正の請求に基づく更正処分が行われなければならない。この点、原処分庁は、前記「課税庁の主張」のとおり、Мらの各更正の請求が適法なものであることを前提としていると解される。

そこで、Мらの各更正の請求が同法32条1号の事由に該当するか否かについて検討すると次のとおりである。

　　ア 　「その他財産」について

本件修正申告等におけるМらの本件相続税の課税価格のうち、「その他財産」部分については、本件遺言に基づいて計算されており、そもそも、相続税法55条が適用されないので、上記1(1)の①の要件を満たさないこととなる。

　　イ 　「W会財産」について

　　　(ア) 　W会が「W会財産」を取得したことについて

財団法人W会は、財団設立のための条件を満たさず設立されなかったことからすると、本件遺言のうち、当該部分については、その効力が生じないと解するのが相当であり、そうすると、「W会財産」は、民法995条《遺贈の無効又は失効の場合の財産の帰属》の規定により、本件相続人らに共有で帰属することとなったと解される。

上記のとおり、「W会財産」は、本件相続人らに共有で帰属していたことを踏まえれば、本件相続人ら全員の総意により、同人らに共有で

帰属している「W会財産」をW会へ寄附したと解するのが相当であり、「W会財産」については、本件民事調停決定をもって分割されたとみるのが相当である。

この場合において、「W会財産」がどのような割合で分割されたかについては、本件相続人らの間で「W会財産」がW会に帰属することについて、争いがなかったことからすると、「W会財産」が法定相続分と異なる割合でW会へ寄附されたと解する事情はないから、「W会財産」は本件相続人らの法定相続分の割合でW会に寄附され、その割合で分割されたとみるのが相当である。

(イ) 上記1(1)の①ないし③の要件について

まず、本件修正申告等におけるMらの課税価格のうち、「W会財産」部分については、法定相続分で計算されているので、上記①の要件を満たしている。

また、「W会財産」については、本件民事調停決定をもって分割が確定したとみるのが相当であるから、②の要件を満たしている。

しかしながら、「W会財産」は、本件相続人らにおいて、法定相続分で分割されたとみるのが相当であり、本件民事調停決定の前後で「W会財産」に係る課税価格は変動がないから、③の要件は満たさないことになる。

上記ア及びイのことからすると、Mらの各更正の請求は、いずれも、相続税法32条1号の要件を満たすものとは認められない。

(2) 原処分庁の主張について

原処分庁は、前記「課税庁の主張」のとおり、「W会財産」については、本件相続人らが取得した「その他財産」の価格の割合に照合する形で「W会財産」を分配することが最も合理的であると主張する。

しかしながら、上記(1)イ(ア)のとおり、本件相続人らの法定相続分でW会に寄附され、その割合で分割されたとみるのが相当であるから、

原処分庁の主張には理由がない。
5　本件2次更正処分について
　以上のとおり、Mらの各更正の請求は、相続税法32条1号による更正の請求の要件を満たすものとは認められず、本件第2次更正処分は、相続税法35条3項の要件を満たさない。
　また、本件においては、国税通則法70条の更正の期限を徒過していると認められるから、本件第2次更正処分が同法24条の更正として適法となる余地もない。
　したがって、その他の請求人の主張を判断するまでもなく、本件第2次更正処分は、違法なものであるから、その全部を取り消すべきである。

解　説

1　本事例は、請求人からは、争点に対する的確な主張がなされませんでしたが、審判所が相続税法32条1号〔現行32条1項1号〕の要件を明らかにし、原処分庁の主張する相続税法35条3項の前提となる相続税法32条1号〔現行32条1項1号〕に該当するとした更正の請求が、これに該当しない違法なものであると判断した事例です。
2　本件遺言は無効の判断はなされていないから有効として取り扱われ、本件遺言の財団法人設立の条項の部分だけが無効となり、この部分だけが未分割部分となり、当該未分割部分が相続税法55条の適用対象となります。
　原処分庁は、本件遺言の有効な部分について、これと異なる分割をした結果をみて、当該部分についても、未分割であったかのように捉え、「W会財産」及び「その他財産」に分けて考えず、全体として相続税法32条1号〔現行32条1項1号〕の要件を満たす適法な更正の請求と誤認したものと思われます。

## 〔20〕 更正の請求の直前における請求人の相続税の課税価格は相続税法55条の規定に従って計算されていないから、相続税法32条〔1項〕1号の要件を欠くとした事例

(国税不服審判所裁決平20・10・29裁事№76・440（棄却）)

### 争　点

遺言に従って申告した後、遺言の無効が確定し、遺産分割が行われたことが相続税法32条1号〔現行32条1項1号〕に規定する事由に該当するか否か。

### 事　案　の　概　要

【事案の概要】

本件は、請求人が遺産分割の審判が確定したから相続税法32条の規定に該当するとして行った更正の請求について、原処分庁が、更正をすべき理由がない旨の通知処分を行ったのに対し、請求人がその全部の取消しを求めた事案である。

【認定事実】

① 請求人は、平成4年3月○日に死亡したA（被相続人）の相続の開始に係る相続税について、法定申告期限内に申告（本件申告）した。
② 本件相続に係る相続人は被相続人の養子である請求人、長男B、長女C、二女D及び三女E（以下、C、D及びEを併せて「Cら」という。）の5名である。
③ 遺言者を被相続人とする平成3年7月○日付け遺言公正証書には、

遺産の全部を請求人に相続させる旨の記載がある。
④　請求人は、遺産の全部を取得し、被相続人に係る債務及び葬式費用の全部を負担するものとして、課税価格を計算し、本件申告を行った。
⑤　Cらは、請求人を被告として平成4年○月○日に本件遺言が無効であることの確認を求める訴え（本件無効確認請求事件）をH地方裁判所に提起したところ、同裁判所は平成7年○月○日、本件遺言が無効である旨の判決をした。
⑥　請求人がこれを不服として、J高等裁判所に控訴したところ、同裁判所は平成9年○月○日控訴を棄却する旨の判決をした。
⑦　請求人は、上記⑥の判決を不服として最高裁判所に上告したところ、同裁判所は、平成9年○月○日上告を棄却する旨の判決（本件最高裁判決）をしたため、本件遺言が無効である旨の判決が確定した。
⑧　Cらは、K家庭裁判所に対し、請求人及びBを相手方として、平成10年2月○日に被相続人の遺産の分割を求める調停を申し立てたが、同年6月○日に調停が不成立となり、同日、審判に移行し、同裁判所は平成18年2月○日付け審判で、被相続人の遺産を分割した。
⑨　請求人は上記⑧の審判を不服としてJ高等裁判所に即時抗告を行ったところ、同裁判所は、平成18年○月○日、抗告を棄却する旨の決定をした。
⑩　請求人は上記⑨の決定に対して、J高等裁判所に対して許可抗告の申立て及び特別抗告の書類提出を行ったところ、同裁判所は許可抗告の申立てについて、平成18年○月○日、許可抗告を許可しない旨の決定をした。また、最高裁判所は、平成18年○月○日、上記特別抗告を棄却する旨の決定をした。
⑪　請求人は、遺産分割の審判が確定したとして平成19年2月9日、更正の請求（本件更正の請求）をした。

## 当事者の主張

**◆納税者の主張**

　本件申告時においては、本件無効確認請求事件が係属中であり、正式に遺産の分割が完了していた事実はないから、本件申告は、相続税法55条の規定により、まだ分割されていない遺産について、本件遺言による包括遺贈の割合に従って取得したものとして課税価格を計算したものである。

　その後、平成18年○月○日、遺産の分割が確定し、本件申告に係る課税価格が過大となることを知ったため、更正の請求を行ったものである。したがって、本件更正の請求は、相続税法32条1号に規定する要件を備えた適法なものである。

**◆課税庁の主張**

　本件申告は、本件遺言に基づき、遺産の全部を請求人が取得したとしてなされており、まだ分割されていない遺産について相続税法55条の規定により計算されたものとは認められない。

　したがって、本件更正の請求は、相続税法32条1号の事由に該当しない不適法なものである。

## 審判所の判断

1　法令解釈（相続税法32条1号について）

　相続税法32条1号は、同法55条の規定により分割されていない財産について、民法（904条の2を除く。）の規定による相続分又は包括遺贈の割合に従って課税価格が計算されていたこと及びその後当該財産の分割が行われたことを、その要件としていることから、同号の規定に

基づく更正の請求は、単に相続財産の分割が行われ、相続財産の分属が決まり、その結果に従って相続税の課税価格を計算すると申告等（更正又は決定を含む。）に係る課税価格と異なることとなるというだけでは足りず、①当該分割が行われる前には、遺産共有の状態にあった分割の対象とされた財産について、民法（904条の2を除く。）の規定による相続分又は包括遺贈の割合に従って課税価格が計算された申告等が行われていること、②当該申告等において未分割財産とされていた財産が分割されたことが必要であり、①の申告等がなされていない場合には、同条1号の更正の請求の要件を満たさないことになる。

2　判断（本件更正の請求について）

　本件について、審判による遺産の分割までの経緯をみると、請求人が本件申告を行った後、上記「認定事実」⑤ないし⑩のとおり、本件遺言は、その効力を争った訴訟において、無効であることが確認され、その確定した判決を踏まえて、共同相続人間で遺産分割の手続が行われ、審判による分割がなされたものである。

　そうすると、本件遺言が無効である旨の判決が確定した本件最高裁判決により、全ての相続財産は遺産共有の状態、すなわち未分割の状態にあることが明らかにされたものと認められ、その後、審判によりその未分割の状態にあった財産の分割が行われたのであるから、その未分割の相続財産について、相続税法55条の規定に基づく申告等がなされていたかどうかで、本件更正の請求が、同法32条1号の更正の請求の要件である「相続税法55条の規定により分割されていない財産について民法（904条の2を除く。）の規定による相続分又は包括遺贈の割合に従って課税価格が計算されていたこと」を満たすか否かを判断すべきこととなる。

　この点、本件申告は、本件最高裁判決前になされているものであって、本件更正の請求直前における請求人の相続税の課税価格は、本件

最高裁判決により未分割の状態にあった相続財産について、相続税法55条の規定に基づき計算されたものでないことは明らかである。
　したがって、本件更正の請求は、相続税法32条1号に規定する要件を欠くものである。

## 解　説

1　本事例の場合、請求人は、どのような手続を経れば更正の請求ができるのかを検討すると、本件最高裁判決により本件遺言の無効が確定され、遺産は未分割の状態となったので、請求人は、相続税法55条の規定により遺産の5分の1の財産を取得したものとして課税価格を計算することになります。この結果、税額が過大となるので、平成4年の当時としての税制では、まず、国税通則法23条2項1号に規定する事由によって、更正の請求をし、更正の請求のとおり減額更正処分を受けます。次に、遺産分割の審判の結果、請求人の取得財産がさらに減少することになれば、今度は、この時点で、相続税法32条1号〔現行32条1項1号〕に規定する事由によって、更正の請求をすることになります。

2　平成15年1月1日以後の相続開始であれば、遺言の無効が確定された時点で、国税通則法23条2項1号ではなく、相続税法32条1項6号及び相続税法施行令8条2項1号に規定する事由によって更正の請求をすることになります（〔事例29〕を参照してください。）。
　そして、遺産分割の審判の結果を受けて、取得財産がさらに減少する場合に、相続税法32条1項1号に規定する事由によって2度目の更正の請求をする点は上記1と同じです。

## 2 財産の分割（1項1号）

〔21〕 請求人が相続放棄をしていたことを理由に、遺産分割審判の無効確認をするとともに、その審判を前提にされた各土地についての各所有権移転登記等の抹消登記手続を命じる判決は、相続税法32条〔1項〕1号に規定する「財産の分割」及び同施行令8条2項1号に規定する「判決」に該当しないとした事例

（国税不服審判所裁決平29・1・12（非公開裁決）（大裁（諸）平28-34）（棄却））

### 争 点

1 〔事例21〕の見出し中の判決により、相続税法32条1号〔現行32条1項1号〕に規定する相続財産の分割が行われたといえるか否か。
2 上記の判決が、相続税法32条6号〔現行32条1項6号〕の委任を受けた相続税法施行令8条2項1号に規定する「相続財産についての権利の帰属に関する訴えについての判決」に該当するか否か。

### 事 案 の 概 要

【事案の概要】
　本件は、審査請求人（以下「請求人」という。）が、亡母の相続に係る相続税について、相続税法（平成23年法律第114号による改正前のもの）32条の規定に基づく更正の請求をしたのに対し、原処分庁が更正

をすべき理由がない旨の通知処分をしたことから、請求人が、原処分の全部の取消しを求めた事案である。

【認定事実】
① 請求人は、本件相続について、熟慮期間の伸長の申立てを2度行った上、伸長後の熟慮期間内に相続放棄の申述をし、平成20年12月25日、家庭裁判所はこれを受理した。
② Aは平成23年7月25日、請求人らを相手方として本件相続について遺産分割審判の申立てをした。
③ 請求人は、平成24年2月24日、相続税法55条の規定に基づき、民法の規定による相続分の割合に従って当該財産を取得したものとしてその課税価格を計算し、本件相続に係る相続税の期限後申告をした。
④ 上記②の遺産分割審判の申立てに対し、本件法定相続人らの各法定相続分がいずれも3分の1であることを前提に、遺産分割として本件相続財産に含まれる本件各土地を請求人に取得させることを内容とする審判がなされ、平成26年3月12日に確定した。
⑤ Aは平成26年10月20日、請求人らを被告として、上記④の審判の無効確認を求めるとともに、本件各土地についての所有権移転登記等の抹消登記手続等を求める訴えを提起した。
⑥ 上記⑤の訴訟について、請求人が上記①の申述をし、これが受理されたことから、請求人は本件相続の相続人ではなくなり、その結果、上記④の審判は相続人でない者を相続人とし、その全体が無効というほかないなどとして、上記④の審判が無効であることを確認するとともに、本件各土地についての所有権移転登記等の抹消登記手続等を命じる判決（本件判決）が確定した。
⑦ 請求人は、平成27年7月21日、本件相続に係る相続税について、相

続税法32条の規定に基づき、更正の請求をしたところ、原処分庁は同年10月19日付けで、更正をすべき理由がない旨の通知処分をした。

## 当事者の主張

◆納税者の主張

1 争点1について

共同相続人の1人が遺産分割調停において相続財産を取得しないことが確定した場合、相続税法32条1号の適用が認められているところ、本件判決は、請求人が相続放棄の申述をしていたことを理由に本件審判を無効としていることから、同判決によって、はじめて、請求人の相続分が3分の1から零となったといえる。このことは、相続税法32条1号に規定する「財産の分割が行われ」た場合に該当する。

2 争点2について

請求人の本件相続に係る相続分が3分の1から零に変更された旨の本件判決は、相続税法32条6号の委任を受けた相続税法施行令8条2項1号に規定する「相続若しくは遺贈又は贈与により取得した財産についての権利の帰属に関する訴えについての判決」に該当する。

◆課税庁の主張

1 争点1について

相続税法32条1号に規定する「財産の分割」がされたというには、共同相続人間の協議又は家庭裁判所の審判による遺産分割の実行がされてなければならないところ、本件において、共同相続人間で財産を分割する協議がされた事実は認められない。また、本件審判は、本件判決により無効とされており、本件判決も、本件審判が無効であることを確認したものであって、遺産分割を実行するものではない。

したがって、本件において、相続税法32条1号に規定する「財産の分割」がされた事実はない。
2　争点2について
　本件判決は、相続税法32条6号の委任を受けた相続税法施行令8条2項1号に規定する「相続若しくは遺贈又は贈与により取得した財産についての権利の帰属に関する訴えについての判決」には該当しない。

## 審判所の判断

1　争点1について
　(1)　本件判決は、請求人が本件相続について相続放棄をしていたことを理由に、本件審判が無効であることを確認するとともに、本件審判を前提にされた本件各土地についての各所有権移転登記等の抹消登記手続を命じることなどを内容とするものであり、これによって本件相続財産の分割が行われたとはいえない。
　　　したがって、本件更正の請求は相続税法32条1号所定の要件を満たさない。
　(2)　請求人は、共同相続人の1人が遺産分割調停において相続財産を取得しないことが確定した場合、相続税法32条1号の適用が認められていることからして、本件判決があったこともこれと同様に解される旨主張するが、請求人が主張する事例と本件判決とは場面を異にするから、請求人の主張は採用することができない。
2　争点2について
　(1)　法令解釈
　相続税法32条の規定は、相続税特有の更正の請求の事由について定めたものであり、更正の請求に関する一般的規定である国税通則法23

条に対し、特例的規定と位置付けられる。

　そして、国税通則法23条2項に定めるいわゆる後発的事由による更正の請求は、申告書を提出した者が、その申告時には予測し得なかった事態その他やむを得ない事由が後発的に生じたことにより、遡って税額等の減額をなすべきこととなった場合に、同条1項の所定の期間が過ぎていることを理由に更正の請求が認められないとすると納税者にとって酷となるような一定の場合について、同項所定の期間経過後においても更正の請求を認め、例外的にその救済を図ろうとするものであり、その中の同項1号は、後発的事由の1つとして、「課税標準等又は税額等の計算の基礎となった事実に関する訴えについての判決（判決と同一の効力を有する和解その他の行為を含む。）により、その事実が当該計算の基礎としたところと異なることが確定した」ことを定めている。

　上にみた国税通則法23条2項の趣旨及び同条と相続税法32条の関係を鑑みると、相続税法施行令8条2項1号に規定する「判決」と、国税通則法23条2項1号に規定する「判決」とは、その基本的な性質を同じくするものであると解するのが相当である。

　そうすると、相続税法施行令8条2項1号に規定する「判決」は、国税通則法23条2項1号に規定する「判決」と同様に、当該判決について、納税者において申告時に予測し得なかった事態その他やむを得ない事由が生じたと評価できるものでなければならないものと解するのが相当である。

（2）　検　討

　これを本件についてみると、請求人は、自ら申述をして、本件相続について相続放棄をしたにもかかわらず、これと矛盾する内容の、請求人が本件相続に係る相続税の納税義務者であることを前提とする本件期限後申告をし、さらに、その後の遺産分割審判においても、相続

放棄をしていることを家庭裁判所に申し出なかった結果、相続人でないことが看過されて、本件審判がされたことが認められる。

　これらの事情に照らすと、請求人が本件相続について相続放棄をしていたことを理由に、本件審判が無効であることを確認するとともに、本件審判を前提にされた本件各土地についての各所有権移転登記等の抹消登記手続を命じることなどを内容とする本件判決は、納税者において申告時に予測し得なかった事態その他のやむを得ない事由が生じたと評価できるものではなく、相続税法施行令8条2項1号に規定する「判決」に該当しないものというべきである。

　したがって、本件更正の請求は、相続税法32条6号及び相続税法施行令8条2項1号所定の要件を満たさない。

### 解　　説

　請求人は、相続放棄をしており、相続税の納税義務者とはなり得ないのに誤って相続税の申告をしたことになりますが、前記「審判所の判断」で述べられているとおり、相続税法32条1号及び6号〔現行32条1項1号及び6号〕に規定する更正の請求の事由には該当しません。

　なお、請求人の申告は、国税に関する法律に従っていない過大な税額となっているため、国税通則法23条1項1号に規定する事由には該当しますが、既に同条所定の期間を経過しているため、同法による更正の請求もできず、もはや是正する方法はないということになります。

〔22〕 株式の共同相続人の一部の者の当該株式に係る相続持分の放棄は、遺産分割又は遺産分割の協議に該当しないとした事例

(東京地判平21・10・8税資259・順号11289（棄却・控訴）)

(参考：東京高判平22・2・10税資260・順号11377（棄却・上告）)

(参考：最判平22・12・24税資260・順号11589（不受理）)

## 争　点

単独行為である共有持分の放棄（民255）による遺産分割が可能か否か。

## 事　案　の　概　要

【事案の概要】

　本件は、昭和59年に死亡した丙の共同相続人である原告らが、その相続に係る未分割遺産であった株式会社A（本件会社）の株式24,700株（本件株式）につき、亡丙の相続に係る相続税の申告後（本件会社の清算中）の平成18年6月又は7月に遺産分割がされたとして、同年9月6日付けで相続税法32条1号に基づき更正の請求をしたところ、処分行政庁が、平成19年3月13日、本件株式につき遺産分割がされたとは認められないとして、上記更正の請求は更正をすべき理由がない旨の通知処分（本件各通知処分）をしたことから、本件各通知処分の取消しを求めた事案である。

事例　第1章　更正の請求事由　　　　211

【認定事実】
① 亡丙は、昭和59年9月25日に死亡した。亡丙とその妻である亡丁（昭和19年死亡）との間には、長女の戊、二女の乙（選定者）、長男のB（亡B）、二男のC、三女のD、四女の甲（原告）（以下、原告及び選定者を併せて「原告ら」という。）の2男4女の子があり、これらの者が亡丙の共同相続人となった。
② 亡Bは、平成7年1月17日に死亡し、その妻であるEが亡Bの単独相続人となった。
③ 原告らは、昭和59年9月25日以降本件株式について、それぞれ6分の1の相続持分を有していた。他方Eは、亡Bが原告ら以外の亡丙の相続人らから相続持分を譲り受けて本件株式のうち6分の4の相続持分を有していたことから、平成7年1月17日以降、これを亡Bから相続して有していた。
④ 原告らは、平成18年1月31日、Eの代理人に対し、本件株式の分割協議のため、Eが亡Bから相続して取得した株式の返却がされる必要があるとし、その遺産分割協議を行うための日時及び場所を連絡されたい旨の申入れをした。
⑤ Eは、平成18年5月2日、Eの代理人を通じ、前記④に対する本件回答書を原告らに発出した。本件回答書には、本件会社については、今後、清算人が選任され、本件会社の残余財産を株主に対して配当することが見込まれるので、本件株式については、改めて共有物の分割をする必要はなく、配当金を共有持分で按分することによって解決が可能であると思われる旨の回答が記載されている。
⑥ 原告は平成18年7月26日、「乙及び甲は、このたび、共有持分の放棄に関する民法255条に基づき、それぞれが当該株式につき有する共有持分（乙6分の1、甲6分の1）を放棄いたしました。」と記載した「通知書」と題する書面をEの代理人に宛てて送付した。

⑦　Eは平成19年1月22日、代理人弁護士を通じて、税務署調査官に宛てて「Eは、甲、乙両氏の持分を取得する意思が全くありませんし、両氏の持分の取得を強制される理由はありません」等と記載した文書を送付している。

## 当事者の主張

◆納税者の主張

民法907条は、遺産分割について、協議分割が原則であると定めているが、それ以外の方法を排除したものとはいえないところ、相続財産の共有は、民法249条以下の共有と性質を異にするものでないから、共有持分の放棄（民255）による遺産分割も可能であり、相続開始時に遡って遺産分割の効力が生じる（民909）。

本件において、原告らは、平成18年7月26日、本件株式に係る共有持分を放棄し、原告らの当該各単独行為により遺産を他の共同相続人の単独取得とする遺産分割が成立し、相続開始時に遡って、原告らが放棄した共有持分が他の共有者であるEに帰属したものである。

◆課税庁の主張

原告は、共同相続において、共有持分を有する相続人が共有持分の放棄（民255）をした場合には、遺産分割として民法909条の適用があると主張するが、このような解釈は採り得ない。

## 裁判所の判断

1　相続税法32条1号の「財産の分割」の意義

相続税法32条1号の「財産の分割」とは、遺産分割（民906以下）をいうところ、遺産分割の実行については、共同相続人間の協議によるの

が原則とされ、協議が不調又は不可能である場合には家庭裁判所の審判によることとされている（民907①②）。そして、遺産分割は、共同相続人各自が当該相続関係の確定によって取得した権利義務の割合を基本的に変えることなく（ただし、寄与分につき、民904の2）、この権利義務の内容を具体的に形成し確定する手続であり、そのためには、共同相続人各自が個々の相続財産に係る持分権の取得又は喪失の原因となる処分（処分権の行使）を行う必要があるから、家庭裁判所の審判によらず遺産分割が成立するためには、相続人全員の合意による協議の成立が必要となり、一部の相続人の単独行為としての共有持分の放棄のみによって遺産分割が成立するものではないというべきである。

　そうすると、共同相続人の中に、相続分又は特定の財産に係る相続持分の放棄の意思を表示した相続人がある場合において、家庭裁判所の審判によらずにその放棄の効果に沿った内容の遺産分割が成立するためには、他の相続人の中にも譲受けの意思を表示する者がいて放棄の意思を表明した相続人との間で意思の合致をみることにより、放棄の意思を表示した相続人の相続分又は相続持分を零とし、譲受けの意思を表示した相続人が1名のときは相続財産の全部、複数のときはその相続分又は相続持分の割合に応じて按分した部分を帰属させる旨の全員の合意による協議の成立が必要となり、一部の相続人の単独行為としての共有持分の放棄のみによって遺産分割が成立するものではないと解するのが相当である。

2　判　断
　(1)　平成18年7月26日の時点における遺産分割の成否について検討するに、原告が、平成18年7月26日、「乙及び甲は、このたび、共有持分の放棄に関する民法255条に基づき、それぞれが当該株式につき有する共有持分（乙6分の1、甲6分の1）を放棄いたしました。」と記載した「通知書」と題する書面をEの代理人に宛てて送付した。これに対し、Eは上記通知書を受領した後において

も、本件会社との関係においては株主名簿の名義書換をすることなく、代理人弁護士を通じて、税務署調査官に宛てて、原告らの本件株式に係る共有持分を取得する意思がない旨通知しているのであって、前記「認定事実」⑤のEによる本件株式の分割協議は不要である旨の本件回答書の文面を併せ考えると、Eは終始、原告らの本件株式に係る共有持分を原告らとの協議によって取得することを受け入れる意思を有していなかったことが認められ、Eにおいて、原告らからの共有持分の譲受けを追認した事実を認めるに足りる証拠もない以上、原告らが本件株式の各共有持分を放棄したとしても、Eにおいては、当該各共有持分の譲受けの意思がなく、その譲受けの意思を原告らに対して表示したことがないと認めるのが相当である。

　そうすると、原告が主張する本件株式に係る各共有持分の放棄は、Eにおいて、その譲受けの意思がなく、その意思の表示もされていない以上、これについて、相続人間の意思の合致はなく、相続人の一部である原告らの単独行為としての共有持分の放棄のみによっては、相続人全員の合意による遺産分割の協議が成立したと認めることはできない。

(2)　原告は、共同相続に係る共有物が未分割遺産の場合には、民法255条所定の共有持分の放棄の効果が、通常の共有持分の放棄と異なり、民法909条に基づいて相続開始時に遡及するのであって、共同相続により共有状態が形成された場合に単独行為としてした放棄（民255）は遺産分割に該当する旨主張する。

　しかしながら、前記1のとおり、遺産分割は協議又は家庭裁判所の関与する手続によってのみ成立するとされ、遺産分割の協議は、共同相続人の一部の単独行為では足りず、相続人全員の意思の合致が必要とされるのであり、原告の主張はこの点におい

て前提を欠くものというほかなく、民法上、単独行為である共有持分の放棄（民255）は、相続人全員の意思の合致による遺産分割の協議（民906以下）とは異なる要件・効果の規律に服するのであって、原告の上記主張は採用することができない。

　以上によれば、平成18年7月26日に原告らの共有持分の放棄により原告らとEとの間に相続税法32条1号の「財産の分割」としての遺産分割が成立したとする原告の主張は、理由がない。

## 解　　　説

　共有している物の共有持分を共有者の1人が放棄したとき又は死亡して相続人がないときは、その持分は他の共有者に帰属することになっています（民255）。

　この場合、他の共有者は、何らの対価を支払うことなく財産の増加を来すことになるので、相続税法9条の規定により、共有者が持分を放棄した場合は、その放棄した持分を他の共有者がその持分に応じて、贈与により取得したものとして取り扱われます（相基通9-12《共有持分の放棄》）。

　本事例では、相続人の一部の単独行為としての共有持分の放棄のみによっては、相続人全員の合意による遺産分割の協議が成立したと認めることはできないと判示されました。

　なお、本事例では記載を省略しましたが、Eは、相続税法9条（相基通9-12）の定めに従い、平成18年7月の甲及び乙の共有持分の放棄により、これを取得する意思の有無にかかわらず、平成19年3月、本件株式に係る原告らの各持分の合計である6分の2に相当する本件会社の残余金を、平成18年分の贈与による取得として贈与税の申告を行っています。

〔23〕 「相続させる」旨の遺言は、死亡の時に直ちに遺産全部について分割の効果が生じ、再分割される余地はないから、相続税法32条〔1項〕1号の規定の適用の前提を欠くとした事例

(国税不服審判所裁決平23・12・6裁事№85（棄却))

## 争点

「相続させる」旨の遺言の法的効果とは。

## 事案の概要

【事案の概要】

　本件は、審査請求人A及び同C（以下「請求人ら」という。）が、相続税の申告後、遺留分減殺請求に係る和解の成立により、他の共同相続人に対して返還等すべき額及び上記申告において相続財産としていた定額貯金の不存在が、いずれも確定したとして更正の請求を行ったのに対し、原処分庁が、定額貯金が不存在であるとする部分については国税通則法70条《国税の更正、決定等の期間制限》2項により、更正することができる期間を徒過していることから、当該部分は更正しないとして各処分を行ったことから、当該部分を認めなかった上記各処分の全部の取消しを求めた事案である。

【認定事実】

① 本件相続に係る法定相続人は本件被相続人の妻E、長女である審査請求人A、二女F及び養子である審査請求人C（Aの子）の4名で

ある。
② 本件被相続人（D）は、平成15年5月22日、遺言公正証書により、要旨次のとおり、遺言した。
　㋐ 本件被相続人の有する8か所の不動産その他一切の財産をA及びCに各2分の1の割合により相続させる。
　㋑ 本件被相続人は本件被相続人に対し○○○○をしてきた妻Eが相続人であることを廃除する。
　㋒ 本件被相続人は○○を全くしないなど本件被相続人に対する二女Fの態度を許すことができないので上記のとおり遺言した。
③ 請求人らは、平成15年5月○日（本件相続開始日）に死亡したDの相続に係る相続税について、各財産を2分の1の割合で取得したものとして相続税の申告を法定申告期限までにした。なお、本件申告において、相続財産として計上されていたD名義の定額貯金10,003,526円（本件貯金）は、本件申告書を作成した請求人らの関与税理士が、Dが生前経営していた会社の関与税理士が作成した「相続財産の確認表」に記載されていた定額郵便貯金10,000,000円に利息を上乗せして算出したものであった。
④ 妻E及び二女Fは、平成16年4月8日、請求人らに対し、本件相続に係る遺留分減殺請求を行ったが、請求人らがこれに応じなかったため、平成19年3月○日、遺留分減殺請求訴訟を提起した。
⑤ 平成22年3月○日、上記④の訴訟の全当事者間において、裁判上の和解（本件和解）が成立した。
⑥ 請求人らは、それぞれ、平成22年7月29日、原処分庁に対し、本件和解の成立により、他の共同相続人に対して返還すべき額及び本件申告において相続財産として計上していた本件貯金の本件相続開始日における不存在が確定したとして、各更正の請求（本件更正の請求）をした。

⑦　これに対し、原処分庁は、平成22年10月29日付けで、遺留分減殺請求に基づく返還額等の確定による課税価格及び相続税額の減額のみを認め、本件貯金の不存在が確定したとする部分についてはその更正をすべき理由がないとする旨の各更正処分を行った。

## 当事者の主張

◆納税者の主張

1　本件申告の相続税法55条該当性

　本件遺言は相続分の指定をしたものにすぎず、相続人間で自由に遺産分割することを認めるものであるから、本件遺言によって相続財産全部が請求人らに各2分の1の割合で分割されたとはいえない。

2　本件貯金に係る遺産分割の有無
　(1)　本件和解は、遺留分減殺請求に基づく財産の返還のみならず、遺留分減殺請求者との間で、本件申告書に記載された相続財産全部（本件貯金を含む。）について遺産分割協議もされたものである。
　(2)　本件和解において、本件貯金は、請求人らの相続財産に含まれていないから、本件貯金は、遺留分減殺請求者に帰属する旨の遺産分割が成立したと認めるべきである。

◆課税庁の主張

（本件申告の相続税法55条該当性）

　本件遺言は、相続財産の全てを請求人らに各2分の1の割合で「相続させる」趣旨である。「相続させる」趣旨の遺言は、その趣旨が遺贈であることが明らかであるか又は遺贈と解すべき特段の事情がない限り、遺産分割方法の指定がなされたものと解すべきところ、本件にお

いては、上記の事情は認められないから、本件遺言は、相続分の指定を伴う遺産分割方法の指定であると解すべきである。

そして、遺言により、遺産分割方法が指定された場合、法定相続人は、当該遺言の内容と異なる内容の協議はなし得ないと解されているから、本件においては、相続財産の全てが遺言により相続発生時に請求人らに各2分の1の割合で分割されたものといえる。

したがって、本件申告の時において、分割されていない相続財産は存在しなかったのであるから、当該申告が相続税法55条の規定に基づいたものとみる余地はない。

## 審判所の判断

1 遺言の解釈

(1) 被相続人の遺産の承継関係に関する遺言に関しては、遺言書に表明されている遺言者の意思を尊重して合理的にその趣旨を解釈すべきものであるところ、遺言者は、各相続人との関係にあっては、その者と各相続人の身分関係及び生活関係、各相続人の現在及び将来の生活状況及び資力その他の経済の事情を配慮して遺言をするのであるから、遺言書において、特定の遺産を特定の相続人に「相続させる」趣旨の遺言者の意思が表明されている場合、当該相続人も当該遺産を他の共同相続人と共にではあるが当然相続する地位にあることに鑑みれば、遺言者の意思は、上記各般の事情を配慮して、当該遺産を当該相続人をして、他の共同相続人と共にではなくして、単独で相続させようとする趣旨のものと解するのが当然の合理的な意思解釈というべきであり、遺言書の記載から、その趣旨が遺贈であることが明らかであるか又は遺贈と解すべき特段の事情がない限り、遺贈と解すべき

ではない。そして、上記「相続させる」趣旨の遺言、すなわち、特定の遺産を特定の相続人に単独で相続により承継させようとする遺言は、上記各般の事情を配慮しての被相続人の意思として、当然あり得る合理的な遺産の分割を定めるものであって、民法908条《遺産の分割の方法の指定及び遺産の分割の禁止》において被相続人が遺言で遺産分割の方法を定めることができるとしているのも、遺産分割の方法として、このような特定の遺産を特定の相続人に単独で相続により承継させることをも遺言で定めることを可能にするためにほかならない。したがって、「相続させる」趣旨の遺言は、正に同条にいう遺産分割の方法を定めた遺言であり、他の共同相続人も当該遺言に拘束され、これと異なる遺産分割協議はなし得ないのであるから、このような遺言にあっては、遺言者の意思に合致するものとして、遺産の一部である当該遺産を当該相続人に帰属させる遺産の一部が分割されたのと同様の遺産の承継関係を生ぜしめるものであり、当該遺言において、相続による承継を当該相続人の受諾の意思表示にかからせたなどの特段の事情のない限り、何らの行為を要せずして、被相続人の死亡の時（遺言の効力の生じた時）に直ちに当該遺産が当該相続人に相続により承継されるものと解すべきであり、その場合、当該遺産については、遺産分割協議を経る余地はないというべきである（最判平3・4・19民集45・4・477）。

(2) このことは、遺産全部を一部の相続人に「相続させる」旨の遺言をした場合でも同様に解すべきであり、被相続人の死亡の時に直ちに遺産全部について分割の効果が発生し、遺留分減殺の問題が残ることはあるにしても、もはや、当該遺産について再度の分割がなされる余地はない。

なお、この場合は当該相続人に法定相続分を超える遺産を相

続させることになるから、遺産分割方法の指定と同時に相続分の指定がなされたものと解すべきである。

## 2 判　断

本件遺言は本件被相続人が相続開始時点で有している全財産を法定相続人4名のうち請求人ら2名に対し、各2分の1の割合で「相続させる」旨明記されている。

そして、本件遺言では、単に、「被相続人の有する財産全部を請求人らに各2分の1の割合で相続させる」旨の記載ではなく、不動産8件を個別に掲記した上で、それらを含む一切の財産を「請求人らに各2分の1の割合で相続させる」旨記載されていること、本件被相続人は、本件遺言において、妻E及び二女Fには財産を相続させない意思を明確に表示していることからしても、本件遺言は遺産分割協議を経ることなく、相続開始により直ちに請求人らに各2分の1の割合で本件被相続人の有する財産全部を承継させようとするものと解釈するのが相当である。

すなわち、本件遺言は、請求人ら2名に対し、遺産全部を各2分の1の割合で相続させる旨の遺産分割方法の指定と、同時に相続分の指定をしたものと解すべきであり、そうすると、本件被相続人の死亡の時に遺産全部について直ちに分割の効果が発生し、当該遺産について再度の分割がなされる余地はない。

したがって、本件申告書の提出時に、本件被相続人の遺産の中に未分割のものはなく、本件相続に係る相続税の課税価格が相続税法55条の規定により計算されたものと認めるべき余地はないのであるから、本件においては、同条の適用があった場合に係る同法32条1号の規定の適用の前提を欠くものであって、本件和解が同号に規定する事由に該当しないことは明らかである。

以上のとおり、請求人の本件更正の請求のうち、当該主張に係る部

分について更正をすべき理由がないとした旨の本件処分は適法である。

## 解　説

1　請求人らが行った本件更正の請求は、相続税法32条3号〔現行32条1項3号〕（遺留分の減殺請求に基づき返還すべき、又は弁償すべき額が確定したこと）の事由に該当した部分について、原処分庁はこれを認め、定額貯金の不存在が確定したとする部分は、更正することができる期限を徒過しているとしてこの部分を認めませんでした。

　請求人らは、本件和解を相続税法32条3号〔現行32条1項3号〕ではなく、同条1号〔現行32条1項1号〕に該当するとして主張すれば、定額貯金をE及びFに帰属させることができるとして本件審査請求を行ったと考えられますが、本件遺言の「A及びCに各2分の1の割合で相続させる」という趣旨の遺言は、本件被相続人の死亡の時に遺産全部について直ちに分割の効果が発生し、当該遺産について再度の分割がなされる余地はなく、本件相続に係る相続税の課税価格が相続税法55条の規定により計算されたものと認めるべき余地はないと判断し、同条1号〔現行32条1項1号〕に該当するという主張を排斥しました。

2　平成30年7月6日に成立した「民法及び家事事件手続法の一部を改正する法律」において、遺留分に関する権利行使により生ずる権利を金銭債権化することや旧民法の「減殺請求」という用語を「遺留分侵害額の請求」という用語に改めることなどの遺留分制度の見直しが行われました（令和元年7月1日以後に開始した相続については、新民法が適用されます。）。

　この改正に伴い、平成31年度税制改正において、相続税法32条1項

| 事　例 | 第1章　更正の請求事由

3号について、「遺留分による減殺の請求に基づき返還すべき、又は弁償すべき額が確定したこと。」は「遺留分侵害額の請求に基づき支払うべき金銭の額が確定したこと。」と改正され、この改正は令和元年7月1日以後に開始する相続に係る相続税及び贈与税について適用されることとなっています。

　新民法適用後は、遺留分に関する権利の行使によって、遺留分権利者は、受遺者又は受贈者に対し、遺留分侵害額に相当する金銭の支払を請求することはできますが、本事例のように現物返還を求めることはできないこととなりました。

〔24〕 亡Aが第1次相続により取得した財産が遺留分に対する価額弁償をすることで減少したという理由に基づき、第2次相続に係る遺産の総額が減少したとする更正の請求は、相続税法32条〔1項〕1号に基づく事由に該当しないとした事例

(国税不服審判所裁決平24・4・5（非公開裁決）（東裁（諸）平23-198）（棄却））

## 争 点

亡Aが第1次相続で遺言に基づき取得した財産が、第1次相続の他の共同相続人に対して、遺留分に対する価額弁償をすることで減少したという理由により、第2次相続に係る遺産の総額が減少したとする事由は、第2次相続において、相続税法32条1号〔現行32条1項1号〕に該当するか否か。

## 事 案 の 概 要

【事案の概要】

本件はXを被相続人とする相続（第1次相続）の後、Xの配偶者であるAを被相続人とする相続（第2次相続）が開始し、Aの共同相続人の1人である審査請求人（以下「請求人」という。）は、第2次相続に係る遺産が未分割であるとして、相続税法55条《未分割遺産に対する課税》の規定に基づき課税価格を計算して相続税の申告（本件申告）をしたが、その後、和解の成立（本件和解）により、①第1次相続によりAが取得した財産が減少したため、第2次相続に係る遺産総額が減少した、②第2次相続に係る遺産分割が確定したとして、更正の請求（本件更正

の請求）をしたところ、原処分庁が、①により請求人の相続税額が減少したという理由は、相続税法32条1号の更正の請求の事由に当たらないとして、その部分については更正しないとして更正処分をしたことから、請求人が当該部分を認めなかった上記処分の取消しを求めた事案である。

【認定事実】
① Xは、平成18年3月2日、公正証書遺言（本件遺言）をした。
② Xの相続人は、第1次相続について、本件遺言に従って相続がなされたことを前提に、相続税の申告をした。
③ 請求人は、平成○年○月○日に死亡したAの相続について、取得財産の価額の合計額（遺産の総額）が○○円であり、この全部が未分割であるとして、第2次相続に係る相続税の申告書を法定申告期限までに原処分庁に提出した。
④ 請求人は、平成22年7月28日、本件和解の成立により、第2次相続に係る遺産の総額が減少して○○円となり、また、遺産分割が確定したとして別表〔省略〕の「更正の請求」欄のとおりとすべき旨の更正の請求（本件更正の請求）をした。

## 当事者の主張

◆納税者の主張
　相続税法32条1号には、「被相続人の遺産総額に異動が生じて、相続人の相続税額が減少した場合に適用されるものではない」との要件は記載されていないから、原処分庁の解釈は誤りである。

## ◆課税庁の主張

　相続税法32条1号に規定する更正の請求の事由は、未分割の遺産につき、一旦相続税法55条の規定による計算で税額が確定した後、遺産の分割が行われ、その結果、既に確定した相続税額が過大になるという相続税に固有の後発的事由について規定したものであり、当初の申告に存在するとされる過誤の是正を求めることを目的とするものではない。

　本件更正の請求は、当初申告したＡの遺産の総額が、本件和解により誤りであることとなったとして、この過誤の是正を求めることを目的とするものであり、相続税法32条1号に基づく更正の請求の事由とはならない。

## 審判所の判断

1　法令解釈

　(1)　相続税法55条は、相続固有の問題として、相続税の法定申告期限内に遺産の全部又は一部の分割ができないことがあり得ることに鑑み、現実に相続により取得する財産が確定していないことを理由に相続税の納付義務を免れるという不都合を防止し、国家の財源を迅速、確実に確保するために、法定申告期限内に申告書を提出する場合に、相続人間で遺産が分割されていないときは、その未分割遺産については、各共同相続人が法定相続分の割合に従って、当該財産を取得したものとしてその課税価格を計算することとしている。

　　　しかし、未分割の遺産につき、一旦相続税法55条の規定による計算で相続税額が確定した後、遺産の分割が行われ、その結果、既に確定した相続税額が過大となるという相続税に固有の後発

事例　第1章　更正の請求事由　227

的事由が発生した場合は、国税通則法に定める事由に該当しない場合、すなわち、課税価格又は相続税額が相続税法の規定に従って計算されている場合、又は国税通則法に定める一般的な後発的事由にも該当しない場合であるとして、課税価格又は相続税額の更正を認めないことは、相続により財産を取得した者の間の負担の公平を損なうこととなる。

　相続税法32条1号は、このような場合の相続税法特有の更正の請求の事由を定めたものである。

(2)　そして、相続税法32条は、相続税の申告書を提出した者は、同条各号のいずれかに該当する事由により、当該申告に係る課税価格及び相続税額が過大となったときは、当該各号に規定する事由が生じたことを知った日の翌日から4か月以内に限り、国税通則法23条1項の規定による更正の請求をすることができる旨規定し、相続税法32条1号は、同法55条の規定により分割されていない財産について民法の規定による相続分の割合に従って課税価格が計算されていた場合において、その後に当該財産の分割が行われ、共同相続人が当該分割により取得した財産に係る課税価格が当該相続分の割合に従って計算された課税価格と異なることとなったこととの事由を掲げている。

　これによれば、相続税法32条1号による更正の請求は、同号に規定する事由に該当した場合に限って認められるものであり、同号は、未分割の遺産につき、一旦相続税法55条の規定による計算で税額が確定した後、遺産の分割が行われ、その結果、既に確定した相続税額が過大になるという相続税に固有の後発的事由について規定したものであって、当該規定に基づく更正の請求は、当初の申告に存在するとされる過誤の是正を求めることを目的とするものではないと解するのが相当である。

そうすると、未分割の遺産を分割した結果、既に確定した課税価格及び相続税額が過大になるか否かの判断に当たって、算定の基礎となる遺産の価額は、原則として、申告等（その後に更正があった場合にはその更正）により確定した遺産の価額を基礎とすべきであり、申告等により確定した遺産の価額を前提としない更正の請求は、相続税法32条1号に基づく更正の請求に当たらないというべきである。

2　判　断

　本件申告により確定したＡの遺産の総額が○○円であるところ、請求人は、本件和解により、本件遺言の受遺者であるＡと第1次相続に係る相続人のうちの1人が他の第1次相続に係る相続人2人に対して遺留分に対する価額弁償をすることなり、Ａが第1次相続により取得した財産が減少した結果、第2次相続に係る遺産の総額が○○円に減少した旨主張する。

　しかしながら、上記1の(2)のとおり、申告により確定した遺産の価額を前提としない更正の請求は、原則として相続税法32条1号に基づく更正の請求に該当しないところ、請求人は、本件申告により確定した遺産の総額を前提とせず、Ａが第1次相続により取得した財産が本件和解により減少したという理由に基づき、第2次相続に係る遺産の総額が減少したとして本件更正の請求を行っているものであるから、当該理由は相続税法32条1号に規定する更正の請求の事由には該当しないというべきである。

解　説

1　本件遺言により、第1次相続でＡが取得した財産は未分割財産ではないので、そもそもこの部分には相続税法55条の適用はなく、こ

の点からも相続税法32条1号〔現行32条1項1号〕の要件に該当しないといえます。

2　相続税法32条3号〔現行32条1項3号〕（遺留分の減殺請求に基づき返還すべき、又は弁償すべき額が確定したこと）は、第1次相続に適用できますが、当該規定は、被相続人を同一とする相続人間における取得財産の増減に対処する規定と解され、第2次相続には適用されません。

3　平成30年7月6日に成立した「民法及び家事事件手続法の一部を改正する法律」において、遺留分に関する権利行使により生ずる権利を金銭債権化することや旧民法の「減殺請求」という用語を「遺留分侵害額の請求」という用語に改めることなどの遺留分制度の見直しが行われました（令和元年7月1日以後に開始した相続については、新民法が適用されます。）。

　この改正に伴い、平成31年度税制改正において、相続税法32条1項3号について、「遺留分による減殺の請求に基づき返還すべき、又は弁償すべき額が確定したこと。」は「遺留分侵害額の請求に基づき支払うべき金銭の額が確定したこと。」と改正され、この改正は令和元年7月1日以後に開始する相続に係る相続税及び贈与税について適用されることになっています。

4　本件と類似の〔事例25〕もご覧ください。

## 〔25〕 1次相続に係る分割協議の結果をもって、2次相続に係る更正の請求が認められることはないとした事例

(国税不服審判所裁決平24・1・26（非公開裁決）（名裁（諸）平23-76）（棄却））

### 争 点

1 1次相続に係る遺産分割協議の結果をもって、2次相続に相続税法32条1号〔現行32条1項1号〕は適用されるか否か。

2 （仮に、2次相続に相続税法32条1号〔現行32条1項1号〕が適用されないとした場合）1次相続に係る遺産分割協議は、国税通則法23条2項1号に規定する「判決と同一の効力を有する和解その他の行為」に該当するか。

### 事案の概要

【事案の概要】

請求人は、請求人の母親の相続に係る相続税の申告において、相続財産とした、請求人の母親よりも約37年前に死亡した請求人の父親の相続により請求人の母親が取得した土地の持分について、当該申告の17年ないし18年後に行われた遺産分割協議により、請求人の父親から請求人他2名の子が取得することとされ、当該持分が請求人の母親の相続財産から減少することとなったとして、更正の請求をした。その後、原処分庁が、請求人の父親の相続財産が未分割であったとは認められないとして、更正をすべき理由がない旨の通知処分を行ったのに対して、請求人が、当該処分の全部の取消しを求めた事案である。

## 【認定事実】

① 請求人（以下「X」という。）の父は、○年に死亡し、その相続が開始した（以下、この相続を「本件1次相続」という。）。

② その約37年後、Xの母は死亡し、その相続が開始した（以下、Xの母を「本件被相続人」といい、本件被相続人の相続を「本件2次相続」という。）。

③ Xは、本件2次相続に係る相続税の申告において、本件1次相続で本件被相続人が法定相続分などにより取得した土地の持分（以下「本件持分」という。）を相続財産とした。

④ 当該申告の17年ないし18年後に行われたXの父の相続財産に係る遺産分割協議（以下「本件分割協議」という。）により、本件持分についてXの父からXなどが取得することとされ、本件持分が本件被相続人の相続財産から減少することとなったとして、本件2次相続に係る相続税について更正の請求をした。

⑤ これに対し、課税庁は、平成22年11月、Xの父の相続財産が未分割であったとは認められないとして、更正すべき理由がない旨を通知する処分を行った。

⑥ これを受け、Xは、異議申立てを経て、平成23年3月、審査請求を行った。

## 当事者の主張

◆納税者の主張

1　本件持分は未分割であり、本件分割協議の結果をもって、本件2次相続に相続税法（平成6年法律第23号による改正前のもの。以下同じ。）32条1号が適用される。

2　本件分割協議は、国税通則法23条2項1号に規定する「判決と同一の効力を有する和解その他の行為」に該当するものである。

◆課税庁の主張
1　本件持分は分割済みであり、本件2次相続に相続税法32条1号は適用されない。
2　国税通則法23条2項1号に規定する「判決と同一の効力を有する和解その他の行為」に該当するかについて、本件分割協議は、任意に行われたものであって、その申告、更正又は決定に係る課税標準等又は税額等の計算の基礎となった事実に関する訴えについての判決、判決と同一の効力を有する和解や調停等には該当しない。

## 審判所の判断

1　争点1について
　(1)　審判所の調査によっても、本件持分に係る分割協議が行われたか否かは明らかではない。
　(2)　仮に、請求人が主張するとおり、本件持分が未分割であったとしても、相続税法32条1号が、相続税について申告書を提出した者は、同法55条の規定により分割されていない財産について民法の規定による相続分の割合に従って課税価格が計算されていた場合において、その後当該財産の分割が行われ、共同相続人が当該分割により取得した財産に係る課税価格が当該相続分の割合に従って計算された課税価格と異なることとなったことにより当該申告に係る課税価格及び相続税額が過大となったときと規定していることからすれば、同号の規定が適用されるのは、分割されていない財産について民法の規定による相続分の割合に従って課税価格が計算されていた相続税の申告である。
　(3)　本件分割協議の内容は、本件1次相続に係る相続財産の分割である以上、上記の分割されていない財産について民法の規定に

よる相続分の割合に従って課税価格が計算されていた相続税の申告に当たるのは、本件1次相続に係る相続税の申告以外になく、本件2次相続に係る相続税の申告でないことは明らかである。
(4) したがって、仮に、本件持分が未分割であったとしても、本件分割協議の結果をもって、本件2次相続に相続税法32条1号が適用されることはない。
2 争点2について
(1) 国税通則法23条2項1号に規定する「判決」とは、申告の基礎となった事実に関する訴えについての判決と規定されているように、申告等に係る課税標準等又は税額等の計算の基礎となった事実についての私法行為又は行政行為上の紛争を解決することを目的とする民事事件の判決を意味すると解するのが相当である。
(2) また、同号に規定する「判決と同一の効力を有する和解その他の行為」とは、国家機関としての裁判所で行う民事上の紛争の法律的解決のための民事訴訟手続における訴訟上の和解（民事訴訟法89条《和解の試み》）、起訴前の和解（同法275条《訴え提起前の和解》）、その他請求の認諾又は請求の放棄等をいうものと解すべきである。
(3) 以上のことからすれば、本件分割協議が、同号に規定する「判決と同一の効力を有する和解その他の行為」に該当しないのは、明らかである。

> 解　　説

1 本件持分に係る分割協議が行われていたか否かについては、事実認定に属する問題ですが、審判所は、その点の判断は避け、請求人

の主張どおり、仮に本件持分が未分割であったとしても、本件分割協議の結果をもって、相続税法32条1号〔現行32条1項1号〕及び国税通則法23条2項1号は適用されず、更正の請求は認められないと判断しました。

2　相続税法32条1号〔現行32条1項1号〕及び国税通則法23条2項1号の解釈はいずれも妥当であると考えられるものの、1次相続に係る遺産分割が成立したことにより、反射的に2次相続に係る相続財産が少なくなった場合であっても、納税者から2次相続に係る更正の請求を求めることはできないという結論においては、納税者に酷であり、妥当性を欠くと考えることもでき、相続財産が増えた側の修正申告の手続も含め、今後の立法的手当の検討も必要であると考えられます。

3　本件と類似の事例で、2次相続（被相続人乙）に係る相続税申告書提出後に、1次相続（被相続人甲）についての分割協議が確定した結果、乙が取得する甲の相続財産が法定相続分より少なくなった場合、2次相続について、相続税法32条1号〔現行32条1項1号〕の規定に基づく更正の請求をすることができないとする事例が国税庁資産税課情報（平成14年7月4日資産税課情報10号・資産評価企画官情報3号「資産税関係質疑応答事例について（情報）」の事例6）にあります（〔Q＆A9〕 参考 参照）。

4　国税通則法23条2項1号に規定する「判決（判決と同一の効力を有する和解その他の行為を含む。）」の意義については、〔Q＆A6〕及び〔事例6〕～〔事例15〕を参照してください。

## 3　相続人の異動（1項2号）

〔26〕　相続税法32条〔1項〕2号の「民法787条の規定による認知に関する裁判の確定」という事由の中に、被認知者による民法910条の価額支払請求権の行使、あるいは、被認知者以外の共同相続人による価額金の支払が含まれると解することはできないとした事例

（東京高判平14・11・27税資252・順号9236（棄却））

（参考：東京地判平13・5・25税資250・順号8907（認容））

### 争　点

　相続税法32条2号〔現行32条1項2号〕の「民法787条の規定による認知に関する裁判の確定」という事由の中に、被認知者による民法910条の価額支払請求権の行使、あるいは、被認知者以外の共同相続人による価額金の支払が含まれるか否か。

### 事　案　の　概　要

【事案の概要】
　本件は、被相続人の死亡後に、被控訴人（原告）が提起した、被相続人の子であることの認知を求める訴訟において、認知の判決（本件認知判決）がされ、確定したが、それ以前に、被相続人の他の共同相続人において、既に被相続人の相続財産について遺産分割協議を行って、各遺産を取得していたことから、被控訴人が、他の共同相続人に対し、民法910条に基づき、遺産分割に代わる価額の支払を命じる判決

（本件価額支払判決）を取得して、その支払（本件支払）を受けたため、他の共同相続人が既に申告済みの上記相続に係る相続税額が本件支払により過大となったとして、相続税法32条2号に基づき、更正の請求（本件更正の請求）をした。これに対し、控訴人（課税庁）が減額の更正（本件更正処分）をした上、被控訴人に対し、相続税法35条3項に基づいて、相続税の決定処分（本件決定）をしたため、被控訴人がこれを不服としてその取消しを求める事案である。

【認定事実】
① 乙は、昭和63年9月18日、死亡した（本件相続）。乙の子である丙、丁及び戊（丙ら）は、平成元年2月28日、乙の相続財産につき遺産分割を行い、分割した各遺産を取得した。そして、丙らは、同年3月29日、本件相続に係る相続税について、その旨を申告した。
② 原告は、平成元年12月25日、乙の子であることを認知する旨の判決（本件認知判決）の言渡しを受け、同判決は、平成2年1月9日の経過により、確定した。
③ 原告は、丙らに対し、民法910条に基づき、遺産分割に代わる価額の支払を求める訴え（本件価額請求）を提起したところ、平成8年11月26日、丙らが各自原告に対し金15,851,399円及び遅延損害金を支払うよう命じる判決（本件価額支払判決）がされた。
④ 丙らは、平成9年3月21日、課税庁に対し、相続税額が過大となったとして、相続税法32条2号に基づき、更正の請求（本件更正の請求）をした。課税庁は、同年6月3日、本件更正の請求に基づき、本件相続に係る丙らの相続税について、減額の更正をした。
⑤ 課税庁は、平成10年1月27日付けで、原告に対し、相続税法35条3項に基づき、本件相続に係る原告の相続税について、決定処分（本件決定）をした。

## 当事者の主張

◆納税者の主張

（相続税法32条2号の解釈について）

　課税庁は、認知判決が確定し、民法910条に規定する価額請求権（以下、単に「価額金」という。）を有することとなったときだけでなく、被認知者と他の共同相続人との間で価額金の支払が確定したときにすることができる旨主張するが、このような解釈は妥当ではなく、価額金の支払が確定したときには、国税通則法23条2項1号の事由による更正の請求ができるにすぎないものである。その理由は以下のとおりである。

① 相続税法32条2号が掲げる事由は、いずれも相続人の異動を生ずる場合についての規定であるところ、相続人の数に異動が生じたときには、遺産に係る基礎控除額（相法15）も変化することから、それ自体として独自の意義を有しているのである。

　しかるに、被認知者と他の共同相続人との間で価額金の支払が確定したときは、相続人の異動を生じる場合ではない。

② 税法は、侵害規範（国民に負担を求める規範）の代表的なものであり、法的安定性の要請が強く働くから、税法の解釈、特に租税実体法の解釈は一般的にいって、法文から離れた自由な解釈は許されていない。特に相続税法32条2号は、民法における用語（概念）が用いられている（借用概念）規定であるところ、借用概念について、税法独自の解釈を認めることになると、納税者の経済生活における予測と安定性を阻害することになるから、これについては、他の法分野におけるのと同じ意義で用いていると解すべきである。

　民法787条による認知の意義は民法においてその概念は確定して

おり、相続税法32条2号に民法910条を含めて解すべき別段の規定がない以上、課税庁主張のように解することは、租税法律主義と法的安定性を阻害し、課税要件明確主義に反するものであって、許されない拡張解釈というべきである。

◆課税庁の主張
1 「民法787条の規定による認知により相続人に異動を生じたこと」による更正の請求（相法32二）は、後記2に述べる理由から、認知判決が確定し価額金を有することになったときだけでなく、被認知者と他の共同相続人との間で価額金の支払が確定したとき、すなわち、価額金の支払額が具体的に確定したときにおいても、その翌日から、4か月以内にすることができると解すべきであり、被認知者は、相続税法30条の規定による相続税の期限後申告書又は相続税法31条1項の規定による修正申告書を提出することができ、課税庁は相続税法35条3項の規定に基づき更正又は決定をすることができると解すべきである。
2 現実に取得した財産の価額に応じて相続税を課税するという相続税の課税の原則に照らせば、認知判決の確定前において、被認知者を除く他の共同相続人が既に遺産分割協議を成立させて現実に各共同相続人が相続財産を取得している場合において、被認知者から民法910条に基づく価額の請求を受けた他の共同相続人が相続税法32条2号の事由が生じたことにより更正の請求ができることとなる時期は、他の共同相続人が被認知者に対して現実に支払うべき価額金の額が確定した時、すなわち、被認知者が支払を受ける価額金の額が確定した時と解すべきである。

事例　第1章　更正の請求事由

## 裁判所の判断

1　相続税法32条2号所定の「民法787条の規定による認知に関する裁判の確定」と被認知者の民法910条の価額支払請求権の行使

　課税庁は、「相続税法32条2号所定の「民法787条の規定による認知に関する裁判の確定」により相続人に異動を生じた場合には、相続人の数に異動が生じたこと自体により被認知者以外の共同相続人の申告又は決定に係る相続税額が過大となる場合のほか、被認知者が上記裁判の確定後に民法910条の価額支払請求権を行使したのに応じて他の共同相続人が価額金の支払をしたことにより申告又は決定に係る課税価格及び相続税額が過大となった場合も含むと解すべきである」旨主張する。

　しかしながら、相続税法32条2号が、相続人に異動が生じる場合を列挙し、これらを更正の請求の事由として規定しているのは、これらが生じたことにより、相続人の数に異動が生じた場合には、そのこと自体で、各相続人の法定相続分及び相続税法15条所定の基礎控除額に異動が生じ、被認知者以外の共同相続人の申告又は決定に係る相続税額が過大となり、これを更正によって是正することが相続税の負担の公平を図る観点から必要であることによるものであると解され、同号の「民法787条の規定による認知に関する裁判の確定」もそのような相続人の異動をもたらすものとして、更正の請求をすることができる事由とされているものというべきである。

　他方、被認知者が認知に関する裁判の確定後に民法910条の価額支払請求権を行使したのに対して、他の共同相続人が価額金の支払をした場合にも、他の共同相続人の申告又は決定に係る課税価格及び相続税額が過大となるから、これを是正する必要が生じ、他方、新たに相続人となった被認知者については他の共同相続人から支払を受けた価

額金について課税の必要が生じることは、課税庁の主張するとおりである。

しかしながら、相続税法32条には、被認知者による民法910条の価額支払請求権の行使あるいは被認知者以外の共同相続人による価額金の支払を更正の請求の事由とするとの別段の規定がないこと、同条2号は、更正の請求の事由として相続人に異動が生じる場合を列挙しているところ、上記価額支払請求権の行使自体は相続人に異動を生じさせる事由ではないこと、認知に関する裁判が確定したとしても、被認知者において当然に上記価額支払請求権を行使するとはいえず、仮にこれを行使したとしても、被認知者に民法903条所定の特別受益が存在すること等の理由から、他の共同相続人の申告又は決定に係る課税価格及び相続税額が必ずしも過大となるとは限らないこと等に照らすと、相続税法32条2号所定の「民法787条の規定による認知に関する裁判の確定」という事由の中に、被認知者による民法910条の価額支払請求権の行使あるいは被認知者以外の共同相続人による価額金の支払が含まれると解することはできないものというべきである。

もっとも、以上のように解すると、相続税法32条所定の期間の経過後に被認知者による上記価額支払請求権の行使がなされ、これに対して他の共同相続人が価額金の支払をした場合には、他の共同相続人の申告又は決定に係る相続税額が過大となったことを是正する方法としては、国税通則法23条2項1号に基づく更正の請求以外にはないことになるため、価額金の支払を受けた被認知者に対する相続税法35条3項に基づく課税が実質不可能となり、その限度でいわゆる課税漏れが生じることは課税庁の主張するとおりである。

しかしながら、租税法規については、租税法律主義の見地から、納税義務者の不利益になる場合と利益になる場合とを問わず、文理から乖離した拡張解釈をすることには慎重であるべきことが要請されてい

るところであり、課税庁の主張の合目的的解釈の趣旨に合理性があることを首肯し得ないわけではないとしても、相続税法32条2号の「民法787条の規定による認知に関する裁判の確定」という文言に被認知者による民法910条の価額支払請求権の行使あるいは被認知者以外の共同相続人による価額金の支払が含まれると解することは、文理上の乖離があまりにも大きいというべきであるから、課税庁の解釈を採用することは困難といわざるを得ない。

　課税庁は、原審以来、被認知者による価額支払請求権の行使あるいは被認知者以外の共同相続人による価額金の支払を相続税法32条の更正の請求事由として肯定しない場合には相続税の課税上種々の不合理な結果が生じるとして縷々主張するけれども、それらはいずれも立法問題として解決されるべきものであるというほかない。

　したがって、課税庁の前記主張は採用することができない。

2　丙らの更正の請求について

　丙らは、相続税法32条2号の規定による更正の請求をすることはできなかったものであり、相続税法32条2号に基づき本件認知判決の確定による更正の請求をするか、あるいは、国税通則法23条2項1号に基づき本件価額支払判決の確定による更正の請求をするほかはなかったというべきである。

　そして、相続税法35条3項に基づいて税務署長が更正又は決定を行う場合には、相続税法32条1号から4号までの規定による適法な更正の請求に基づいて更正処分が行われたことがその前提となるところ、丙らのした本件更正の請求は、本件認知判決確定の事実を知ってから4か月以内に行われたものではなく、これを大幅に徒過した後に行われた不適法なものであるから、これに応じてされた本件更正処分には、重大かつ明白な瑕疵があるというほかなく、課税庁がした本件決定は、その前提を欠くものというべきである。

　したがって、本件決定は違法なものといわざるを得ない。

## 解説

1 本判決に対応して、平成15年度税制改正で、相続税法32条5号〔現行32条1項6号〕及び相続税法施行令8条2号〔現行8条2項2号〕が設けられ、現在では、民法910条《相続の開始後に認知された者の価額の支払請求権》の規定による請求があったことにより、弁済すべき額が確定した場合には、相続税法32条1項6号により、同条1項に規定する更正の請求が可能であり、課税庁は、相続税法35条3項の規定に基づき更正又は決定をすることとなりました。

2 平成15年度税制改正以後の更正の請求の順番としては、まず、認知に関する裁判が確定したことを知った日の翌日から4か月以内に相続税法32条1項2号の規定による更正の請求を行い、その後、価額金の支払が確定したことを知った日の翌日から4か月以内に相続税法32条1項6号（相続税法施行令8条2項2号）の規定による更正の請求を行うこととなります。

　しかしながら、認知に関する裁判の確定と価額金の支払確定までの間が長い場合、更正の請求を2段階で行うということは、納税者にとって煩瑣であるばかりか、支払うべき価額金の額が具体的に確定した時点でいつの紛争が解決したものと認識することが一般的と考えられ、紛争が係属している状況下では、更正の請求を失念することも想定されることから、相続税法基本通達32-3は、価額金の支払が確定した段階で一括して更正の請求を行うこととしても課税上、弊害がないと考えられるため、納税者の権利救済の観点からこれを認めることとしています。

## 4　遺留分減殺請求（1項3号）

〔27〕　遺留分権利者が遺留分減殺請求の目的物について、現物返還と価額弁償とを同時に求めていた場合において、遺留分義務者から現物返還が行われたことは、相続税法32条〔1項〕3号に該当するとした事例

(国税不服審判所裁決平25・1・8裁事No.90（全部取消し))

### 争　点

相続人の1人が遺言により相続した土地を第三者に売却した後、他の相続人から遺留分減殺請求をされ、相続人全員で第三者に対して土地の所有権移転登記手続を請求した訴訟で、第三者が請求を認諾したことが、相続税法32条3号〔現行32条1項3号〕に規定する事由に該当するか否か。

### 事　案　の　概　要

【事案の概要】

本件は、請求人が遺留分減殺請求に基づき返還すべき又は弁償すべき額が確定したから相続税法32条の規定に該当するとして行った更正の請求について、原処分庁が、更正をすべき理由がない旨の通知処分を行ったのに対して、請求人が、その全部の取消しを求めた事案である。

## 【認定事実】

① 本件被相続人は、平成18年1月○日に死亡し、本件相続が開始した。本件相続に係る共同相続人は、本件被相続人の長女である請求人、同二女E、同三女F、同四女G、同五女Hの5名である。

② 本件被相続人は、平成16年4月1日付けで、財産全てを請求人に相続させる旨の遺言（本件遺言）をした。

③ 被相続人が所有していた土地（本件土地）については、平成18年8月○日受付で、本件相続を原因として、請求人に所有権移転登記された。

④ 請求人は、平成18年9月28日付けでK社との間で、本件土地を1,260,000,000円で売り渡す旨の売買契約を締結し、平成18年9月28日受付で、請求人からK社へ所有権移転登記がされた。

⑤ 請求人及びK社は、請求人が本件土地に係る相続について係争中であることを理由として、平成19年9月28日付けで、同年6月末日をもって、本件売買契約を解除し、請求人がK社に賠償金を支払うこと等を合意した。なお、当該合意に係る請求人の債務履行の担保として、本件土地に譲渡担保を設定することとされ、本件土地の所有権移転登記は留保された。

⑥ E及びG（以下、両名を「Eら」という。）は、請求人に対して遺留分減殺請求をし、平成20年9月○日付けで、請求人を被告として、遺留分減殺請求訴訟を提起した。

⑦ Eらは、平成21年8月○日付けで、K社を被告として、本件土地の真正な登記名義の回復を原因として、Eらに共有持分10分の1ずつの所有権移転登記手続を求める訴訟（本件移転登記請求訴訟）を提起し、請求人はEら原告側に補助参加した。

⑧ 請求人は、平成22年11月25日に行われた本件遺留分減殺請求訴訟

事例 第1章 更正の請求事由 245

の弁論準備手続期日において、Eらが各10分の1の遺留分を持つことを認めた。
⑨ K社は、平成22年12月○日、本件移転登記請求訴訟の口頭弁論期日において、請求を認諾（本件認諾）し、本件認諾は調書に記載された。

## 当事者の主張

◆納税者の主張

本件認諾は、確定判決と同一の効力を有するものであるところ、本件認諾により、価額弁償請求権を基礎付けるEらの「所有権（共有持分権）不存在の事実」が遮断される結果、Eらは、本件土地に関する遺留分割合に相当する持分を取得したことが確定したことになる。

したがって、本件認諾は、相続税法32条3号に規定する事由に該当する。

◆課税庁の主張

本件認諾の既判力は、主文に包含される所有権移転登記手続の可否に関する判断の結論についてのみ生じるのであり、遺留分減殺請求を原因とするか否かの判断にまで及ぶものではない。

また、本件更正の請求の時点では、Eらは本件土地に関する価額弁償請求を含めた本件遺留分減殺請求訴訟を係争中であったことから、本件遺留分減殺請求における確定的な判断がされたものとは認められない。

以上のことから、本件認諾は、相続税法32条3号事由には該当しない。

> 審判所の判断

1 法令解釈（遺留分減殺請求に関する規定について）

　遺留分減殺請求は、遺留分の保全に必要な限度で減殺の対象である処分を失効させるものと解されるところ（最判昭41・7・14民集20・6・1183）、このような減殺請求の効果により、遺留分減殺請求権者は、その目的物を取り戻し、減殺を受けるべき者に、占有や登記の回復を求めることが可能となる。しかしながら、減殺を受けるべき者が、減殺請求の前に目的物を第三者に譲渡し、又は目的物に権利を設定してしまっていた場合には、遺留分減殺請求権者による目的物の返還請求を認めると、第三者に不測の損害を生ずるおそれがあることから、民法1040条は、当該第三者に対する追及効を原則として遮断し、それによって目的物の回復が不能となった場合に、減殺を受けるべき者は、遺留分権利者に価額の弁償をしなければならないこととしたものと解される。

　この趣旨に照らせば、民法1040条1項本文の規定は、遺留分権利者が、遺留分減殺請求によって、目的物を取り戻して占有や登記を回復することができた場合に、これに加えて、価額弁償の請求をも認めるものと解することはできないというべきである。

2 判　断

(1) 遺留分減殺請求について

　本件認諾は、K社が、本件土地に設定されていたK社の譲渡担保権に基づく所有権移転登記について、Eら各共有持分10分の1の所有権移転登記手続をすることを認めたものであり、また、本件認諾の前に、請求人がEらの遺留分割合が各10分の1であると認めていたことからすると、Eらは、本件認諾により、本件土地の遺留分に係る各共有持分の登記を回復することができたものと認められる。

　そして、民法1040条1項本文の規定は、遺留分権利者が、遺留分減殺

請求によって目的物を取り戻して占有や登記を回復することができた場合に、これに加えて価額弁償の請求も認めるものではないから、Eらは、本件認諾の後、本件遺留分減殺請求訴訟において、本件土地に係る価額弁償を請求することはできず、本件土地について、遺留分減殺請求に基づき、返還すべき又は弁償すべき額が確定したというべきである。

したがって、本件更正の請求は、相続税法32条3号に規定する事由に該当し、本件更正の請求には理由がある。

(2) 原処分庁の主張について

原処分庁は前記「課税庁の主張」のとおり主張する。

しかしながら、相続税法32条3号に該当するか否かの判断は、遺留分減殺請求に基づき返還すべき又は弁償すべき額が確定したと評価し得る事実が認められるか否かによるべきものであって、遺留分減殺請求訴訟についての判決が確定した場合や、訴訟上の和解等が調書に記載されて確定判決と同一の効力となった場合に限られるものではないから、①本件認諾に係る既判力の客観的範囲を根拠として同号該当性を判断することはできないというべきであるし、②本件においては、本件認諾の日に、本件遺留分減殺請求訴訟が終了していなかったことは、同号該当性の判断の結論に影響を及ぼすものではない。

したがって、原処分庁の主張は採用することができない。

1 本事例は、遺留分権利者が遺留分減殺請求の目的物について、現物返還と価額弁償とを同時に求めていた場合において、遺留分義務者から現物返還が行われたことは、相続税法32条3号の更正の請求事由に当たることを明らかにしました。

課税庁は、相続税法32条3号の要件として、国税通則法23条2項1号に規定する「判決」の意義と同様の要件と解釈していたようですが、遺留分減殺請求権の行使は、訴の方法によることを要しないと解されています。
2　平成15年度税制改正で、相続税法32条3号は、「遺留分による減殺の請求があったこと」という更正の請求事由については、遺留分の減殺請求があったときから、具体的な金額が確定するまで長期間を要することが多く、更正の請求期限である4か月では対応できないことがあるため、遺留分の減殺請求により返還すべき、又は弁償すべき額が確定した時点をもって、更正の請求ができる日とする改正が行われています。
3　平成30年7月6日に成立した「民法及び家事事件手続法の一部を改正する法律」において、遺留分に関する権利行使により生ずる権利を金銭債権化することや旧民法の「減殺請求」という用語を「遺留分侵害額の請求」という用語に改めることなどの遺留分制度の見直しが行われました（令和元年7月1日以後に開始した相続については、新民法が適用されます。）。

この改正に伴い、平成31年度税制改正において、相続税法32条1項3号について、「遺留分による減殺の請求に基づき返還すべき、又は弁償すべき額が確定したこと。」は「遺留分侵害額の請求に基づき支払うべき金銭の額が確定したこと。」と改正され、この改正は令和元年7月1日以後に開始する相続に係る相続税及び贈与税について適用されることとなっています。

新民法適用後は、遺留分に関する権利の行使によって、遺留分権利者は、受遺者又は受贈者に対し、遺留分侵害額に相当する金銭の支払を請求することはできますが、本事例のように現物返還を求めることはできないこととなりました。

## 5 権利の帰属に関する訴えの判決（1項6号）

### 〔28〕 相続税法施行令8条2項1号（相続税法32条1項6号委任規定）に規定する判決は、請求人が訴訟当事者である判決に限られるとした事例

(国税不服審判所裁決平25・8・22裁事№92（棄却）)

### 争点

更正の請求をした者以外の者を原告とする貸金請求訴訟で、貸付金の存在が認められないとされた判決が相続税法施行令8条2項1号に規定する判決に該当するか否か。

### 事案の概要

【事案の概要】

本件は、審査請求人（以下「請求人」という。）の共同相続人の1人を原告とする貸金請求訴訟において、原告の請求を棄却する旨の判決（本件判決）が確定したことにより、相続財産として申告していた貸付金が存在しないこととなったため、相続税法32条5号（現行法では同条1項6号のため、便宜上、以下32条1項6号と表記します。）及び相続税法施行令8条1号（現行法では同条2項1号のため、便宜上、以下8条2項1号と表記します。）に規定する事由があるとして、請求人が更正の請求をしたところ、原処分庁が、本件判決は、相続税法施行令8条2項1号に規定する判決には当たらないとして、更正をすべき理由がない旨の通知処分をしたことから、請求人が同処分の全部の取消しを求めた事案である。

事　例　第1章　更正の請求事由

【認定事実】
① 請求人は、平成15年6月○日に死亡したDの相続（以下「本件相続」という。）に係る相続税について、共同相続人のEと共に法定申告期限までに申告した。
② 請求人は、本件相続について、原処分庁所属の調査担当職員の調査を受け、平成19年2月19日に、修正申告をした。なお、当該修正申告に係る申告書第11表「相続税がかかる財産の明細書」の中に、相続財産として医療法人社団G会H病院に対する貸付金190,150,000円（以下「G会貸付金」という。）及び同会理事長であるJに対する貸付金40,000,000円（以下「J貸付金」という。）が記載されている。
③ 請求人は、K地方裁判所（以下「K地裁」という。）に、G貸付金及びJ貸付金のうち、請求人の法定相続分に相当する金員の支払などを求める訴訟を提起したところ、K地裁は、平成21年3月○日の判決（以下「請求人判決」という。）において、これらの貸付金の存在を認めるに足りる証拠はないなどとして請求人の請求を棄却し、請求人判決は、同年4月○日に確定した。
④ 請求人は、請求人判決が確定したことにより、G会貸付金が存在しないこととなったため、国税通則法（平成18年法律第10号による改正前のもの）23条2項1号に規定する事由があるとして、平成21年6月15日に、別表〔省略〕のとおりとすべき旨の更正の請求をしたところ、原処分庁は、同年12月16日付けで請求人判決は、同号に規定する判決に該当しないとして、更正をすべき理由がない旨の通知処分をした。
⑤ 請求人は、請求人判決は国税通則法23条2項1号に規定する判決に該当するから、前記④の通知処分に不服があるとして、平成22年2月13日に異議申立てをしたところ、異議審理庁は、請求人判決は、十分な攻撃防御が尽くされた結果の判決とは認められないことから、同号に規定する判決に該当するとは認められないことなどを理由と

して、同年5月13日付けで棄却の異議決定をし、請求人が審査請求をしなかったことから、当該通知処分は確定した。
⑥　Eは、K地裁に、G会貸付金のうち、同人の法定相続分に相当する金員の支払を求める訴訟を提起したところ、K地裁は、平成21年11月○日の判決（本件判決）において、G会貸付金の存在を認めることはできないとして、同人の請求を棄却し、本件判決は同年12月○日に確定した。
⑦　請求人は、本件判決が確定したことにより、G会貸付金が存在しないこととなったため、相続税法32条1項6号及び相続税法施行令8条2項1号に規定する事由があり、本件判決があったことを知ったのは、平成24年4月5日であるとして、同月24日に別表〔省略〕のとおりとすべき旨の更正の請求（本件更正の請求）をしたところ、原処分庁は、本件判決は、相続税法施行令8条2項1号に規定する「相続若しくは遺贈又は贈与により取得した財産についての権利の帰属に関する訴えについての判決」に当たらないとして、平成24年7月3日付けで、更正をすべき理由がない旨の通知処分（本件通知処分）をした。
⑧　請求人は、異議決定を経た後の本件通知処分に不服があるとして、平成24年10月29日に審査請求をした。

## 当事者の主張

◆納税者の主張

本件判決は次の理由から、相続税法施行令8条2項1号に規定する判決に該当する。
①　国税通則法23条2項1号は、課税標準等の計算の基礎となった事実に関する訴えについての判決により、その事実が計算の基礎としたところと異なることが確定したときは、更正の請求をすることがで

きる旨規定しているところ、同号には、当該判決を受けた者について明文の規定がないから、当該判決により、計算の基礎としたところと異なることとなる者であれば、訴訟当事者以外の者であっても同号の規定による更正の請求をすることができる。
② 国税通則法23条2項1号は、その確定した日の翌日から起算して2か月以内に更正の請求をすることが要件とされているところ、相続税においては、共同相続人間で常に情報が共有されているとは限らず、他の共同相続人が提起した相続財産についての権利の帰属に関する訴えについての判決があったことを容易に知り得ない場合もあることから、相続税法32条1項6号及び相続税法施行令8条2項1号の規定により、当該判決があったことを知った日の翌日から4か月以内に更正の請求をすることができることとしているものと解される。
③ 相続税法には、同一の被相続人から相続等により、財産を取得した全ての者に係る相続税の課税価格が各相続人の相続税額の計算の基礎となるという同法特有の事由があることから、同法32条が国税通則法23条の一般的な更正の請求に対する特例的な規定として設けられたものであることに鑑みれば、相続税法施行令8条2項1号に規定する判決は、更正の請求をする者が訴訟当事者となっていない判決も含むものと解される。

　そのことは、相続税法35条3項1号が、同一の被相続人から相続等により財産を取得した者の間における税負担の公平を求めるために設けられたものとされ、1つの相続においては、全ての相続人について矛盾のない課税を行うために、除斥期間を超えて職権による更正を行うことを命じた規定であることからも明らかである。
④ 平成19年7月4日発行の税務大学校論叢53号に掲載された論文「国税通則法23条2項1号に基づく更正の請求と判決の既判力との関係」には、判決の訴訟当事者以外の者でも同号に基づく更正の請求が可

能ではないかと思われる記述があり、訴訟当事者以外の者が更正の請求をすることができる例として、認知の訴えにより認知が認められた確定判決の場合の相続税法32条1項2号の規定に基づく更正の請求を挙げている。

◆課税庁の主張
　本判決は次の理由から、相続税法施行令8条2項1号に規定する判決に該当しない。
① 　国税通則法23条2項1号に規定する判決とは、課税標準等の基礎となった事実を訴えの対象とする民事訴訟の判決をいうものと解されるところ、民事訴訟法115条《確定判決等の効力が及ぶ者の範囲》1項1号において、確定判決等の効力が及ぶ者について当事者を掲げていることからすると、国税通則法23条2項1号に規定する判決は、更正の請求をする者に訴訟当事者としての既判力が及ぶ訴訟の判決であることが必要であると解するのが相当であるから、当該判決に係る訴訟当事者以外の者は、同号の規定による更正の請求をすることはできない。
② 　相続税法施行令8条2項1号に規定する判決の意義について、特段の定義規定を置いていないが、相続税法32条は、国税通則法23条に規定する更正の請求の特例的な規定として設けられたものであることからすると、相続税法施行令8条2項1号に規定する判決は、国税通則法23条2項1号に規定する判決と同義に解するのが相当である。
③ 　相続税の申告及び課税は、相続人ごと別個に独立して行われ、その効力も、個別的に判断することになるから、ある相続人の課税価格が異動したとしても、原則として他の相続人の課税価格に影響を及ぼすものではないから、相続税法施行令8条2項1号に規定する判決に、更正の請求をする者が訴訟当事者となっていない判決が含まれることにはならない。

④ 請求人が主張する論文の内容については、全て執筆者の個人的見解にすぎず、判決に係る訴訟当事者以外の者でも更正の請求をすることができる根拠にはなり得ない。

　当該論文の請求人の主張する記述は、例示として、相続税法32条1項2号の規定に基づく更正の請求を挙げたものであり、本件においては、当該規定を適用するものではない。

## 審判所の判断

1　法令解釈
(1)　国税通則法23条2項1号の規定の趣旨は、申告等に係る課税標準等又は税額等の計算の基礎となった事実関係について民事上紛争を生じ、判決や和解によってこれと異なる事実が明らかにされたため、申告等に係る税額等が過大になった場合において、更正の請求を認めようとするものであり、ここにいう判決とは、申告等に係る課税標準等の基礎となった事実の得喪変更に関する訴訟に係る判決を意味するものと解される。

　　この場合において、国税通則法23条2項1号は、当該判決が確定したことを要件としており、民事訴訟法115条1項1号の規定によれば、確定判決は当事者に対してその効力を有するものとされているところ、確定判決の効力が及ばない者であれば、当該確定判決でどのような事実が認定されようとも、何らの影響も受けず、当該確定判決によって、自己の申告等に係る課税標準等の基礎とした事実が異なることはない。

　　したがって、国税通則法23条2項1号に規定する判決は、更正の請求をする者にその効力が及ぶ判決、すなわち、更正の請求をする者が訴訟当事者である判決に限られる。
(2)　相続税法施行令8条2項1号は、平成15年度税制改正により、相

続税法32条の更正の請求の特則事由として追加されたものであるが、その改正趣旨は、同号の事由が、国税通則法23条2項の規定により、期限なしに更正の請求ができる事由であることから、税額の減額には対応できるが、その影響で他の相続人の税額が増加することとなる場合には、他の相続人に対して増額の処分をしなければならないところ、それを可能とする規定が国税通則法にはないため、相続税法32条において、上記事由を更正の請求の特則事由として特記することにより、同法35条3項の規定による他の相続人に対する増額処分も可能とするためであると解される。

2 判　断
(1) 本件判決は、請求人が訴訟当事者ではない判決であるところ、相続税法施行令8条2項1号に規定する判決は、更正の請求をする者が訴訟当事者である判決に限られるのであるから、本件判決は請求人にとって同号に規定する判決には該当しない。
(2) 請求人は前記「納税者の主張」③のとおり主張する。
　　確かに、相続税法の規定によれば、同一の被相続人から相続等により財産を取得した全ての者に係る相続税の課税価格が各相続人の相続税額の計算の基礎とされているが、これは、各相続人の納付すべき相続税額を算出するための計算方法を規定したものにすぎないところ、相続税の納税義務は、同法1条の3の規定により、各相続人が独立して負うものであり、申告書も同法27条1項の規定により、各相続人が個別に提出するものであって、例外的に、申告の簡素化の観点から、同一の被相続人に係る納税義務者が2人以上である場合には、同条5項の規定により申告書の共同提出が認められているのみで、共同相続の場合であっても、相続税の申告及び課税は、相続人ごとに別個独立に行われ、その効力も個別的に判断されるのである。したがって、相続税法が上

記のような計算方法を採用していることをもって、相続税法施行令8条2項1号に規定する判決が、更正の請求をする者が訴訟当事者となっていない判決も含むものと解することはできず、また、相続税法35条3項1号は、同法32条の規定による更正の請求に基づき更正がされた場合の規定であって、更正の請求をすることができる要件を規定しているものではないから、請求人の主張には理由がない。

(3)　税務大学校論叢の冊子版及び税務大学校のホームページには、税務大学校論叢掲載論文の内容については、全て執筆者の個人的見解であり、国税庁等の公式見解を示すものではない旨が記載されており、また、請求人が主張する訴訟当事者以外の者でも更正の請求が可能ではないかとして例示されている相続税法32条1項2号の更正の請求の理由は、請求人が主張するように、「認知に関する裁判の確定」ではなく、当該裁判の確定により、「相続人に異動を生じたこと」であるから、いずれにしても、相続税法32条1項6号及び相続税法施行令8条2項1号の規定による更正の請求である本件についての判断を左右するものではなく、請求人の主張には理由がない。

### 解　説

本事例では「相続税法施行令8条2項1号に規定する判決は、更正の請求をする者が訴訟当事者である判決に限られるのであるから、本件判決は請求人にとって同号に規定する判決には該当しない。」として棄却しましたが、そもそも、相続財産として申告していた「貸付金」が存在しなかったという内容の判決が、相続税法施行令8条2項1号に規定する判決に該当するか否かの争点については、判断されませんでした。この争点に関する判決については、〔事例29〕をご覧ください。

事例　第1章　更正の請求事由

〔29〕　相続税法施行令8条2項1号（相続税法32条1項6号委任規定）に規定する「権利の帰属に関する訴え」は、権利の存在を前提としたその帰属に関する訴えに限るとした事例

(東京地判平27・5・13税資265・順号12660（棄却))

## 争　点

　貸金請求訴訟で、貸付金の存在が認められないとされた判決が相続税法施行令8条2項1号に規定する判決に該当するか否か。

## 事　案　の　概　要

【事案の概要】
　本件は、原告の父が死亡したことによって開始した相続（本件相続）により、財産を取得した原告が、本件相続に係る共同相続人であるEが本件相続によって取得した貸金債権についてその支払を求めて提起した訴えに係る判決（本件判決）により、貸付金が存在しないこととなったため、相続税法32条5号（現行法では同条1項6号のため、便宜上、以下32条1項6号と表記します。）及び相続税法施行令8条1号（現行法では、同条2項1号のため、便宜上、以下8条2項1号と表記します。）に規定する事由があるとして、更正の請求をしたところ、原処分庁が本件判決は、相続税法施行令8条2項1号に規定する判決には当たらないとして、更正をすべき理由がない旨の通知処分を受けたため、同処分が違法であるとしてその取消しを求める事案である。

## 【認定事実】

① ～ ⑧　〔事例28〕の「認定事実」①～⑧と同じ(「請求人」とあるのは「原告」と読み替えてください。)。

⑨　国税不服審判所長は、平成25年8月22日、審査請求を棄却する旨の裁決をし、同月30日頃、原告に対し、その裁決書を送達した。

⑩　原告は、平成25年11月27日、本件訴えを提起した。

## 当事者の主張

### ◆納税者の主張

　相続税法32条の規定は、国税通則法23条の特例的取扱いであるが、更正の請求という同一の制度に係る規定であるから、両条の文言は統一的に解釈すべきである上、国税通則法23条2項1号に規定する「判決」と相続税法32条1項6号の委任を受けた相続税法施行令8条2項1号に規定する「判決」とを別異に解釈する理由もないから、これらを同義に解することが合理的であることに異論はない。

　そうすると、同号に規定する「判決」とは、相続、遺贈又は贈与により取得した財産についての権利の帰属に関する訴えについての判決等により、その申告等に係る課税標準等又は税額等の計算の基礎となった事実が異なることが確定し、その結果、相続税額等が過大となる判決であると解される。

　本件判決が確定したことにより、相続税計算の基礎となった本件貸付金が実際には存在しなかったことが法律上確定したのであるから、原告の相続税申告に係る課税価格及び相続税額は結果として過大であった。

　したがって、本件判決は相続税法施行令8条2項1号に規定する「相続若しくは遺贈又は贈与により取得した財産についての権利の帰属に関

する訴えについての判決」そのものであるといえ、当然に同号に該当する。

◆課税庁の主張

　相続財産であるか否かは、相続時に確定している権利関係であり、当初申告時に十分な調査を行えば把握し得る事実であるため、その過誤があった場合には、国税通則法23条の規定による一般の申告における過誤と同じ訂正の機会を与えれば足りると解すべきであるから、相続税法32条の規定による更正の請求をすることは同法の予定するところではなく、同条で訂正すべきではない。

　本件判決は被相続人が第三者に貸付金を貸し付けたとは認められない旨の判示をしたものであり、貸付金が本件相続に係る相続財産として存在していたか否かを判断したものにほかならないから、本件判決をもって当該相続財産が減少したことを理由として、相続税法32条の規定による更正の請求はできないというべきである。

## 裁判所の判断

　相続税法32条は、国税通則法23条の一般的な規定に対し、相続税法特有の事由があることから、一般的に国税通則法の定める更正の請求の期限後においても、後発的理由に基づき特例的に更正の請求を認めるために設けられた規定であると解されるところ、相続税法32条1項6号は、「前各号に規定する事由に準ずるものとして政令に定める事由」として「前各号」である同条1号ないし4号（平成18年法律第10号による改正前）に規定する各事由の内容に照らすと、同条の趣旨は、国税通則法23条2項所定の事由に該当しない場合であっても、相続、遺贈又は贈与により財産を取得した者から請求があった場合には、それらの者の間の負担の公平を図るため、一定の範囲において課税価格又は税

額を更正するのが相当な場合があるため、これらの場合を相続税法32条所定の事由として定めたものであると解される。

そうすると、「前各号」に規定する事由に準ずるものとして相続税法施行令8条2項1号の規定において定められた事由である相続税法32条1項6号の「相続〔中略〕により取得した財産についての権利の帰属に関する訴え」には、相続、遺贈又は贈与の対象である権利の存否についての訴えは含まれず、権利の存在を前提としたその帰属に関する訴えに限られるというべきである。

なお、平成18年法律第10号による改正により、新たに相続税法32条5号が設けられたのは、「物納財産について、その許可を取り消されるような事情が生じた場合」という限定的・個別的な事由に対応するために採られた措置であって、このような改正の趣旨からして、同改正後の同号の規定をもって、上記改正前の相続税法32条5号〔現行32条1項6号〕の解釈が左右されるものではないというべきである。

## 解　説

本事例は、〔事例28〕と同一であり、国税不服審判所で審査請求が棄却された後、東京地方裁判所に提訴されました。

〔事例28〕の裁決では、「相続税法施行令8条2項1号に規定する判決は、更正の請求をする者が訴訟当事者である判決に限られるのであるから、本件判決は請求人にとって同号に規定する判決には該当しない。」として棄却しましたが、本判決では、この争点に関しては、裁決と同様の判断を示すとともに、もう1つの争点である相続税法施行令8条2項1号の規定において定められた事由である「相続〔中略〕により取得した財産についての権利の帰属に関する訴え」には、相続、遺贈又は贈与の対象である権利の存否についての訴えを含むのか否かについて、権利の存否についての訴えは含まれず、権利の存在を前提としたその帰属に関する訴えに限られると判断しました。

## 6 申告に存在する過誤の是正

〔30〕 相続税法32条〔1項〕1号の規定に基づく更正の請求は、申告等に存在する過誤の是正を求めることを目的とするものではなく、未分割財産を分割した場合の課税価格の算定の基礎となる財産の価額は、申告等により確定した価額であるとした事例

(国税不服審判所裁決平28・2・12(非公開裁決)(東裁(諸)平27-89)(棄却))

### 争 点

相続税法32条1号〔現行32条1項1号〕の規定に基づく更正の請求又は同法35条3項1号の規定に基づく更正において、課税価格を計算する場合の財産の価額は、適正な財産の価額が判明した場合であっても、申告における価額によるべきか否か。

### 事 案 の 概 要

【事案の概要】
本件は、請求人が相続税の申告後、遺産分割の調停が成立したことを理由に、相続財産であるBについて申告額とは異なる価額に訂正した上で、相続税法(平成18年法律第10号による改正前のもの。以下同じ。)32条1号の規定に基づく更正の請求をしたのに対し、原処分庁がBの価額を訂正することは認められないなどとして更正をすべき理由がない旨の通知処分を行うとともに、同法35条3項1号の規定に基づき更正処分を行ったため、請求人がこれらの処分の全部の取消しを求めた事案である。

## 【認定事実】

① A（本件被相続人）は、平成○年○月○日に死亡し、本件相続に係る共同相続人は、本件被相続人の長男である請求人ほか6名、合計7名（以下「本件共同相続人」という。）である。

② 請求人は、本件相続に係る相続税について、本件相続により取得した財産は全て未分割であるとして、相続税法55条の規定に基づき課税価格を計算し、相続税の申告書（本件申告書）を法定申告期限内に提出した。

③ 請求人は、本件申告において、相続財産である別表○〔省略〕の順号1ないし7のB（以下、当該各Bを順号に合わせて「本件B1」などといい、本件B1ないし7を併せて「本件各B」という。）のC価額について、同表の「期限内申告」欄のとおりであるとして申告をした。

④ 原処分庁は、平成19年2月13日付けで、請求人に対し、本件B1ないし6のC価額に誤りがあるなどとして、相続税の更正処分及び過少申告加算税の賦課決定処分をした。

⑤ 請求人は、上記④の更正処分及び賦課決定処分（ただし、平成19年6月27日付けの異議決定により、いずれもその一部が取り消された後のもの）の取消しを求め、平成21年1月21日、○○裁判所に訴えを提起したところ、同裁判所は、平成○年○月○日、上記④の更正処分及び賦課決定処分（ただし、上記異議決定により、いずれもその一部が取り消され、かつ、原処分庁が平成23年2月28日付けでした更正処分及び変更決定処分によりいずれもその一部が減額された後のものをいい、以下「本件平成19年更正処分等」という。）の全部を取り消す旨の判決をした。

⑥ 国が上記⑤の判決を不服として控訴したところ、○○高等裁判所は、平成○年○月○日、本件控訴を棄却する旨の判決（本件高裁判

決）をし、同判決は平成○年○月○日に確定した。

本件高裁判決における理由の中で、当事者間に争いのあった本件B1及び2のC価額は、別表○〔省略〕の「判決」欄のとおり示された。

⑦ 本件共同相続人の間で、平成26年1月16日、遺産分割申立事件において調停が成立した。

⑧ 請求人は、平成26年5月16日、相続税法32条1号の規定に基づき、更正の請求（本件更正の請求）をした。

⑨ 請求人は、本件更正の請求において、本件各BのC価額について、本件B2以外は別表○〔省略〕の「判決」欄の価額と同額であって、いずれも本件申告における価額とは異なる価額とすることを前提に、請求人の課税価格及び納付すべき税額を計算した。

⑩ 原処分庁は、本件更正の請求に対して、Bの価額の減額を求める部分については、平成26年11月12日付けで更正をすべき理由がない旨の通知処分（本件通知処分）をするとともに、同日付けで、相続税法35条3項1号の規定に基づき、相続税の更正処分をした。

## 当事者の主張

◆納税者の主張

相続税法32条1号の規定に基づく更正の請求を行う際、又は同法35条3項の規定に基づく更正を行う際には、共同相続人が遺産分割により取得した財産に係る課税価格を再計算する必要があり、遺産分割により取得した財産について適正な価額を基に課税を受けることは当然の利益である。

◆課税庁の主張

1　相続税法32条の規定に基づく更正の請求は、同条に定める所定の事由に該当した場合に限って認められるものであり、同条1号の事由は、未分割の財産につき、一旦、同法55条の規定による計算で税額が確定した後、当該未分割の財産の分割が行われ、その結果、既に確定した相続税額が過大になるという相続税に特有の後発的事由について規定したものであって、当該更正の請求は、従前の課税関係に存在するとされる過誤の是正を求めることを目的とするものではないと解される。

　　また、相続税法35条3項の規定に基づく更正は、同法32条1号から5号までの規定による更正の請求に基づき更正をした場合において、当該更正の請求に基づく更正の基因となった事実を基礎として計算するものであることから、当該更正においても、従前の課税関係に存在するとされる過誤を是正することはできないと解される。

　　そして、このような解釈を前提とすれば、未分割の財産を分割した結果、民法の規定による相続分に従って計算されていた課税価格等が過大になるか否かを判断する際の算定の基礎となる各相続人が取得した財産の価額は、申告、決定又は更正により確定した価額を基礎とすべきである。

2　本件では、本件高裁判決によって、請求人の本件相続税の課税価格等は本件申告により確定した各財産の価額、すなわち、本件申告書に記載されている各財産の価額で確定していると認められるので、相続税法32条1号の規定に基づく更正の請求又は同法35条3項1号の規定に基づく更正において、請求人の課税価格等を計算する場合の各財産の価額は、本件申告書に記載された各財産の価額によることとなる。

## 審判所の判断

1 法令解釈

(1) 相続税法32条の規定に基づく更正の請求は、所定事由に該当する場合に限って認められるものであり、同条1号の事由は、相続財産として申告又は決定（その後に修正申告書の提出又は更正があった場合には、その修正申告又は更正。以下「申告等」という。）がされていた相続財産を基礎として、未分割財産を法定相続分の割合に従って計算した課税価格が、その後に行われた遺産分割によって、相続財産全体としてはその課税価格に変動がないものの、遺産分割という相続に特有の後発的事由によって、その相続する財産の相続人間の取得割合に変動が生じることがあることから、かかる相続特有の後発的事由によって相続人間に生じた納税額についての不平等を解消するため、申告等による納税額が遺産分割によって相続することが確定した相続財産の課税価格に基づいて計算した納税額に比べて過大になった場合に、更正の請求を認めると規定したものである。このような規定の内容からすると、当該規定に基づく更正の請求は、申告等に存在する過誤の是正を求めることを目的とするものではなく、未分割の財産を遺産分割した結果、既に確定した課税価格及び納付すべき税額が過大になるか否かの判断に当たって、算定の基礎となる財産の価額は、申告等により確定した価額とすべきである。

(2) また、相続税法35条3項1号の規定に基づく更正は、同法32条の規定による更正の請求に基づいて減額の更正処分が行われたことを前提とするものであるから、同条の規定に係る上記(1)と同

様の理由により、算定の基礎となる財産の価額は、申告等により確定した価額とすべきである。

2 判　断
(1)　本件において、本件更正の請求前の本件相続税の課税価格及び納付すべき税額は、本件高裁判決が確定して本件平成19年更正処分等が取り消されたことにより、本件申告の額をもって確定していたのであるから、請求人に係る課税価格を計算する場合の財産の価額は、本件高裁判決が理由中で本件各ＢのＣ価額を示しているものの、本件申告の課税価格を計算する際に基礎とされた本件各ＢのＣ価額によるべきである。

(2)　これに対し、請求人は、相続税法32条1号の規定に基づく更正の請求又は同法35条3項1号の規定に基づく更正において、請求人に係る課税価格を計算する場合の各財産の価額は、当然に適正な価額によるべきであり、従前の課税価格の計算に用いられていた本件各ＢのＣ価額が誤ったものであるのなら、適正なＣ価額を用いて課税価格を計算すべきである旨主張する。

　しかしながら、更正に係る他の規定はともかく、相続税法32条及び35条3項の規定は、申告等に存在する過誤の是正を求めることを目的とするものではなく、申告等の時における相続財産の合計額と更正の請求の時における相続財産の合計額とは同一であることを前提としているものであり、本件において、遺産分割により取得した財産に係る課税価格の算定の基礎となる本件各ＢのＣ価額は、本件申告の課税価格を計算する際に基礎とされた価額によるべきであることは上記(1)のとおりであるから、請求人の主張には理由がない。

| 事 例 | 第1章　更正の請求事由

## 解　説

1　本事例は、重要な部分が開示されておらず、理解しづらいと思いますが、例えば、Bを「土地」、C価額を「不動産鑑定評価額」と推測しても、本事例の解釈として問題はないものと思われます。
2　相続財産である本件「各土地」の評価額は不明なので、その増減の推移のみを理解しやすいように申告評価額を100として考えますと、次に更正処分により130となり、その次に異議決定で120となり、さらに再更正処分で110となり、最後に本件高裁判決で100に戻るという経過になります。
3　本件高裁判決がその理由の中で正当な評価額（例えば90）を示しているものの、その価額を用いての更正の請求は、国税通則法23条1項1号の規定に基づくことになるので、既にその期限は徒過していることになります。

## 7　特例の適用（当初申告要件）

〔31〕　請求人の当初申告書には、本件貸宅地について、租税特別措置法69条の4第1項に規定する特例（本件特例）を受けようとする旨の記載がないから、本件貸宅地について本件特例が適用される余地はないとした事例

（国税不服審判所裁決平22・6・14（非公開裁決）（東裁（諸）平21-177）（棄却））

### 争　点

1　相続人甲が、遺留分減殺請求により取得した本件駐車場について、本件特例が適用できるか否か。
2　請求人が取得した本件貸宅地について、本件特例が適用できるか否か。

### 事　案　の　概　要

【事案の概要】
　本件は、請求人が遺贈により取得した財産について相続税の申告をした後、相続人から遺留分の減殺請求がなされ、遺産分割調停が成立したこと及び相続人が取得した土地について租税特別措置法（平成19年法律第6号による改正前のもの。以下同じ。）69条の4《小規模宅地等についての相続税の課税価格の計算の特例》1項に規定する特例（本件特例）を適用して課税価格を計算すべきであることを理由に相続税の更正の請求をしたのに対し、原処分庁が、当該土地を取得した相続人は、相続税の申告書には、本件特例を受けようとする旨を記載し、明

細書等の書類を添付して申告したものの、その後、相続税の修正申告書を提出し、当該土地について、本件特例の適用を受けようとする旨の記載をしていないことから、本件特例の適用はないとして、更正の請求の一部のみを認める更正処分をしたことから、請求人がその取消しを求めた事案である。

【認定事実】
① 本件被相続人は、遺言公正証書により、その所有する財産全てを弟である請求人に遺贈する旨の遺言（本件遺言）をしていたところ、平成○年○月○日に死亡し、本件相続が開始した。本件相続に係る相続人は本件被相続人の子である甲のみである。
② 請求人は、本件遺言により、現金、預貯金及び別紙○〔省略〕記載の物件目録（以下「目録」という。）記載の各土地（本件各土地）を取得した。目録記載の1ないし3の各土地（本件駐車場）は貸駐車場として使用されていた。また、目録記載4ないし6の各土地（本件農地）は農地であり、目録記載7の土地（本件貸宅地）は、宅地として他に貸し付けられていた。
③ 請求人は、本件相続に係る相続税の申告書（本件申告書）を法定申告期限内に提出した。請求人は、本件申告書に、本件特例の適用を受けようとする旨の記載をせず、租税特別措置法69条の4第6項に規定する明細書（相続税申告書の第11・11の2表の付表1「小規模宅地等又は特定事業用資産についての課税価格の計算明細書」及び同表の付表2「小規模宅地等についての課税価格の計算明細」）その他の財務省令で定める書類を添付しなかった。
④ 請求人と甲の間で、平成20年3月21日、要旨次の調停条項により本件調停が成立した。
　㋐　甲は、遺留分減殺により、本件駐車場、○○に対する預金債権

及び請求人が支払う遺留分の弁償金1,000,000円を取得する。
④ 甲は、請求人に対し、本件遺言により、本件農地及び本件貸宅地の所有権が請求人に帰属していることを確認する。
⑤ 甲は、平成20年5月26日、本件調停の成立により取得した財産について、相続税の申告をした。甲は、当初申告書に、本件駐車場について本件特例の適用を受ける旨記載し、租税特別措置法69条の4第6項に記載する明細書その他の財務省令で定める書類を添付して提出した。
⑥ 請求人は、平成20年7月14日、本件調停により財産が減少したとし、甲が本件駐車場について本件特例の適用を受けるものとして課税価格を計算し、更正の請求（本件更正の請求）をした。
⑦ 甲は、平成21年4月8日、本件駐車場について本件特例を適用することなく、請求人が取得した本件貸宅地について本件特例の適用があるものとして課税価格を計算した修正申告書を提出した。
⑧ 原処分庁は、平成21年5月29日付けで、請求人の本件更正の請求に対し、甲が取得した本件駐車場について本件特例の適用が受けられないことから、請求人が取得した本件貸宅地について本件特例を適用して、請求の一部を認め、減額の更正処分（当初更正処分）をした。
⑨ 請求人は、当初更正処分を不服として、平成21年6月23日に異議申立てをしたところ、異議審理庁は、本件貸宅地について本件特例を適用した当初更正処分は誤っており、本件駐車場及び本件貸宅地のいずれにも本件特例の適用はないとした上、同年9月17日付けで当初更正処分の一部を取り消す異議決定（本件更正処分）をした。
⑩ 請求人は、平成21年9月28日、異議決定を経た後の原処分（本件更正処分）に不服があるとして審査請求をした。

事例　第1章　更正の請求事由

## 当事者の主張

◆納税者の主張

1　争点1について

　甲の修正申告書は、担当職員の強い指導により否応なく提出させられたものであって、甲の自発的な意思に基づくものではないから、本件駐車場について本件特例の適用がある。

2　争点2について

　甲の修正申告書に添付された租税特別措置法69条の4第6項に規定する明細書には、請求人の氏名及び本件貸宅地について本件特例を適用する旨が記載されている。

　したがって、本件更正の請求において、仮に、本件駐車場についての本件特例の適用が認められないとしても、本件貸宅地について本件特例の適用があるものとして、請求人の相続税の課税価格の計算をすべきである。

◆課税庁の主張

1　争点1について

　甲の修正申告書には、本件駐車場について、本件特例の適用を受ける旨の記載がない。したがって、本件駐車場について本件特例の適用はない。

2　争点2について

　本件貸宅地については、本件申告書に本件特例の適用を受けようとする旨の記載がないから、本件貸宅地の利用状況がどうであれ、本件特例の適用はない。

## 審判所の判断

1 争点1について

　本件駐車場について、本件特例の「適用を受けようとする者」（措法69の4⑥）は、本件調停により本件駐車場を取得した甲であるから、本件駐車場について本件特例が適用されるためには、甲の申告書に、本件特例の適用を受ける旨の記載及び租税特別措置法69条の4第6項に規定する明細書その他の財務省令で定める書類の添付があることが必要である。

　この点、甲は、請求人が本件更正の請求をした時点では、本件駐車場について本件特例の適用があるものとして当初申告をしていたが、その後、平成21年4月8日、本件駐車場について本件特例を適用しない旨の修正申告書を提出しているから、本件駐車場を取得した甲が、本件特例の適用を受けていない以上、本件駐車場が本件特例の対象となる宅地等に該当するか否かを判断するまでもなく、本件更正の請求において、本件駐車場に本件特例の適用があるものとして相続税の課税価格の計算をすることはできない。

　これに対し、請求人は、甲の修正申告書は、同人の自発的な意思によるものではない旨主張するが、甲の修正申告書が同人の意思に基づくものでないことを窺わせるような証拠は見当たらない。

　したがって、当初更正処分において、本件駐車場について本件特例の適用がないものとした点には誤りはなく、請求人の主張には理由がない。

2 争点2について

　本件貸宅地について、本件特例の「適用を受けようとする者」は、本件貸宅地を取得した請求人であるから、本件貸宅地について本件特例の適用があるといえるためには、請求人自身の申告書に、本件特例

の適用を受ける旨の記載及び租税特別措置法69条の4第6項に規定する明細書その他の書類の添付があることが必要である。

　この点、請求人の本件申告書には、本件貸宅地について、本件特例を受けようとする旨の記載及び租税特別措置法69条の4第6項に規定する明細書その他の財務省令で定める書類は添付されておらず、記載及び添付がないことについて、同条7項に規定するやむを得ない事情があるとも認められない。

　したがって、本件貸宅地が本件特例の適用対象となる土地に該当するか否かについて判断するまでもなく、本件貸宅地について本件特例が適用される余地はない。

　そうすると、請求人の相続税の課税価格を計算するに当たり、本件貸宅地につき本件特例の適用があるものとした当初更正処分は誤っており、本件貸宅地について本件特例の適用がないものとした異議決定の判断に誤りはない。

　これに対し、請求人は、甲の修正申告書に、本件貸宅地について本件特例の適用を受けようとする記載があるから、本件貸宅地について本件特例を適用すべきである旨主張するが、本件特例は、その「適用を受けようとする者」の相続税の申告書に本件特例を受けようとする旨を記載することが要件となっているから、甲の修正申告書に本件貸宅地について本件特例の適用を受けようとする旨の記載があったとしても、請求人の本件申告書に本件特例を受けようとする旨の記載がない以上、本件貸宅地について本件特例の適用を受けることはできない。

解　説

1　甲は、修正申告をせず、当初申告のままであれば、本件特例を適用することができたのであり、その結果、請求人は、請求人の取得

財産の減少と本件駐車場の評価額の減少を内容とする相続税法32条1項3号を事由とする更正の請求をすることができたものと思われます。

2　甲は修正申告で、甲自身の取得した本件駐車場について本件特例を適用しないとすることは可能ですが、請求人が取得した本件貸宅地について、本件特例を適用することはできません（前記「審判所の判断」2のとおり、本件貸宅地について本件特例の適用があるといえるためには、請求人自身の申告書に、本件特例の適用を受ける旨の記載等が必要です。）。

3　課税庁は、異議申立ての段階で、当初更正処分で、本件貸宅地について本件特例を適用して課税価格を計算するという誤りに気付き、異議決定（本件更正処分）で是正しました。

4　甲の修正申告には、請求人の取得した本件貸宅地を本件特例の対象地とする誤りがあるので、この点についても課税庁は是正したものと思われます。

5　請求人が、仮に当初申告において、本件駐車場を本件特例対象地として選択したものの、甲の遺留分による減殺の請求に基づき本件駐車場を甲に返還したという場合には、甲は当初申告で「本件駐車場」を本件特例対象地として選択できる可能性があり、また、請求人は、更正の請求で「本件貸宅地」又は「本件農地」を本件特例対象地として選択できる可能性があり、両者の同意があれば、両者が限度面積まで本件特例を適用することができるものと取り扱われています（〔Q&A12〕参照）。

6　平成30年7月6日に成立した「民法及び家事事件手続法の一部を改正する法律」において、遺留分に関する権利行使により生ずる権利を金銭債権化することや旧民法の「減殺請求」という用語を「遺留分侵害額の請求」という用語に改めることなどの遺留分制度の見直

しが行われました(令和元年7月1日以後に開始した相続については、新民法が適用されます。)。

　この改正に伴い、平成31年度税制改正において、相続税法32条1項3号について、「遺留分による減殺の請求に基づき返還すべき、又は弁償すべき額が確定したこと。」は「遺留分侵害額の請求に基づき支払うべき金銭の額が確定したこと。」と改正され、この改正は令和元年7月1日以後に開始する相続に係る相続税及び贈与税について適用されることとなっています。

　新民法適用後は、遺留分に関する権利の行使によって、遺留分権利者は、受遺者又は受贈者に対し、遺留分侵害額に相当する金銭の支払を請求することはできますが、本事例のように現物返還を求めることはできないこととなりました。

# 第2章　更正の請求の期限
## 1　調停による分割（相続税法32条1項1号）

〔32〕　調停により遺産分割が行われた場合における相続税法32条〔1項〕1号の更正の請求ができる「事由が生じたことを知った日」は、調停が成立した調停期日の日であるとした事例

(国税不服審判所裁決平17・6・24裁事№69・252（棄却））

### 争点

「事由が生じたことを知った日」は調停が成立した調停期日の日か、あるいは、調停調書正本の作成日付の日か。

### 事案の概要

【事案の概要】
　本件は、審査請求人が遺産分割の調停が成立したとして、相続税法32条1号〔現行32条1項1号〕に基づいて行った更正の請求が、同条に規定する期限内に行われたものか否かを争点とする事案である。

【認定事実】
① 本件相続に係る遺産分割に関して、A家庭裁判所B支部において、平成○年（○）第○○号遺産分割事件及び平成○年（○）第○○号寄与分を定める処分事件の調停（本件調停）が行われた。

事例　第2章　更正の請求の期限　　277

② 被相続人の共同相続人である、請求人、C、D、E、F（代理人出頭）及びGは、平成14年12月○日の本件調停期日に出頭し、同期日において、不動産、不動産賃貸債権、預金、株式、配当金及びその他の債権等の財産が被相続人の遺産であることを確認し、請求人及びCが、そのうちの一部の不動産の共有持分、株式、配当金及び預金を取得することなどを内容とする調停が成立した。

③ Cの代理人弁護士Hは、平成15年3月7日付けで、請求人の代理人弁護士I及びCに対して、「お願い」と題する書面を送付し、裁判所から請求人及びCが取得する被相続人の預金の銀行口座を特定するよう要請があったとして、請求人及びCで手分けして、被相続人の預金口座の有無、種別及び残高等の確認を依頼した。

④ H弁護士は、平成15年3月○日付けで、A家庭裁判所B支部書記官に対して「ご連絡」と題する書面を送付し、被相続人の預金口座の内訳として、6口座の銀行名、支店名、預金種別及び口座番号並びに各預金の残高を報告した。

⑤ A家庭裁判所B支部書記官は、平成15年3月○日付けで、本件調停の上記②の調停期日調書（本件調停調書）の正本を作成した。

## 当事者の主張

◆納税者の主張

　本件調停は、平成14年12月○日の期日では、遺産分割について基本的な合意のみがなされ、特に、遺産のうち預貯金等は、その存在すら確認できていないことから、本件更正の請求のための相続税の課税価格を具体的に把握できる状態ではなかった。

　そして、相続税の課税価格の変動が具体的に把握できるようになったのは、平成15年3月○日の本件調停調書が作成された時点であるか

ら、本件更正の請求に係る相続税法32条に規定する「事由が生じたことを知った日」は、平成15年3月○日である。

◆課税庁の主張

　本件更正の請求における相続税法32条に規定する「事由が生じたことを知った日」とは、次の理由により本件調停について当事者間で合意が成立した平成14年12月○日である。

① 　未分割の遺産を分割した結果、既に確定した課税価格及び相続税額が過大になるか否かの判断に当たっての算定の基礎となる遺産の価額は申告（その後に更正があった場合にはその更正）により確定した価額を基礎とすることとされ、本件の場合、㋐請求人が提出した修正申告書及び平成13年7月2日付け更正処分で確定した価額を基礎とすること、㋑請求人が具体的金額が確定していないと主張する預貯金については、本件調停において、被相続人の一切の預貯金を申立人らが取得することが合意されていたことからすれば、平成14年12月○日に相続税法32条に基づく更正の請求のために必要な課税価格の変動を把握することが可能である。

② 　また、調停は、当事者双方が審判官の面前で調停条項を確認し、これを双方が受け入れて初めて成立するものであり、本件の場合、平成14年12月○日に被相続人の共同相続人が出頭した上で分割調停が合意成立していることが認められる。

　　　　審判所の判断

1 　家事調停手続によって遺産分割がなされた場合には、①共同相続人間に遺産分割の調停が成立したことによって、課税価格は未分割のときのそれとは異なることになること、②調停期日において遺産

分割の合意が成立したことによって、各相続人が取得する遺産の範囲が明らかになり、調停期日に出頭した各相続人はこれを認識し、分割後の課税価格が未分割のときのそれとは異なることを認識することからすれば、この場合の相続税法32条に規定される「事由が生じたことを知った日」とは、特段の事情がない限り、遺産分割の合意が成立した調停期日の日と解するのが相当である。

　なお、家事審判法21条1項は、「調停において当事者間に合意が成立し、これを調書に記載したときは、調停が成立したものとし、その記載は、確定判決（審判）と同一の効力を有する。」と規定しているが、調停は、当事者間の合意によってなされるという私法行為としての性格とそれが裁判所においてなされ確定判決と同一の効力を有するという訴訟行為としての性格を併せ有するものと解されるから、当事者間の遺産分割の合意の内容が調停調書に記載される前においても、当事者間の合意が成立した調停期日の日には、相続税法32条1号に規定される当該財産の分割が行われて課税価格が相続分等の割合に従って計算された課税価格と異なることとなったということができる。

　したがって、調停期日の日に、調停調書が作成されていなくとも、相続税法32条に規定される「事由が生じたことを知った日」とは、特段の事情がない限り、家事調停が成立した調停期日の日と解すべきである。

2　請求人は、平成14年12月○日の調停期日では、基本的な合意があっただけで、相続財産を具体的に把握できる状況でなく、実際に把握できるようになったのは、本件調停調書が作成されてからであるから、相続税法32条における「事由が生じたことを知った日」は、本件調停調書正本の作成日付である平成15年3月○日である旨主張する。

確かに、上記「認定事実」のとおり、遺産分割の合意が成立した調停期日後に、裁判所と請求人側の代理人弁護士との間で被相続人の預金の確認作業が行われた上で、平成15年3月○日頃から同月○日までの間に本件調停調書が作成されたと推認できる。

しかしながら、上記の場合であっても、共同相続人間の遺産分割の合意は調停期日において成立している上に、請求人は、調停期日に出頭しその合意の内容を認識していたのであり、調停期日後に預貯金を確認したという点についても、その確認の内容が上記「認定事実」のとおり、金融機関名や預金種別、口座番号及び残高というものであって、請求人は自ら調査すればこれを容易に認識し得るといえることからすれば、請求人が調停期日において、遺産分割の合意をしたときに預貯金口座の存在やその残高を全て正確に認識していなくとも、それは上記特段の事情がある場合には当たらない。

## 解説

調停により遺産分割が行われた場合の相続税法32条1項1号の更正の請求の始期については、通常の共同相続人間での遺産分割協議の場合は、遺産分割協議書に記載された日付と考えられることから、これと同様に、調停の場合も調停調書正本が作成された日と考えてしまうかもしれません。

しかしながら、本事例で示されているように「調停は、当事者間の合意によってなされるという私法行為としての性格とそれが裁判所においてなされ確定判決と同一の効力を有するという訴訟行為としての性格を併せ有するものと解されるから、当事者間の遺産分割の合意の内容が調停調書に記載される前においても、当事者間の合意が成立した調停期日の日」に、遺産分割が行われたということになります。

## 2 審判による分割（相続税法32条1項1号）

〔33〕 遺産分割審判手続中に相続分放棄証明書及び当該審判事件から脱退する旨の届出書を家庭裁判所に提出した納税者は、他の共同相続人間において遺産分割が確定したことを知った日の翌日から4か月以内に相続税法32条1項1号の規定に基づき更正の請求をすることができるとした事例

(国税不服審判所裁決平20・1・31裁事No.75・624（全部取消し）)

### 争 点

遺産分割事件から脱退した相続人の遺産分割が確定したことを知った日は、審判の確定日とすべきか否か。

### 事 案 の 概 要

【事案の概要】

本件は、遺産分割事件から脱退した審査請求人（以下「請求人」という。）が、当該遺産分割事件が終了した旨を他の共同相続人から聞いて遺産分割が確定したことを知ったとして、相続税法（平成15年法律第8号による改正前のもの。以下同じ。）32条1号の規定に基づいて行った更正の請求について、原処分庁が更正をすべき理由がない旨の通知処分をしたことから、請求人が同処分は違法であるとして、その全部の取消しを求めた事案である。

【認定事実】

① 請求人の父（被相続人）は、平成10年6月○日に死亡した。被相続人の法定相続人は、請求人、請求人の母（F）、請求人の兄（G）及び請求人の姉（H）の4名であり、Fは平成15年7月○日に死亡した。

② Gは、平成12年○月○日、請求人、F及びHを相手方としてJ家庭裁判所に本件相続に係る遺産分割の調停の申立てを行った。

③ 上記②の遺産分割調停の申立てに係る事件は、平成14年○月○日、調停が不成立になったことから、審判事件（本件審判事件）に移行した。

④ 請求人は、平成16年2月9日付けで、本件相続に係る請求人の相続分全部を放棄する旨記載した相続分放棄証書を添付して、本件審判事件から脱退する旨の届（本件脱退届）をJ家庭裁判所へ提出した。

⑤ J家庭裁判所は、本件審判事件について、平成16年11月○日付けで、預貯金等の金銭債権及び請求人が本件相続により取得したP市p町○番の土地を除く本件相続に係る相続財産をG及びHに取得させる審判を行い、その旨を同月○日にGに、同月○日にHにそれぞれ告知した。

⑥ Hは、平成16年12月○日、上記⑤の審判に対して、K高等裁判所に即時抗告（本件抗告）したが、K高等裁判所は、平成17年2月○日付けで、本件抗告を棄却し、同月○日にGに、同月○日にHにそれぞれ告知した。

⑦ 本件審判事件は、K高等裁判所が、本件抗告の棄却決定をHに対して告知した平成17年2月○日に確定した。

⑧ J家庭裁判所は、本件審判事件の結果は本件脱退届を提出した請求人には、通知しておらず、また、K高等裁判所は、本件抗告の結果は請求人には通知していない。

| 事　例 | 第2章　更正の請求の期限 | 283 |

⑨　請求人は当審判所に対して要旨次のとおり答述した。
　㋐　Gとは、被相続人が亡くなる前からあまり仲がよくなかった。また、Hとも、仲がよくなく、電話をしても電話に出てくれなかったことから、平成18年8月29日に会うまで連絡がとれなかった。その日の前にHに会ったのは、その日の3年前くらいだと思うが、Hは、J家庭裁判所にも来なかったことから、とにかく長い間会っていない。
　㋑　私は、平成18年8月29日に、P市に所在する実家でHから本件審判事件が終わったことを聞いた。その日は、被相続人及びFの墓参りをするために、勤め先のスーパーを休み、実家に帰った。
　㋒　その日はとにかく暑く、私が墓参りを終えて実家の庭先で休んでいたとき、Hとその夫に会った。Hは汚れてもいいような服装で実家の前にある浴室のシャワーを浴びに戻ってきたので、たぶん田の世話をしに実家に来たのだと思う。
　㋓　私はHに久しぶりに会ったことから、本件審判事件の結果について尋ねたところ、Hは、私を白い車に案内し、その車の中で本件審判事件の結果について、本件審判事件は終わったということと、本件審判事件の結果、実家についてはGがほとんどの部分を取得することとなった旨を私に話した。

## 当事者の主張

◆納税者の主張

　請求人は、本件審判事件から脱退したが、本件審判事件の結果は裁判所から連絡があると思っていたところ、裁判所からはその連絡がなかったため、平成18年8月29日にHから聞くまでは、本件審判事件が終

わったことを知らなかった。

　本件更正の請求は、請求人が本件相続に係る遺産分割が確定したことを初めて知った日の翌日から4か月以内の同年9月15日に行ったものであるから、相続税法32条に規定する更正の請求の期限内に行われたものである。

◆課税庁の主張

　本件更正の請求においては、相続税法32条に規定する「当該事由が生じたことを知った日」は、遅くとも本件審判事件の審判がなされた平成16年11月○日であり、更正の請求の期限は、その日の翌日から4か月を経過することとなる平成17年3月○日となるから、本件更正の請求は、相続税法32条に規定する更正の請求の期限を徒過したものである。

## 審判所の判断

### 1　法令解釈

　相続税法32条の規定に照らせば、本件のように相続税法55条の規定に基づく相続税の申告書の提出後に共同相続人の1人が相続分放棄証書を添付して脱退届出書を家庭裁判所に提出し、その後他の共同相続人に対して審判の告知がされた場合において、相続税法32条1号に規定する「その後当該財産の分割が行われ、共同相続人が当該分割により取得した財産に係る課税価格が当該相続分又は包括遺贈の割合に従って計算されていた課税価格と異なることとなった」のがいつかを判断するに当たっては、上記の共同相続人の相続分放棄証書を添付した上での審判からの脱退届出書の家庭裁判所への提出行為の法的性質、

法的効果のみならず、他の共同相続人についてはいつ最終的な遺産分割の合意が成立し、あるいはこれに代わる審判の効力が生じたか等を斟酌してなすのが相当であるところ、本件においては、請求人以外の共同相続人が複数であるとともに、審判の告知がなされるのは当該請求人以外の共同相続人に対してであること等を踏まえれば、たとえ共同相続人のうちの1人に相続分の放棄をした者があったとしても、他の共同相続人間で遺産分割が確定したときに、当該相続分の放棄をした者を含めて全体として最終的な遺産分割と同様の効果を生ずると判断するのが相当であり、本件において、当該効果を生ずる事実が発生したのは、他の共同相続人に対して本件抗告の棄却の決定がなされた時と解するのが相当である。

とするならば、相続税法32条の規定が更正の請求の特則であり、同条が、国税通則法23条2項1号のように「その事実が当該計算の基礎とした事実と異なることが確定したとき」と定めるのでなく「当該各号に規定する事由が生じたことを知った日」と定めていることに照らせば、上記相続分の放棄等をした者についての上記「知った日」とは、他の共同相続人間において遺産分割の審判が確定したことを知った日と解するのが相当である。

2 判　断
(1) 請求人は、平成18年8月29日に実家の庭先で会ったHから本件審判事件が確定したことを聞いた旨及び自らJ家庭裁判所に本件審判事件の結果を確認していない旨答述する。

　　上記答述は、数年ぶりに実家に帰った経緯、実家に帰った日が平成18年8月29日であることの根拠、Hに再会した状況、Hの服装、Hから本件審判事件の結果を聞いた状況、G及びHの両名と不仲である状況、平成18年8月29日までの約3年間の間Hに会わ

なかった経緯などにつき、請求人の複雑な心境も交えながら具体的に述べたものであり、内容的にも不自然不合理な点は認められない。

また、請求人は、J家庭裁判所やK高等裁判所から本件審判事件及び本件抗告の結果の通知を受けておらず、Hら本件審判事件の関係者を通じる方法でしか、本件審判事件の結果を知り得なかったことから、請求人の上記答述は信用でき、請求人が平成18年8月29日に初めて本件審判が確定したことを知ったと推認するのは、合理的かつ自然というべきであり、他にこの認定を覆す証拠は認められない。

(2) そうすると、請求人が本件審判事件が確定したことを知った日は、平成18年8月29日であると認められるから、本件更正の請求は平成18年8月29日の翌日から4か月以内にされたものである。

なお、原処分庁は、本件更正の請求においては、相続税法32条に規定する「当該事由が生じたことを知った日」とは、遅くとも本件審判事件に係る審判がなされた日である旨主張するが、この点については、上記1の法令解釈のとおり、本件の場合、請求人が、他の共同相続人間において本件審判事件が確定したことを知った日となるから、原処分庁には理由がない。

### 解　　説

1　家庭裁判所による遺産分割の審判に対して、高等裁判所に即時抗告を提起し、同裁判所が抗告を棄却する旨の決定をした場合の「遺産分割が行われたことを知った日」は、〔事例34〕のとおり、高等裁判所の決定の告知の日（当該決定書の正本が送達された日）ですが、

本事例のように、遺産分割事件から脱退した相続人の遺産分割が確定したことを知った日は、他の共同相続人間において、遺産分割の審判が確定したことを知った日と判断されました。

2 なお、国税庁ホームページ質疑応答事例の「共同相続人の1人が遺産分割の調停において相続財産を取得しないことが確定した場合の相続税法第32条第1項の規定に基づく更正の請求」では、家庭裁判所の遺産分割の調停において、共同相続人のうちの1人である甲が、相続を事実上放棄し、その旨が調停調書に記載され、遺産分割の調停が係属される場合には、甲は調停により相続財産を取得しないことが確定していることから、相続税法32条1項1号の規定に該当し、更正の請求が認められています（〔Q&A7〕を参照してください。）。

## 3　訴訟による分割（相続税法32条1項1号）

〔34〕　家庭裁判所による遺産分割の審判に対して、高等裁判所に即時抗告を提起し、同裁判所が原告の抗告を棄却する旨の決定をした場合の「遺産分割が行われたことを知った日」は、当該決定書の正本が原告に送付又は送達された日であるとした事例

（東京地判平24・4・18税資262・順号11931（棄却・控訴））
（参考：東京高判平24・9・12税資262・順号12033（棄却・上告））
（参考：最決平25・3・21税資263・順号12171（棄却・不受理））

### 争点

家庭裁判所による遺産分割の審判に対して、高等裁判所に対する即時抗告を経て、最高裁判所に対する特別抗告をした場合の「遺産分割が行われたことを知った日」はいつか。

### 事案の概要

【事案の概要】
　本件は、丙が平成12年7月27日に死亡したことによって開始した相続により財産を取得した原告らが、本件相続に係る相続税について更正処分を受けた後に本件相続に係る財産の分割が行われたところ、相続税法19条の2第1項が定める配偶者に対する相続税の軽減又は租税特別措置法69条の4第1項が定める小規模宅地等についての相続税の課税価格の計算の特例の適用を受けることができるとして、それぞれ更正

の請求（本件各更正の請求）をしたのに対して、税務署長から更正をすべき理由がない旨の通知（本件各通知処分）を受けたことから、本件各通知処分の取消しを求めた事案である。

## 【認定事実】

① 原告乙は亡丙の妻であり、原告甲は亡丙と原告乙との間の長女であり、T（訴外T）は亡丙と原告乙との間の長男である。

② 原告らは、平成17年9月29日、訴外Tを相手方として、東京家庭裁判所に、遺産分割を求める調停の申立てをした。同申立てに係る事件は、東京家庭裁判所八王子支部に回付された。

他方、訴外Tも、平成18年4月8日、原告らを相手方として、東京家庭裁判所八王子支部に、遺産分割を求める調停の申立てをした。

上記各申立てに係る事件は、いずれも調停が成立しなかったため、上記各申立ての時に審判の申立てがあったものとみなされ、東京家庭裁判所八王子支部は、平成19年4月9日、本件相続に係る財産の分割を行う審判（本件審判）をした。

③ 原告らは本件審判に対し、平成19年4月26日、東京高等裁判所に即時抗告を提起したところ、同裁判所は、平成20年3月27日、原告らの抗告をいずれも棄却する旨の決定（本件高裁決定）をした。

本件高裁決定の決定書の正本は、訴外Tには平成20年3月28日に、原告甲には同月31日に、原告乙には同年4月5日にそれぞれ送付又は送達された。

④ 原告らは、本件高裁決定に対し、東京高等裁判所に抗告の許可の申立て及び特別抗告の提起をしたが、同裁判所は、平成20年5月9日、抗告をいずれも許可しない旨の決定及び特別抗告をいずれも却下する旨の決定をした。

⑤ 原告らは、前記④の各決定に対して、特別抗告の提起をしたが、

最高裁判所第一小法廷は平成20年9月8日、各抗告を棄却する旨の決定（本件最高裁決定）をした。

## 当事者の主張

◆納税者の主張

本件各更正の請求は、適法なものである。

◆課税庁の主張

1　未分割であった財産について法定相続分により取得したものとして相続税の課税価格が計算されていた場合において、当該未分割財産が分割された結果、その課税価格が異なることとなったこと（相続税法32条1号）、又は同法19条の2第2項ただし書若しくは租税特別措置法69条の4第4項ただし書の適用により本件各特例を適用して計算した相続税額が異なることとなったこと（相続税法32条6号（現行法では同条1項8号のため、便宜上、以下32条1項8号と表記します。）。ただし、課税価格も異なることとなる場合は、同条1号（現行法では同条1項1号のため、便宜上、以下32条1項1号と表記します。）該当）により、申告又は更正等に係る課税価格又は相続税額が過大となったときは、当該事由が生じたことを知った日の翌日から4か月以内に限り、更正の請求をすることができる。

本件において、原告乙は相続税法32条1項8号に基づき、原告甲は同条1項1号に基づき本件各更正の請求をしたものと解されるところ、同条1項1号及び8号のいずれの場合においても、遺産分割が行われ、その結果、課税価格又は相続税額が異なることとなった場合に更正の請求ができることになり、そのような結果となる理由としての事由が生じたことを知った日の翌日が、更正の請求ができる期間

| 事例 | 第2章　更正の請求の期限　　291

の起算日となる。
2　本件においては、東京家庭裁判所八王子支部が平成19年4月9日付けで本件審判をし、その後、東京高等裁判所が平成20年3月27日、原告らの抗告をそれぞれ棄却するとの本件高裁決定をし、訴外Tには同月28日に第一種郵便により、原告甲には同月31日に特別送達により、原告乙には同年4月5日に同じく特別送達により、告知されているから、それをもって、本件審判は確定しているというべきであり、その後に原告らが本件高裁決定に対してした特別抗告の提起及び抗告の許可の申立てにより、既に確定した審判の効力が遮断されるものではなく、当然に執行停止効が生じるものでもない。

　したがって、本件審判の効力が原告らに生じた平成20年3月31日及び同年4月5日の時点において、それぞれ、本件審判は既に確定しており、それにより、本件相続に関する遺産分割の内容が終局的に定まり、遺産の分割が行われたことになるというべきである。

| 裁判所の判断 |

（原告らが本件各更正の請求に係る更正の事由を知った日について）
　本件においては、前記「認定事実」②及び③のとおり、東京家庭裁判所八王子支部が平成19年4月9日に本件相続に係る財産の分割を行う本件審判をし、それに対して、原告らが提起した即時抗告につき、東京高等裁判所が平成20年3月27日に原告らの抗告をいずれも棄却する旨の本件高裁決定をし、同決定の決定書の正本は、訴外Tには平成20年3月28日に、原告甲には、同月31日に、原告乙には同年4月5日にそれぞれ送付又は送達されたものである。

　即時抗告に対する高等裁判所の決定がされた場合には、その告知によって原裁判は即時に確定し、その後に特別抗告が提起された場合又

は抗告の許可の申立てがされた場合でも、このことに変わりはないものと解される（民事訴訟法336条3項、327条2項、116条1項及び2項並びに337条6項。なお、特別抗告が提起された場合について、最高裁昭和40年3月11日判決（裁判集民78・237）、最高裁昭和51年3月4日判決（裁判集民117・135）参照）。

そして、原告甲との関係では同年3月31日までに、原告乙との関係では同年4月5日までに、本件審判はそれぞれ本件高裁決定が告知されたことによって確定してその効力が生じ（家事審判法13条）、原告らにおいて、本件各更正の請求に係る更正の事由が生じたことを知ったと認めるのが相当である。

以上を前提にすると、原告らが本件各更正の請求をしたのは、いずれも、前記に述べた日の翌日（平成20年4月1日又は同月6日）から4か月を経過した後の平成21年1月8日であるから、本件各更正の請求は、いずれも、相続税法32条所定の期間を経過した後にされたものとして、不適法なものというべきである。

解　説

1　共同相続人間で遺産分割が不調となった場合は、各共同相続人は家庭裁判所に分割を請求することができるとされています（民907②）。その場合、家庭裁判所における調停又は審判手続により遺産分割が進められます。調停が不成立だった場合には調停申立て時に審判の申立てがあったとものとみなされ、審判手続に移行します（家事272）。そして、家庭裁判所の審判に不服がある者は、高等裁判所に対して即時抗告をすることが認められています（家事198）。さらに、即時抗告に対する高等裁判所の決定に対しては、一定の場合に、最高裁判所に特別抗告及び高等裁判所に抗告の許可の申立てができ

るとされています（家事94・97）。

　遺産分割には、協議、調停、審判及び訴訟の各形態がありますが、各形態における遺産分割確定の日については〔Ｑ＆Ａ７〕を参照してください。

2　相続税法32条1項8号は、未分割遺産の分割の結果、相続人が実際に取得した財産の価額が、当初申告に係る課税価格と同じであった場合には、①相続人が配偶者で相続税法19条の2の規定により相続税額が減少しても、また、②共同相続人の1人が租税特別措置法69条の4の規定により課税価格が減少し、その結果相続税の総額が減少することにより、他の相続人の相続税額が減少しても、①の配偶者又は②の他の相続人の課税価格は異ならず、相続税法32条1項1号の適用はないので、8号の規定により更正の請求をすることができることとなっています。②の場合は、相続税法32条1項8号の規定を租税特別措置法69条の4第5項の規定により準用することになります。

　なお、原処分庁は、本件各更正の請求に対して、「遺産が未分割であることについてやむを得ない事由がある旨の承認申請書」を相続税の申告書の提出期限後3年を経過する日の翌日から2か月以内に提出されていないとの理由により、本件各通知処分をしています。

＜参考法令等＞
　租税特別措置法施行令40条の2第26項（租税特別措置法69条の4第5項において、相続税法32条1項の規定を準用する場合の同項8号の読替規定）

## 4 判決による財産の減少（国税通則法23条2項）

〔35〕 国税通則法23条2項1号に規定する更正の請求については、期間制限を経過した後になされたものについてこれを認める旨の宥恕規定はなく、いかなる理由があったとしても更正の請求が認められる余地はないとした事例

（国税不服審判所裁決平23・6・30（非公開裁決）（沖裁（諸）平22-7）（棄却））

### 争点

更正の請求以外に申告内容を納税者の利益に是正する方法があるか。

### 事案の概要

【事案の概要】

本件は、請求人らが、遺贈により取得した土地等について相続税の申告を行った後、遺贈に係る訴訟に基づく判決により、財産の一部が被相続人の財産ではないことが確定したとして更正の請求をしたのに対し、原処分庁が更正の請求期限を徒過しているとして更正の請求をすべき理由がない旨の通知処分を行ったことから、請求人らがその取消しを求めた事案である。

【認定事実】

① 請求人らは、平成〇年に死亡したA（被相続人）から、遺言公正

証書に基づき、被相続人の遺産を取得したとして遺贈（本件遺贈）に係る相続税の申告を法定申告期限までに申告した。
② 被相続人の財産の一部である甲所在の土地996.02㎡及び乙所在の土地315.60㎡（以下、両土地を併せて「本件土地」という。）は、本件遺贈の開始前において、6名が共有する土地であり、本件土地の各人の持分は、被相続人が15分の5、Bが15分の6、Cが15分の1、Dが15分の1、Eが15分の1、Fが15分の1であった（以下、B、C、D、E及びFを「共有者ら」という。）。
③ 被相続人は、平成13年8月23日に、本件土地及び丙所在の土地200.84㎡について、請求人らに各2分の1の割合で遺贈する旨の遺言公正証書を作成した。
④ 請求人らは、被相続人の死亡に伴い、平成15年1月31日に、上記③の遺言公正証書に基づき、本件土地をそれぞれ持分30分の5及び丙所在の土地をそれぞれ持分2分の1とする被相続人持分全部移転登記をした。
⑤ 共有者らは、遺贈により請求人らが取得した本件土地が被相続人の財産ではないとして、平成15年5月29日に、請求人らを相手方として、真正な登記名義の回復を原因とする持分移転登記手続等を求める訴えを〇〇裁判所に提起した。
⑥ 〇〇裁判所は、上記⑤の持分移転登記手続等請求事件について、共有者らの主張を認め、請求人らに対し、本件土地の請求人らのそれぞれの持分を共有者らへ持分移転登記手続をするよう言い渡した（本件判決）。
⑦ 請求人らは、平成17年8月9日付けで、本件判決に不服があるとして、〇〇裁判所に控訴（本件控訴事件）したものの、その後、本件控訴事件を取り下げた。そして、請求人らは、平成18年7月5日付けで共有者らに対し、本件土地に係る請求人らの持分について真正な

登記名義の回復を原因とする持分全部移転登記をした。
⑧　請求人らは、本件遺贈に係る相続税の納税義務がなくなったとして、平成22年7月8日に更正の請求（本件更正の請求）をした。

## 当事者の主張

◆納税者の主張
1　本件遺贈により取得した財産について相続税の申告を行った後、本件判決により、財産の一部が被相続人の財産ではないことが確定したため、本件相続税の納税義務がなくなったものであるから、更正の請求は、国税通則法23条2項1号に規定する請求期限に関わらず認められるべきである。
2　本件は、本件判決により納税の原因となる財産の一部が被相続人の財産ではないと判断されたのであるから、結果的には納付する必要のない税金を納付したことになり、そうすると、本件相続税額は国税通則法56条に規定する過誤納金となり、原処分庁が本件相続税額を不当に利得していることになるから、請求人らの請求によらずとも原処分庁自ら、本件相続税額を還付すべきである。

◆課税庁の主張
　本件判決は、国税通則法23条2項1号に規定する、いわゆる後発的事由に該当するものと推量されるものの、本件判決が確定したのは、遅くとも請求人らが控訴の取下げをした平成18年6月6日から2週間を経過した平成18年6月20日と推量され、更正の請求ができる期限は、同日の翌日から起算して2か月以内の同年8月20日までであることから、平成22年7月8日に提出された本件更正の請求は、後発的事由による更正の請求期限を徒過しているため認められない。

事例　第2章　更正の請求の期限　　297

## 審判所の判断

1　法令解釈

　更正の請求については、国税通則法23条1項において通常の場合の更正の請求が、同条2項において後発的な減額事由、いわゆる後発的事由が発生した場合の更正の請求がそれぞれ規定されており、そして、同項1号において、その申告に係る課税標準等又は税額等の計算の基礎となった事実に関する訴えについての判決により、その事実が当該計算の基礎としたところと異なることが確定したときに更正の請求ができる旨規定している。

　次に更正の請求ができる期間について、国税通則法23条1項は、いわゆる申告内容の原始的瑕疵については法定申告期限から1年以内〔現行5年以内〕、同条2項は、後発的事由に係るものについては、その事由が生じた日の翌日から起算して2か月以内に限り更正の請求をすることができる旨をそれぞれ規定している。

　これは、申告納税制度の下において、課税関係の早期安定と税務行政の効率的運用等の要請を満たす一方で、納税者の権利利益の救済を図るため、一定の事由及び期間に限って更正をすべき旨の請求を認めることとしたものと解される。

2　判断

　請求人らは、平成18年6月7日に本件控訴事件を取り下げたことから、直ちにその取下げの効果が生じ、本件判決は確定したことが認められる。

　本件判決によって、遺贈により請求人らが取得した財産の一部が被相続人の財産でなくなったのであるから、本件判決は、国税通則法23条2項1号に規定する判決であるということができ、後発的事由が発生したと認めることができる。そうすると、その判決によりその事実が

当該計算の基礎としていたところと異なることが確定したときは、その確定した日の翌日から起算して2か月以内に更正の請求ができるところ、本件控訴事件を取り下げた平成18年6月7日の翌日から2か月を経過する同年8月7日が更正の請求をすることができる期限となるため、平成22年7月8日にされた本件更正の請求は、期限を徒過した不適法なものである。

請求人らは、前記「納税者の主張」1のとおり主張するが、国税通則法23条2項の更正の請求について、期間制限を徒過した後になされたものについてこれを認めるいわゆる宥恕規定はないから、請求人らにいかなる理由があったとしても、更正の請求期限内になされなかった本件更正の請求が認められる余地はない。

また、請求人らは前記「納税者の主張」2のとおり主張するが、国税通則法56条1項に規定する過誤納金とは、国税として納付すべき原因がないのに納付済みとなっている金銭をいうものとされているところ、納税申告書の提出又は更正決定等により適法に確定した国税については、たとえ取り消すべき事由があった場合でも、重大かつ明白な瑕疵がない限り、その申告又は処分は有効に存するのであるから、法の定める手続に従って減額更正等がされてはじめて過誤納金が発生すると解するのが相当であり、本件においては、本件相続税額を減額する更正処分がないのであるから、過誤納金は発生しない。

以上のとおり、本件更正の請求は不適法なものであるから、本件更正の請求に理由がないとしてされた本件通知処分は適法である。

解 説

本件は、遺贈により取得した本件土地が、被相続人の財産ではなかったことが本件判決により確定したのであり、これにより、相続税の

納税義務がなくなったというのですから、請求人らの行った相続税の申告は、その全部が課税要件を充足していない誤った申告となります。

しかしながら、前記「審判所の判断」で示されているように、重大かつ明白な瑕疵がない限り、当該申告は有効に存するとされます。

そして、過大納付の場合の申告内容を是正するには、更正の請求の方法によらなければなりません。

申告納税制度と更正の請求の制度は、租税法律関係の早期安定を重視する国家財政上の要請に応ずるものと解されています。

＜参考判例等＞

○所得税法が、申告納税制度を採用し、確定申告書記載事項の過誤の是正につき特別の規定を設けたゆえんは、所得税の課税標準等の決定については最もその間の事情に通じている納税義務者自身の申告に基づくものとし、その過誤の是正は法律が特に認めた場合に限る建前とすることが、租税債務を可及的速やかに確定せしむべき国家財政上の要請に応ずるものであり、納税義務者に対しても過当な不利益を強いる虞がないと認めたからにほかならない。したがって、確定申告書の記載内容の過誤の是正については、その錯誤が客観的に明白かつ重大であって、前記所得税法の定めた方法以外にその是正を許さないならば納税義務者の利益を著しく害すると認められる特段の事情がある場合でなければ、所論のように法定の方法によらないで記載内容の錯誤を主張することは許されないものといわなければならない（最判昭39・10・22税資38・743）。

# 第3章　更正の請求の立証責任

〔36〕 国税通則法23条の規定による更正の請求は、納税者側において、その申告内容が真実に反するものであることの主張立証をすべきと解されるところ、亡祖母が請求人名義で残したとされる預貯金等について、その存在の証拠となる資料の提出がないから、本件財産の原資は、明らかではなく、請求人固有の財産とは認められないとした事例

（国税不服審判所裁決平23・11・22（非公開裁決）（名裁（諸）平23-48）（棄却））

## 争　点

請求人名義の預貯金等は、本件相続に係る相続財産に該当するか否か。

## 事　案　の　概　要

【事案の概要】

本件は、請求人が、請求人の父親からの相続に係る相続税の申告において相続財産に含めた請求人名義の預貯金等は、請求人固有の財産であるとして当該相続に係る相続税の更正の請求を行ったところ、原処分庁が、当該預貯金等は請求人固有の財産とは認められないとして更正をすべき理由がない旨の通知処分を行ったのに対し、請求人がその全部の取消しを求めた事案である。

事例　第3章　更正の請求の立証責任

## 【認定事実】

① 請求人は、平成○年○月○日に死亡した父親であるA（本件被相続人）の共同相続人の1人であり、本件相続に係る相続税について、法定申告期限内に申告した。

② 請求人は、本件申告において、本件被相続人の相続財産とした別表○〔省略〕に記載の各財産（本件各財産）が請求人固有の財産であるとして、平成22年2月22日に、更正の請求（本件更正の請求）をしたところ、原処分庁は、本件各財産は請求人固有の財産とは認められないとして、同年7月2日付けで、本件更正の請求に対して更正をすべき理由がない旨の通知処分（本件通知処分）をした。

## 当事者の主張

◆納税者の主張

1　本件各財産は、後記2の理由により、請求人固有の財産であり、本件相続の相続財産には該当しない。

2　（本件各財産のうち）B及びCは、請求人の亡祖母が請求人名義で残した定期預金を原資とし、本件被相続人のアドバイスを受けて請求人が管理し運用していたもので、いずれの証書も本件被相続人宅の請求人の部屋又は本件請求人貸金庫で、また、届出印鑑は、請求人の居住地又は本件被相続人宅の請求人の部屋で請求人が管理し、○○○の登録住所地を請求人の住民票のある請求人住民票登録地とし、さらに、○○○○に係る通知は○○に送られていた事実があるから、請求人が管理かつ支配していたものである。また、請求人がそれらの証書を本件被相続人宅又は本件請求人貸金庫に置いたままにしていたのは、嫁ぎ先の○○には、○○も○○○○もなかったことなどによるものである。

◆課税庁の主張
1　本件各財産は、後記2の理由により、請求人固有の財産ではなく、本件相続の相続財産に該当する。
2　（本件各財産のうち）B及びCについて、請求人から提出された書類では、亡祖母作成の預金等の原資及び存在が明らかではなく、運用経過の一部及び更新などの手続への関与は認められるものの、これらは本件被相続人の指示に従い行ったものにすぎず、証書は本件被相続人宅金庫において保管していたものであるから本件被相続人が管理運用していた財産であると認められる。

### 審判所の判断

1　親族間における財産の帰属の認定方法及び更正の請求における主張・立証責任の所在
(1)　親族間における財産の帰属の認定方法
　有価証券、預貯金等の帰属を認定するに当たっては、その名義が重要な要素となることはもちろんであるが、他人名義で有価証券の取得、口座開設をすることも、特に親族間においては通常みられることからすれば、それらの原資を誰が負担しているか、有価証券取得、口座開設の意思決定をし、その手続を実際に行っていたのは誰か、その管理又は運用による利得を収受していたのが誰かという点もまた帰属の認定の際の重要な要素ということができ、実際に有価証券、預貯金等が帰属する者の認定は、これらの諸要素、その他名義人と実際に管理又は運用している者との関係等を総合考慮してすべきものと解される。
(2)　更正の請求における主張・立証責任の所在
　申告納税方式の相続税において、納付すべき税額は、国税通則法16条1項の規定により、原則として納税者のする申告によって確定する。

したがって、納税申告が具体的な租税法律関係を形成する行為として公法行為の性質を持つことに鑑み、法は、その申告内容に過誤があることを理由として更正の請求をなし得る場合を限定的に列挙し（国税通則法23条1項）、また、その手続上、請求者において、更正の請求書に、納税申告に係る課税標準等又は税額等、その更正の請求をする理由、当該更正の請求をするに至った事情の詳細その他参考になるべき事項を記載すべきものとし（同条2項〔現行3項〕）、請求の理由が課税標準たる所得が過大であること等当該理由の基礎となる事実が一定期間の取引に関するものであるときは、その取引の記録等に基づいて、その理由の基礎となる事実を証明する書類を添付すべきものとして（国税通則法施行令6条《更正の請求》2項）、請求者側でまずその過誤の存在を明らかにすることを要求している。この規定は、申告内容の過誤から生じる納税者の不利益を救済するため、租税行政の法的安定の要請を一定の要件のもとに制限する趣旨のものと考えられ、このことやその規定の文言等に照らすと、自ら計上記載した申告内容の更正を請求する納税者側において、その申告内容が真実に反するものであることの主張立証をすべきであると解される。

2　判　断

本件において、本件各財産の原資の負担者及び管理、運用をしていた者が請求人であることを立証しなければならないところ、当審判所が、請求人の立証内容並びに各事実に基づき、本件各財産が本件相続に係る相続財産か否かを検討した結果は、次のとおりである。

((本件各財産のうち）B及びCについて）

(1)　原資の負担者

請求人は、前記「納税者の主張」のとおり、B及びCは、亡祖母が請求人名義で残したとする定期預金を原資として作成された旨主張する。

しかしながら、亡祖母が請求人名義で残したとする定期預金について、請求人からはその存在の証拠となる資料の提出がなく、B及びCの原資は、平成2年10月5日に作成された○○○の○○の25,000,000円の定期預金であるところ、当該定期預金の原資は、請求人提出資料及び当審判所の調査によっても明らかにすることができないことから、B及びCが亡祖母が請求人名義で残したとする定期預金から作成されたと認めることはできず、この点に関する請求人の主張には理由がない。

したがって、B及びCの原資の負担者は明らかでないといわざるを得ない。

(2) 証書等の管理及び預金の運用等を行っていた者　〔省略〕
(3) ○○の定期預金との関連性並びにその作成等の意思決定及び手続を行っていた者　〔省略〕
(4) 小　括

上記(1)ないし(3)のとおり、B及びCの原資の負担者は明らかでないといわざるを得ないものの、①B及びCに係る手続を実際に行った者が請求人であったことは否めないものの、これを主体的に行わせていたのは本件被相続人であると認めるのが相当であること、②本件被相続人が、B及びC並びに○○の定期預金の作成及び書換えなどの意思決定をし、請求人及び○○にその手続をさせていたと認めるのが相当であることから、B及びCは、本件被相続人によって管理、運用及び支配されていたと認められ、請求人固有の財産とは認められない。

なお、この点について、請求人は前記「納税者の主張」のとおり、○○○○○に係る通知は○○に送られていた事実がある旨主張する。

しかしながら、○○○の届出住所が請求人住民票登録地に変更されたのは、本件相続開始の日後の平成20年10月9日であり、この同日以前に、当該通知書が○○に送付されることはないと認められるので、本

件相続の開始の日後に当該通知書が○○に送付されたとしても、これをもって○○○が本件相続の開始の日前に請求人固有の財産であったことにはならず、請求人の主張には理由がない。

## 解　説

1　本事例は、重要な部分が開示されておらず理解しづらくなっていますが、「(本件各財産のうち) B及びC」は、前記「審判所の判断」の1の(1)で、「親族間における財産の帰属の認定方法」で一般論として有価証券、預貯金等について述べていますから、有価証券又は預貯金等をイメージしていただければ本事例の解釈としては問題ないものと思われます。

2　前記「審判所の判断」1(2)のとおり、国税通則法23条1項の更正の請求は、納税者側において、その申告内容が真実に反することの主張立証をすべきであると解され、国税通則法23条4項に規定する課税庁側の調査は、納税者からの主張立証がない限り、税務署長としては、申告書に記載された所得金額等をそのまま正当としてよいのであって、真実の所得金額等まで認定することを要しないと解されています。

＜参考判例等＞

○税務署長は、更正の請求の調査手続において、申告内容が真実に反することの主張立証がない限り、納税者の申告書に記載された所得金額等をそのまま正当なものとして、納付すべき税額をその申告どおり確定すれば足りるとされた事例（京都地判昭49・4・19税資75・167）。

# 第4章　更正の特則

〔37〕　共同相続人である請求人の同意のないまま、他の相続人に対する相続税の還付手続が先行したとしても、請求人に対する相続税法35条3項1号の規定に基づく更正処分に違法はないとした事例

(国税不服審判所裁決平22・1・5裁事№79（棄却）)

## 争　点

相続人らが共同で相続税の申告をした場合、相続人らの間で協議の上、共同で修正申告又は更正の請求をすることが必要か否か。

## 事案の概要

【事案の概要】

本件は、審査請求人（以下「請求人」という。）が納付すべき相続税について、原処分庁が、遺産分割調停の成立により税額が増加したとして更正処分を行ったのに対し、請求人が、同処分に先立ってされた他の共同相続人の更正の請求に係る減額更正処分及び還付手続は、請求人の同意を得ずに行われた違法なものであるから、請求人に対する更正処分も違法であるとして、その全部の取消しを求めた事案である。

事例　第4章　更正の特則

## 【認定事実】

① 請求人は、平成13年12月○日に死亡したA（本件被相続人）の共同相続人の1人であり、本件相続に係る相続税（本件相続税）について、相続税の申告書を法定申告期限内に提出した。

② 本件相続に係る共同相続人は、二男である請求人、長男であるB（相続人B）及び長女であるC（相続人C）の3名である（以下、この3名を併せて「本件相続人ら」という。）。

③ 本件相続人らは、本件被相続人の遺産が未分割であったことから、相続税法（平成15年法律第8号による改正前のもの。以下同じ。）55条の規定に基づき、課税価格を計算し、共同して本件相続税の申告書を提出した。

④ 本件相続人らは、○○家庭裁判所で本件相続に係る遺産分割等の調停（本件調停）を行い、平成19年○月○日調停が成立した（以下、成立した調停条項を「本件調停条項」という。）。

　なお、本件調停条項4項において、「当事者全員は、以上をもって被相続人の遺産に関する紛争を一切解決したものとし、本調停条項に定める以外に何らの債権債務のないことを相互に確認する。」旨の合意がされた。

⑤ 相続人Cは、本件調停の結果、相続税額が減少するとして、相続税法32条の規定に基づき、更正の請求をし、原処分庁は、平成20年2月28日付けで、同人に対し、減額の更正処分を行った。

　また、原処分庁は、相続人Bの相続税も減額するとして、同日付けで、同人に対し、減額の更正処分を行った。

⑥ 請求人の相続税額は、本件調停の結果、増加することとなったが、請求人は、相続税法31条1項の規定による修正申告書を提出しなかった。

⑦　原処分庁は、平成20年11月26日付けで、相続税法35条3項1号の規定に基づき、更正処分をした。

## 当事者の主張

◆納税者の主張
1　本件相続人らが共同で提出した本件相続税の申告を修正等する場合には、本件相続人らの間で協議の上、共同で修正申告又は更正の請求をすることが社会通念に合致するもので、請求人の同意がないままに先行してなされた相続人B及び相続人Cに対する本件相続税額の還付手続は誤りであり、請求人に対する本件更正処分も誤りである。
2　原処分庁は、本件調停に基づいて本件更正処分をしているが、本件調停条項4項の定めがあるから、原処分庁が相続人B及び相続人Cに対して行った本件相続税の還付手続並びに請求人に対して行った本件更正処分は誤りである。

◆課税庁の主張
1　相続税法には、同一の被相続人から相続により財産を取得した者全員で修正申告又は更正の請求をしなければならないとする規定は存しないし、相続税の課税価格及び相続税額を是正するための更正処分は、当初申告が相続税法27条4項の規定に基づき、相続により財産を取得した者全員で共同して行われていたとしても、全員に対し同時に行わなければならないとする規定も存しない。
2　本件更正処分は、相続人Cの更正の請求の理由の事実を基礎として、相続税法35条3項の規定に基づき行っているから、本件調停条項

の4項の定めがあることを理由に本件更正処分が誤りであるとする請求人の主張には理由がない。

## 審判所の判断

### 1 法令解釈（相続税法31条1項、32条、35条3項1号）

相続税法は、遺産総額に係る相続税の総額を計算し、相続又は遺贈により実際に取得した財産の価額の割合に応じてこれを按分して各人の相続税額を算出するとしているところ、遺産が未分割のまま申告がなされることもあるため、後日、遺産が分割されたことにより、各人の相続税額が増減する場合がある。

そこで、相続税法は、このような場合には、相続税額が増加する者には、相続税法31条1項の規定のとおり、修正申告することを、相続税額が減少する者には、同法32条の規定のとおり、更正の請求をすることを、それぞれ認めている。

また、相続税法は、相続税法35条3項1号の規定のとおり、税務署長が、更正の請求に基づき減額更正をした場合に、当該請求をした者以外の者に係る相続税額が増加又は減少するときは、相続税額を更正することを認めている。

### 2 判断

(1) 本件更正処分について

本件では、前記「認定事実」のとおり、遺産が未分割のまま本件申告が行われた後、本件調停の成立により、本件相続人らの相続税額に増減が生じたため、相続人Cが更正の請求をし、原処分庁は同人に対する減額更正処分をした後に、相続人Bに対する減額更正処分をし、請求人に対する本件更正処分をしたのであり、その過程に何ら違法な

点は見当たらない。

(2) 納税者の主張について

請求人は、共同で相続税の申告をした場合には、修正申告又は更正の請求も共同ですることが社会通念に合致する旨主張するが、相続税法27条は、共同で申告ができることを定めているにとどまり、共同で修正申告又は更正の請求をしなければならない旨の規定はない。

そして、相続税法35条3項1号は、「更正の請求に基づき更正をした場合において」と規定し、減額更正処分が先行することを予定しているから、本件更正処分に先立ち、請求人の同意を得ずに更正の請求及び減額更正処分がなされたとしても何ら違法ではなく、請求人の主張には理由がない（なお、本件還付手続の適否は、本件更正処分の適否には影響しない。）。

また、請求人は、本件調停条項には4項の定めがあるから、原処分庁が相続人B及び相続人Cに対して本件相続税の減額更正処分及び還付手続をしたこと並びに本件更正処分をしたことは誤りである旨主張する。

しかし、本件調停条項4項は、本件相続人らの間に、本件調停条項に定める以外の債権債務が存しないことを相互に確認したものにすぎず、本件相続税に係る更正処分等の適否に影響するものではない。

したがって、この点に関する請求人の主張にも理由がない。

　　　　　　　　　　解　説

遺産が未分割の状態で、相続税法55条の規定に基づき申告後、遺産分割が成立し、遺産分割による遺産の取得の結果を反映した場合、相続税額が増える者、減る者がいたとしても、遺産分割成立だけでは、

相続税法55条の規定に基づく正当な申告であることは変わらず新たな課税関係は生じません。

　つまり、相続税が増える者は、相続税法31条1項の規定によって、修正申告することができるのであって、修正申告が義務付けられているわけではなく、また、相続税が減る者は、相続税法32条1項の規定に基づいて、更正の請求ができるのであって、相続税法55条の規定に基づいた申告をそのまま放置しておくことも問題ありません。

　ただし、相続税法32条1項の規定に基づいて、更正の請求がされ、課税庁がこれに基づき減額更正をした場合には、相続税が増える者が修正申告をしない場合には、相続税法35条3項の規定に基づいて、税務署長は更正をすることになります。

〔38〕 共同相続人の1人の行った更正の請求は、相続税法32条柱書所定の期間が経過した後にされた不適法なものであるから、これを適法として取り扱った減額更正は違法であり、また、同減額更正を前提として行った原告に対する増額更正処分も違法であるとした事例

(東京地判平18・11・29税資256・順号10585（全部取消し))

## 争 点

申立人が遺産分割調停を申し立てる以前に、当該申立人が相続により取得する財産が相続人らの合意により確定する場合があるか否か。

## 事 案 の 概 要

【事案の概要】

本件は、相続財産の一部が未分割であるとして相続税法55条本文に基づき相続税の申告がされた後に、被相続人の配偶者が、同人が取得する部分につき遺産分割協議が成立し、上記申告に係る課税価格及び相続税額が過大となったとして、同法32条1号に基づき更正の請求をしたため、処分行政庁である税務署長が、上記更正の請求に基づいて被相続人の配偶者に対し減額更正をする一方で、被相続人から財産を取得した原告に対し同法35条3項に基づいて増額更正をしたところ、原告が、上記の更正の請求は、同法32条柱書所定の期間経過後にされた不適法なものであるから、これを前提としてされた原告に対する増額更正は違法であると主張して、当該増額更正のうち従前の申告に基

づき納付すべき税額を超える部分について、その取消しを求める事案である。

## 【認定事実】

① 原告は、平成7年1月29日に死亡した乙（亡乙）の二女である。亡乙の相続人は妻丙、長女丁、原告、三女戊、長男A及び二男Bの6名である。

② 本件相続人らは、亡乙の相続に係る財産について、平成7年10月26日付けでおおむね次の内容の遺産分割協議書（第1次分割協議書）を作成した。

　㋐　丙が取得する財産は、別表○〔省略〕の「第1次分割協議書記載財産」欄に記載された財産が全てであって、それ以外にはない。

　㋑　上記㋐以外の資産（本件未分割財産）は未分割とする。

③ 本件相続人らは、本件相続に係る相続税について、法定申告期限内である平成7年10月27日、共同して本件相続税の申告書（本件当初申告書）を提出した。

④ 本件相続人らは、平成9年5月29日、共同して本件相続税に係る修正申告書（第1次修正申告書）を提出した。

⑤ 原告は、平成11年12月21日修正申告をし、原告以外の本件相続人らも、その頃修正申告（以下、原告を含む本件相続人らの修正申告を併せて「第2次修正申告書等」という。）をした。第2次修正申告に際しては、本件未分割財産について、本件当初申告書及び第1次修正申告書と同様に未分割であることを前提に課税価格の計算がされていた。

⑥ 亡乙の死亡した当時においては、Cが養子として法定相続人の1人として扱われていたが、平成11年9月10日、亡乙とCとの養子縁組の無効確認を求める控訴審において、訴訟上の和解が成立し、上記

養子縁組の無効確認請求を認容した第1審判決が確定し、Cは亡乙の相続人でないことが確定し、平成12年3月1日頃、第1次分割協議書と同内容の遺産分割協議書に上記和解が成立した旨を付記した上、相続人からCを除外して遺産分割協議書（第2次分割協議書）を作成した。

　また、この頃、本件相続人らは、「合意書」と題する書面を作成した。本件合意書には要旨次のとおり合意した旨記載されており、本件相続人らの各署名及び押印がある。

「丙は、亡乙の遺産のうち、第1次分割協議書記載財産のみを取得することを確認する。したがって、第1次分割協議書に記載された以外のものの権利は主張できず、かつ何ら請求することはできないことを認める。」

⑦　本件相続人らは、第2次分割協議書記載の土地につき、地積等を修正し、かつ、各相続人がこれらの土地に係る分筆及び相続登記等に協力する旨を付記した平成12年5月23日付けの遺産分割協議書（第3次分割協議書）を作成した。

⑧　丙及び丁は、原告、戊、A及びBを相手方として、平成12年12月1日、東京家庭裁判所に対し、本件相続に係る遺産分割を求める調停（本件調停）の申立てをした。

⑨　本件相続人らは、平成15年3月12日に開かれた本件調停の第13回期日において、本件相続に係る遺産に関して、合意事項を確認し、本件調停の第13回期日調書（本件調書）を作成し、本件調書に記載された合意事項に沿った内容の平成15年5月7日付け遺産分割協議書（第4次分割協議書）を作成した。

⑩　丙は平成15年6月25日、「未分割財産について、〔中略〕丙の取得した分割財産の金額が最終的に確定いたしました」として、相続税法32条1号に基づく更正の請求をした。

⑪　館山税務署長は、平成15年7月3日、丙の更正の請求について理由があるものとして、減額更正をした。
⑫　館山税務署長は、平成15年12月22日、原告に係る相続税額について、相続税法35条3項の規定に基づき、増額更正（本件更正処分）をした。

## 当事者の主張

◆納税者の主張

（丙の取得する財産は、第4次分割協議書により確定しておらず、第3次分割協議書により確定したこと〔主位的主張〕）

　本件調書及び第4次分割協議書は、第3次分割協議書により既に特定された丙の取得する土地について、登記手続を可能とするために表現を改めたものにすぎず、本件調書、第3次分割協議書及び第4次分割協議書は、登記手続上適法な表現であるか否かは別として、丙の取得する財産の内容については同一のものである。そして、第3次分割協議書によれば「丙が相続する財産は上記のものが全てであって、上記以外には一切ない。」と記され、丙の取得分については確定されている。

　そうすると、調停手続外の当事者間の合意で一部分割を認めるのであれば、本件では、遅くとも平成12年5月23日に成立した第3次分割協議書によって、丙の取得する財産は特定及び確定していたと解するのが相当である。

　したがって、丙による更正の請求は、相続税法32条柱書所定の期限を徒過してされたことが明白である。本件更正処分はこれを看過し、本件相続により丙の取得する財産の確定時期の認定を誤ってされたものであるから、違法である。

◆課税庁の主張

　本件相続人らの間で、本件未分割財産につき、丙が取得しない旨の最終的な合意がされたのは、次の事実からすると、本件調停の第13回期日において確認された合意事項を踏まえて、本件相続人ら全員によって作成された第4次分割協議書の作成時である。

①　第1次分割協議書が作成された後、原告を含む本件相続人ら全員が館山税務署長宛てに提出した本件当初申告書、第1次修正申告書及び第2次修正申告書等のいずれにおいても、本件未分割財産につき、丙の相続分があることを前提とした計算がされていること

②　原告が、本件未分割財産につき、本件相続人らの間で丙が取得しない旨の合意が成立したと主張する第2次分割協議書及び平成12年5月23日付け第3次分割協議書が作成された後の同年12月1日に、丙自身が亡乙の遺産分割に係る本件調停の申立てをしていること

③　本件相続人らのうち、原告及びBを除く他の相続人らは、同14年8月13日に、本件未分割財産について分割が確定できない旨記載した文書を館山税務署長に提出していること

④　本件相続人らは、原告ただ1人を除いて、第4次分割協議書が作成された後になって初めて、丙の取得する遺産の範囲が確定したことを理由とする本件相続税に係る申告手続を執っていること

## 裁判所の判断

1　相続税法は、相続財産の全部又は一部が未分割であるとして、同法55条の規定に基づく相続税の申告がされた後に、遺産分割協議が成立したことなどの事由により、当該申告に係る課税価格及び相続税額が過大となった者が当該事由が生じたことを知った日の翌日から4か月以内に同法32条の規定に基づく更正の請求をした場合には、

税務署長は、当該更正の請求に基づいて減額更正をする一方で、当該更正の請求をした者の被相続人から相続により財産を取得した他の者に対しては、国税通則法70条所定の更正又は決定に係る期間制限が徒過した後であっても、相続税法35条3項の規定に基づいて更正又は決定をすることができると規定している。

　そうすると、原告に対する本件更正処分が適法であるというためには、その前提となった丙による更正の請求が上記期間内にされた適法なものであることが必要となるので、本件相続により丙の取得する財産が確定した時期について、以下検討する。

2　課税庁は、前記「課税庁の主張」①から④までを挙げて、亡乙の遺産のうち、丙の取得する財産の範囲は、本件相続人ら全員によって作成された第4次分割協議書により、最終的に確定したというべきである旨主張する。

　前記「課税庁の主張」①の点についてみると、第1次分割協議書は、丙が取得する財産は第1次分割協議書記載の財産のみであるとされる一方で、その他の財産は未分割とすることとされ、本件未分割財産について、後に分割協議をする際に丙が取得することが許されるのか否かは判然としない。さらに、本件当初申告書、第1次修正申告書及び第2次修正申告書等では、本件相続人らの真意は明らかでないものの、いずれにおいても、本件未分割財産につき、丙の相続分があることを前提とした計算がされている。

　そうすると、第1次分割協議書及び上記各申告書が作成された時点においては、丙の取得する財産が第1次分割協議書記載の財産のみである旨の合意が本件相続人らの間に成立していたとみることは困難であり、本件相続人らは、本件未分割財産について、丙を含む本件相続人ら全員による分割協議が必要な財産であることを認識していたと認めるのが相当である。

次に前記「課税庁の主張」②の点について検討する。確かに、丙は平成12年12月1日に、丁と共に本件調停の申立てをしており、丙がこのような申立てに及んだことからすると、同申立ての時点では、丙の取得する財産がいまだ確定していなかったものと考えられなくもない。

　しかしながら、㋐丙の取得することとされた財産の範囲については、第1次分割協議書、第2次分割協議書、第3次分割協議書、本件調書及び第4次分割協議書を通じて実質的な変更がないこと、㋑第2次分割協議書、第3次分割協議書においては、一部の不動産の表示や共有持分の表示につき不備があり、丙の取得することとされた不動産の全部については、相続登記手続を完了することができなかったこと、㋒本件調停の申立書には、「申立の実情」として、「申立人丙に関しては、協議分割により登記名義が移転されたものであるが、同人が取得すべき財産の一部については、地積の表示の問題等により名義移転できないものがあるので、この調停において同時に解決する必要がある。」と記載されていること、〔以下、根拠として挙げる㋓〜㋗について記載省略〕を総合すると、丙の取得する財産は、本件調停の申立ての前に既に確定しており、丙が本件調停の申立てに及んだのは、第3次分割協議書に基づいて相続登記手続を完了することができなかった一部の不動産について、相続登記をするためであったと認めるのが相当である。

　また、前記「課税庁の主張」③についても、丙、丁、戊及びAは、丙の取得する財産は既に確定しているものの、これらの財産について丙名義の相続登記を完了することが登記手続上の問題から不可能であることを前提に、「遺産が未分割であることについてやむを得ない事由がある旨の承認申請書」を提出したものと認めるのが相当であるから、③の主張は失当である。

さらに、前記「課税庁の主張」④については、丙による本件更正の請求は、丙、丁、戊及びAと対立関係にあった原告及びBに経済的な負担をさせることを目的に企図されたものであって、また、Bによる修正申告は、その対応に苦慮したBが窮余の一策として行ったものであることが認められるから、④の主張は失当である。

　以上のとおり、第4次分割協議書により丙の取得する財産が最終的に確定したとする課税庁がその根拠として主張する点は、いずれも当を得ないものばかりであるから、採用できないというべきである。

3　そこで、進んで、丙の取得する財産が最終的に確定した時期がいつであるかについて検討すると、①原告第2次修正申告書提出時である平成11年12月21日の時点においては、丙の取得する財産はいまだ確定していなかったと認められること、②本件相続税の滞納により、相続財産である不動産について滞納処分による差押えがされた際、第1次分割協議書において丙が取得することとされたもの以外の不動産についても、代位により本件相続人らの各法定相続分に応じた相続登記がされ、丙の持分が2分の1と表示されたことから、丙が当該不動産について権利を主張するようになったこと、③これを受けて、平成12年3月1日頃、本件相続人らは、「丙は、亡乙の遺産のうち、第1次分割協議書記載財産のみを取得することを確認する。したがって、第1次分割協議書に記載された以外のものの権利は主張できず、かつ何ら請求することはできないことを認める。」旨記載のある本件合意書を作成したこと、〔以下、根拠として挙げる④⑤について記載省略〕を総合すると、遅くとも第3次分割協議書が作成された平成12年5月23日頃には、丙の取得する財産は最終的に確定しており、丙自身もこのことを認識していたものと認めるのが相当である。

4　以上によれば、丙による本件更正の請求は、相続税法32条柱書所定の期間が経過した後にされた不適法なものというべきであるから、これを適法な更正の請求として取り扱った上で、館山税務署長が丙に対してした減額更正は違法であり、また、同減額更正を前提として原告に対してした本件更正処分も違法である。

## 解　説

本事例は、〔事例17〕の「認定事実」⑪の別件判決です（〔事例17〕参照）。

表面的には、丙は平成12年12月1日に本件調停を申し立てているので、本件調停が合意に達した第13回期日の平成15年3月12日が、丙の取得する財産が最終的に確定した時期と捉えてしまいそうですが、本事例では、判示されているように「丙による更正の請求は、丙、丁、戊及びAと対立関係にあった原告及びBに対する対抗策として、原告及びBに経済的な負担をさせることを目的に企図されたものであって」という特殊な背景があり、丙が取得する財産が最終的に確定した時期について上記のように判断されました。

# 索 引

# 判例年次索引

○事例として掲げてある判例は太字（ゴシック体）で、その他の掲載判例は斜体で頁数を表記しました。

| 月日 | 裁判所名 | 出典等 | 掲載頁 | 月日 | 裁判所名 | 出典等 | 掲載頁 |
|---|---|---|---|---|---|---|---|
| \[昭和39年\] |||| \[昭和57年\] ||||
| 10.22 | 最 高 裁 | 税資38・743 | *100, 299* | 2.23 | 最 高 裁 | 民集36・2・215 | *108* |
| \[昭和40年\] |||| \[昭和58年\] ||||
| 3.11 | 最 高 裁 | 裁判集民78・237 | *292* | 3.9 | 高 松 高 | 税資129・467 | *85* |
| \[昭和41年\] |||| \[昭和60年\] ||||
| 7.14 | 最 高 裁 | 判時458・33 | *51* | 5.17 | 最 高 裁 | 税資145・463 | *32* |
| 7.14 | 最 高 裁 | 民集20・6・1183 | *246* | | | | |
| \[昭和44年\] |||| \[平成3年\] ||||
| 7.10 | 最 高 裁 | 民集23・8・1450 | *121* | 4.19 | 最 高 裁 | 民集45・4・477 | *220* |
| \[昭和45年\] |||| \[平成6年\] ||||
| 10.23 | 最 高 裁 | 民集24・11・1617 | *109* | 10.26 | 大 阪 地 | 税資206・66 | *32* |
| \[昭和49年\] |||| \[平成10年\] ||||
| 4.19 | 京 都 地 | 税資75・167 | *305* | 7.15 | 東 京 高 | 税資237・142 | *32, 147* |
| \[昭和51年\] |||| \[平成12年\] ||||
| 3.4 | 最 高 裁 | 裁判集民117・135 | *292* | 2.23 | 大 阪 地 | 税資246・908 | *94* |
| 8.30 | 最 高 裁 | 判時826・37 | *52* | | | | |
| 10.18 | 仙 台 地 | 税資90・200 | *33* | | | | |

| 月日 | 裁判所名 | 出典等 | 掲載頁 | 月日 | 裁判所名 | 出典等 | 掲載頁 |
|---|---|---|---|---|---|---|---|
| | | 【平成13年】 | | | | 【平成19年】 | |
| 1.16 | 東京地 | 平12(ワ)5376 | *48* | 11.14 | 大阪地 | 税資257・順号10822 | *37* |
| 4.13 | 最高裁 | 税資250・順号8882 | *94* | 11.20 | 神戸地 | 税資257・順号10828 | *34* |
| 5.25 | 東京地 | 税資250・順号8907 | *235* | | | | |
| | | | | | | 【平成21年】 | |
| | | 【平成14年】 | | 2.27 | 東京地 | 税資259・順号11151 | *25, 27* |
| 7.25 | 大阪高 | 税資252・順号9167 | *31* | | | | *88, 176* |
| 11.27 | 東京高 | 税資252・順号9236 | 235 | 9.16 | 東京地 | 税資259・順号11270 | *177* |
| | | | | 10. 8 | 東京地 | 税資259・順号11289 | 210 |
| | | 【平成15年】 | | | | | |
| | | | | | | 【平成22年】 | |
| 4.25 | 最高裁 | 税資253・順号9333 | *162* | 1.20 | 東京高 | 税資260・順号11358 | 177 |
| | | | | 2.10 | 東京高 | 税資260・順号11377 | *210* |
| | | 【平成16年】 | | 12.24 | 最高裁 | 税資260・順号11589 | *210* |
| 10.13 | 横浜地 | 税資254・順号9776 | *21* | | | | |
| 11.16 | 広島地 | 税資254・順号9818 | *129* | | | 【平成23年】 | |
| | | | | 9. 8 | 東京地 | 税資261・順号11751 | 116 |
| | | 【平成17年】 | | | | | |
| 2.23 | 東京高 | 税資255・順号9941 | *21* | | | 【平成24年】 | |
| 3.30 | 静岡地 | 税資255・順号9983 | *87* | 4.18 | 東京地 | 税資262・順号11931 | 288 |
| 8.26 | 広島高 | 税資255・順号10104 | *129* | 9.12 | 東京高 | 税資262・順号12033 | *38* |
| | | | | | | | *288* |
| | | 【平成18年】 | | | | | |
| | | | | | | 【平成25年】 | |
| 2.22 | 横浜地 | 税資256・順号10322 | 124 | | | | |
| 11.29 | 東京地 | 税資256・順号10585 | 312 | 3.21 | 最高裁 | 税資263・順号12171 | *38* |
| | | | | | | | *288* |

# 判例年次索引

| 月日 | 裁判所名 | 出典等 | 掲載頁 |
|---|---|---|---|

## 【平成26年】

| 2.18 | 東 京 地 | 税資264・順号12412 | *148* |
| 10.30 | 東 京 高 | 税資264・順号12560 | *31, 32* |
| | | | *135*, 148 |

## 【平成27年】

| 2. 9 | 東 京 地 | 税資265・順号12602 | *53* |
| 5.13 | 東 京 地 | 税資265・順号12660 | *33* |
| | | | 257 |

# 裁決例年次索引

○事例として掲げてある裁決例は太字（ゴシック体）で、その他の掲載裁決例は斜体で頁数を表記しました。

| 月日 | 出典等 | 掲載頁 | 月日 | 出典等 | 掲載頁 |
|---|---|---|---|---|---|
| **【平成3年】** | | | **【平成20年】** | | |
| 8．1 | 裁事No.42・1 | *33* | 1．31 | 裁事No.75・624 | *37*,**281** |
| | | | 8．6 | 裁事No.76・1 | **75** |
| | | | 10.29 | 裁事No.76・440 | **199** |
| **【平成10年】** | | | | | |
| 8．6 | 裁事No.56・389 | *37* | **【平成22年】** | | |
| | | | 1．5 | 裁事No.79 | **306** |
| | | | 4．1 | 裁事No.79 | *26*,**95** |
| **【平成16年】** | | | 6.14 | 非公開裁決<br>東裁（諸）平21-177 | **268** |
| 4.22 | 裁事No.67・696 | **4** | | | |
| 11．8 | 裁事No.68・203 | *38* | **【平成23年】** | | |
| | | | 6.30 | 非公開裁決<br>沖裁（諸）平22-7 | **294** |
| **【平成17年】** | | | 7.19 | 非公開裁決<br>沖裁（諸）平23-1 | **183** |
| 6.24 | 裁事No.69・252 | *37*,**276** | 11.22 | 非公開裁決<br>名裁（諸）平23-48 | *21*,**300** |
| | | | 12．6 | 裁事No.85 | **216** |
| **【平成18年】** | | | | | |
| 7．6 | 裁事No.72・1 | **163** | **【平成24年】** | | |
| | | | 1.26 | 非公開裁決<br>名裁（諸）平23-76 | *33*,**230** |
| **【平成19年】** | | | 3．8 | 裁事No.86 | **170** |
| 1.23 | 裁事No.73・16 | *31*,**155** | 3.13 | 裁事No.86 | *44*,**190** |
| 6.26 | 非公開裁決<br>名裁（諸）平18-74 | **82** | 4．5 | 非公開裁決<br>東裁（諸）平23-198 | **224** |
| | | | 11.12 | 非公開裁決<br>大裁（諸）平24-34 | **142** |

# 裁決例年次索引

| 月日 | 出典等 | 掲載頁 |
|---|---|---|

## 【平成25年】

| 1. 8 | 裁事№90 | 243 |
| 8.22 | 裁事№92 | *32,33*,249 |
| 8.29 | 裁事№92 | *53* |

## 【平成26年】

| 4.25 | 非公開裁決<br>福裁(諸)平25-6 | *32*,136 |

## 【平成28年】

| 1.12 | 非公開裁決<br>福裁(諸)平27-8 | *32*,107 |
| 2.12 | 非公開裁決<br>東裁(諸)平27-89 | 261 |
| 6. 1 | 非公開裁決<br>東裁(諸)平27-137 | *55* |
| 6. 1 | 非公開裁決<br>東裁(諸)平27-138 | *55* |
| 10.21 | 非公開裁決<br>大裁(諸)平28-18 | 101 |

## 【平成29年】

| 1. 6 | 非公開裁決<br>大裁(諸)平28-33 | *37*,69 |
| 1.12 | 非公開裁決<br>大裁(諸)平28-34 | 204 |
| 6.22 | 裁事№107 | *38* |

# 参 考 文 献

<書　籍>

- 金子宏『租税法（第20版）』（弘文堂、2015年）
- 北村厚編『財産評価基本通達逐条解説（平成30年版）』（大蔵財務協会、2018年）
- 品川芳宣『重要租税判決の実務研究（第3版）』（大蔵財務協会、2014年）
- 品川芳宣『国税通則法の理論と実務』（ぎょうせい、2017年）
- 志場喜徳郎ほか編『国税通則法精解（平成31年改訂）』（大蔵財務協会、2019年）
- 武田昌輔監修『DHCコンメンタール国税通則法』（第一法規出版、1982年）
- 堂薗幹一郎＝野口宣大編著『一問一答　新しい相続法－平成30年民法等（相続法）改正、遺言書保管法の解説』（商事法務、2019年）
- 松本好正『相続税法特有の更正の請求の実務－相続税法第32条の規定についてご存知ですか？』（大蔵財務協会、2015年）

<文　献>

- 池本征男「当初の遺産分割による申告に錯誤があったとして改めて遺産分割をした場合には、そのことを理由に更正の請求をすることができるかどうかが争われた事例」国税速報6110号33頁
- 岸田貞夫「税負担の錯誤無効を理由にした更正の請求とその許容の範囲」税理62巻1号4頁
- 品川芳宣「当初の遺産分割による申告に錯誤があったとする再遺産分割による更正の請求等の可否」T＆Amaster315号22頁

## 相続税　更正の請求
－Ｑ＆Ａと事例解説－

令和元年7月11日　初版発行

編著　渡邉　定義
著　　平岡　良
　　　山野　修敬

発行者　新日本法規出版株式会社
代表者　星　謙一郎

| 発行所 | 新日本法規出版株式会社 | | |
|---|---|---|---|
| 本　社<br>総轄本部 | (460-8455) | 名古屋市中区栄1－23－20<br>電話　代表　052(211)1525 | |
| 東京本社 | (162-8407) | 東京都新宿区市谷砂土原町2－6<br>電話　代表　03(3269)2220 | |
| 支　社 | 札幌・仙台・東京・関東・名古屋・大阪・広島<br>高松・福岡 | | |
| ホームページ | http://www.sn-hoki.co.jp/ | | |

※本書の無断転載・複製は、著作権法上の例外を除き禁じられています。
※落丁・乱丁本はお取替えします。
5100069　相続税更正請求
ISBN978-4-7882-8588-0
Ⓒ渡邉定義 他 2019 Printed in Japan